网 络 营 销

主 编 王永莲 孙 菲
参 编 魏小英 王冠宁 颜 伟 杭挥天
主 审 胡 翾 赵宏大

北京理工大学出版社
BEIJING INSTITUTE OF TECHNOLOGY PRESS

版权专有　侵权必究

图书在版编目（CIP）数据

网络营销／王永莲，孙菲主编．—北京：北京理工大学出版社，2010.7
（2019.7 重印）
ISBN 978 – 7 – 5640 – 3633 – 1

Ⅰ.①网…　Ⅱ.①王…②孙…　Ⅲ.①电子商务—市场营销学—高等学校—教材　Ⅳ.①F713.36

中国版本图书馆 CIP 数据核字（2010）第 157294 号

出版发行／北京理工大学出版社	
社　　址／北京市海淀区中关村南大街 5 号	
邮　　编／100081	
电　　话／(010)68914775（办公室）　68944990（批销中心）　68911084（读者服务部）	
网　　址／http：// www.bitpress.com.cn	
经　　销／全国各地新华书店	
印　　刷／河北鸿祥信彩印刷有限公司	
开　　本／710 毫米 × 1000 毫米　1/16	责任编辑／袁　媛
印　　张／17.75	／张慧峰
字　　数／331 千字	／甘慧娟
版　　次／2010 年 7 月第 1 版　2019 年 7 月第 10 次印刷	责任校对／王　丹
定　　价／45.00 元	责任印制／边心超

图书出现印装质量问题，本社负责调换

本书主要介绍了网络营销的基本操作方法与技巧,具有较强的实践性和可操作性,其指导思想是系统地培养学生收集与发布网络信息、开展网络市场调研分析、进行网络营销策划、熟练使用网络营销工具与方法进行网上营销推广及商品销售的技能。

考虑到网络营销学习者的工作和学习背景,多数学习者并不需要过多的网络技术知识,相反更多需要的是网络营销指导思想和具体的网络营销方法。因此,与网络营销相关的各种技术、原理及互联网技术本身的内容,如搜索引擎检索原理、企业网站服务器构建、网页制作方法、电子邮件系统配置等不是本书所侧重的知识。网络营销最终目的是让目标客户能够进一步了解企业,了解产品和服务,从而促进销售。只有内容,才能让客户真正了解到企业的与众不同之处,网络营销要想真正有效果,必须从内容着手。所以,本书主要侧重于网络营销内容的实践应用,即各种网络营销方法、网络市场调研分析、网络营销策划等。

在教材编写上,采用"任务驱动"的编写思路;在教材内容设计上,每个项目按实践技能要求分解为几个任务,降低学生的学习难度。在强烈的问题、动机驱动下,激发学生的学习兴趣,提高教学效果。让学生在任务中探索着学习,在教学过程中体现互动、交流、协作的特征。全书从各类企业的市场需求出发,按照企业进行网络营销的基本工作过程,主要分为8个模块:认识网络营销、网络市场分析与调研、网络营销工具与方法的使用、网络营销组合策略、网络广告设计与策划、在线客户服务、网站建设与推广、网络营销策划与效果评价。

全书力求以技能训练为主线,强化对学生职业能力的培养;以实用的知识结构为支撑,淡化理论体系,突出教材的实用性,形成有自己特色的网络营销教学体系。本教材特色如下。

1. 突出应用特色

教材编写紧紧围绕"培养应用型专门人才"开展,突出针对性和实用性,理论上以"必须、够用"为尺度，以强化技能操作为教学重点。

2. 教材内容的组织体现"工学结合"特色

教材内容的组织以新的人才培养模式为指导，突出教学内容与工作任务相融合，将校内学习与实际工作岗位结合起来，使学生能够在做中学，尽可能真正体会企业的实际工作环境。

3. 教材编写模式符合"任务驱动"教学模式的需求

在每一项目的开篇首先给出一个学习性工作任务，并分析工作任务所需的知识与技能要素，从而引出与此知识和技能相关的教材内容。具体编写模式包括这样几个主要环节：任务描述、任务分析、概念点击、任务实施、知识拓展。

各项目结束后，安排一定的基本训练和知识应用，便于学生复习、巩固各项目的内容。基本训练为简答和论述，主要考察学生对各项目理论知识的掌握；知识应用为实训或案例分析，主要考察学生对各项目技能点的掌握。

本教材由王永莲、孙菲主编，魏小英、颜伟、王冠宁、杭挥天参编。具体分工为：王永莲编写项目一和项目八，魏小英编写项目二，孙菲编写项目三和项目六，颜伟编写项目四，杭挥天编写项目五，王冠宁编写项目七。全书最后由王永莲和孙菲进行修改和统稿。

本书由陕西国际商贸学院胡翾教授和中国市场学会赵宏大博士主审，两位专家在审定过程中提出了许多宝贵意见，在此表示衷心的感谢。

本教材在编写过程中参考了大量的书籍、文献、论文，引用了许多专家学者的资料，在此谨对他们表示衷心的感谢。

在本教材的编写过程中，依照高职高专人才培养模式和教学模式的创新，对教材编写模式也进行了改革和创新，但由于编写时间仓促和编者水平有限，书中难免有一些不当之处和不成熟之处，敬请读者批评指正。谢谢！

编　者

目录

项目一 认识网络营销 …………………………………………………………（1）

  任务描述 …………………………………………………………………………（1）

  任务分析 …………………………………………………………………………（3）

  概念点击 …………………………………………………………………………（4）

  任务实施 …………………………………………………………………………（4）

    任务一 网络营销人才需求及岗位认知 …………………………………（4）

    任务二 认识网络营销 ……………………………………………………（9）

    任务三 了解网络营销的产生和发展 ……………………………………（21）

    任务四 辨析网络营销与传统营销、电子商务的关系 …………………（25）

  知识拓展 …………………………………………………………………………（28）

  基本训练 …………………………………………………………………………（30）

  知识应用 …………………………………………………………………………（31）

项目二 网络市场分析与调研 ……………………………………………………（32）

  任务描述 …………………………………………………………………………（32）

  任务分析 …………………………………………………………………………（35）

  概念点击 …………………………………………………………………………（36）

  任务实施 …………………………………………………………………………（36）

    任务一 认识网络营销环境 ………………………………………………（36）

    任务二 分析网络营销的目标市场 ………………………………………（43）

    任务三 开展网络市场调研 ………………………………………………（53）

知识拓展 …………………………………………………………………… (61)
　　基本训练 …………………………………………………………………… (64)
　　知识应用 …………………………………………………………………… (65)

项目三　网络营销工具与方法的使用 ……………………………………… (67)
　　任务描述 …………………………………………………………………… (67)
　　任务分析 …………………………………………………………………… (68)
　　概念点击 …………………………………………………………………… (68)
　　任务实施 …………………………………………………………………… (69)
　　　任务一　搜索引擎营销 ………………………………………………… (69)
　　　任务二　许可 E-mail 营销 ……………………………………………… (78)
　　　任务三　博客营销 ……………………………………………………… (85)
　　　任务四　病毒式营销 …………………………………………………… (94)
　　　任务五　第三方 C2C 平台营销 ………………………………………… (103)
　　　任务六　网络会员制营销 ……………………………………………… (121)
　　知识拓展 …………………………………………………………………… (125)
　　基本训练 …………………………………………………………………… (129)
　　知识应用 …………………………………………………………………… (129)

项目四　网络营销组合策略 ………………………………………………… (132)
　　任务描述 …………………………………………………………………… (132)
　　任务分析 …………………………………………………………………… (133)
　　概念点击 …………………………………………………………………… (134)
　　任务实施 …………………………………………………………………… (134)
　　　任务一　网络营销产品策略 …………………………………………… (134)
　　　任务二　网络营销定价策略 …………………………………………… (143)
　　　任务三　网络营销渠道策略 …………………………………………… (151)
　　　任务四　网络促销策略 ………………………………………………… (160)
　　知识拓展 …………………………………………………………………… (165)
　　基本训练 …………………………………………………………………… (166)
　　知识应用 …………………………………………………………………… (166)

项目五　网络广告设计与策划 (167)

　　任务描述 (167)
　　任务分析 (168)
　　概念点击 (169)
　　任务实施 (170)
　　　任务一　认识网络广告 (170)
　　　任务二　网络广告的调研方法 (176)
　　　任务三　网络广告策划与设计 (178)
　　　任务四　网络广告发布与效果评估 (191)
　　知识拓展 (210)
　　基本训练 (213)
　　知识应用 (213)

项目六　在线客户服务 (214)

　　任务描述 (214)
　　任务分析 (215)
　　概念点击 (215)
　　任务实施 (215)
　　　任务一　在线客服概况 (215)
　　　任务二　在线客服工具及应用 (217)
　　知识拓展 (223)
　　基本训练 (227)
　　知识应用 (227)

项目七　网站建设与推广 (228)

　　任务描述 (228)
　　任务分析 (228)
　　概念点击 (229)
　　任务实施 (229)
　　　任务一　网站建设流程 (229)

任务二　网站推广 ··· (243)
　　知识拓展 ··· (252)
　　基本训练 ··· (252)
　　知识应用 ··· (253)

项目八　网络营销策划与效果评价 ··· (256)
　　任务描述 ··· (256)
　　任务分析 ··· (256)
　　概念点击 ··· (256)
　　任务实施 ··· (257)
　　任务一　网络营销策划 ··· (257)
　　任务二　网络营销效果评价 ··· (266)
　　知识拓展 ··· (270)
　　基本训练 ··· (272)
　　知识应用 ··· (272)

参考文献 ··· (273)

推荐学习网站 ·· (274)

项目一　认识网络营销

任务描述

通过对美国强生公司案例进行分析，完成案例后面的相关任务。

美国强生公司成立于1886年，是世界上最大的、综合性医药保健公司，也是世界上产品最多元化的公司之一，产品畅销全球175个国家，生产婴儿护理、医疗、家庭保健、皮肤护理、隐形眼镜和妇女卫生用品等系列产品。强生公司为世界500强企业，2002年度名列全美50家表现最杰出公司榜首并荣获全美"最佳声誉公司"；2003年被《财富》杂志评为"全美最受赞赏公司"的第5位。

强生（中国）有限公司1992年注册成立于上海，是美国强生公司在中国内地投资的第一家独资企业，也是目前其在海外最大的个人护理和消费品公司。该公司在中国推广"强生婴儿"这一全球知名婴儿护理品牌时，不仅为中国的消费者带来值得信赖的护肤产品系列，而且还致力于推广专业的婴儿护理理念、知识及婴儿护理产品。强生公司的网络营销策划如下。

一、站点主题及创意

管理学者素来对强生公司的"受欢迎的文化"推崇备至，该企业文化的内涵体现在公司信条中。经验告诉强生，企业网站的成功应与其奉为宗旨的"受欢迎"和"文化"相联系，结合互联网媒体特性及企业现有产品，关注与满足百万网民的实际需求。公司应该在网上开设具有特色的、他人难以模仿的新颖服务项目，并且这种服务对消费者和企业都必须是可持续、可交流的，是能够增进双方亲和力与品牌感召力的项目。

明确这些边界条件后，强生选择其婴儿护理品为其网站的形象产品，选择"您的宝宝"为站点主题，将年轻网民的"宝宝成长日记"变为站点内容的一部分，沿着日记展开所有的营销流程。

将一家拥有百年历史，位居《财富》杂志500强企业的站点建成"您的宝宝"网站，变成一部"个人化的、记录孩子出生与成长历程的电子手册"，这一

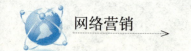

创意的实施被证明是成功的。公司网站的确是个"受欢迎"和充满"育儿文化"气息的地方。在这里,强生就像一位呵前护后、絮絮叨叨的老保姆,不时提醒着年轻父母们关注宝宝的睡眠、饮食、哭闹、体温……随着孩子的日日成长,老保姆会不时递来"强生沐浴露""强生安全棉""强生尿片""强生围嘴""强生2合1爽身粉"及其他几十种孩子所需的公司产品。年轻父母们会突然发现身边这个老保姆和育儿宝典的重要性。

虽然"不尽强生滚滚来",但这份"育儿宝典"会告诉您这些用品正是孩子现在所必需的。而且网站这时又变成了科学与权威的代言人,每种产品都是研究成果的结晶,还有各项最新研究报告为证,您只需按指示去做准没错!一个网站做到这样,能说它不成功吗?

二、内容与功能

进入强生网站,就会看到显眼的"您的宝宝"站名。每页可见各种肤色婴儿的盈盈笑脸和其乐融融的年轻父母,这种亲情画面是化解人们对商业站点敌意的利器。首页上"如您的宝宝××时,应怎样处理?""如何使您的宝宝××?"告诉来访者,这是为育儿答疑解难的地方。整个网站色调清新淡雅、明亮简洁,设有"宝宝的书""宝宝与您及小儿科研究院""强生婴儿用品""咨询与帮助中心""母亲交流圈""本站导航""意见反馈"等栏目。其中,"宝宝的书"栏目由电子版的"婴儿成长日记"和育儿文献交织组成,前者是强生在网上开设的日记式育儿宝典,各项操作指导可谓细致周全。例如,如何为婴儿量体温,如何为孩子洗澡等。

此外,网站还为年轻父母提供心理指导,这对于某些父母来说具有特别重要的意义,如"我的宝宝学得有多快?"栏目建议年轻父母不要将自己的孩子与别人的孩子作比较,"将一个婴儿与其兄弟姐妹或其他婴儿比较是很困难的,只能将他的现在和过去作比较,而且你们的爱对婴儿来说是至关重要的。因此,无条件地接受他、爱他,就会培养出一个幸福、自信的孩子来。"

互联网的主要功能之一是促进交流,强生在互联网上参与运作了一个"全美国母亲中心协会(简称'全美母亲中心')"的虚拟社区。"全美母亲中心"是分布于美国各州的妇女自由组织,目的是"使参与者不再感到孤立无助,展示其为人之母的价值,切磋育儿方面的经验,共同营造出一个适合孩子生长的友善环境"。

强生网站提供服务时,将客户输入的信息也导入其网站服务器。这是一笔巨大的资产,对企业经营起着不可估量的作用,也是对其认真服务的回报。当然,网站对任何登录的客户信息均有保密承诺,但这些信息对公司却是公开的。这些客户登记及回答的信息到了公司营销专家、心理学家、市场分析专家等手中,就会形成一份份产品促销专案,对企业与顾客保持联系也起到了相当重要的作用。由于这些方案具有极强的家庭服务需求针对性,故促销成功率也不会低。

三、网站点评

显然，策划这类企业网站比策划通用汽车、德尔和高露洁之类的企业网站要难得多。面对旗下众多的企业、产品和品牌，强生网站如果不厌其烦地一味穷举，就可能做成"医疗保健品大全"。当然，"大全"本身并无不好，问题是互联网生来就是"万类霜天竞自由"的广阔天地，人们稀罕的不是遍地"山花烂漫"，而是在寻觅哪边"风景独好"。

面对庞大的企业群和无数产品，强生网站若按时下流行设计，可能就会陷入"前屏页面查询＋后台数据库"的检索型网站的流俗格局。从网络营销角度上看，这类企业站点已呈"鸡肋"之颓势，而且对强生来说，那样做无助于将其底蕴深厚的企业文化传统发挥出来。如今，公司站点在设计上作了大胆取舍，放弃了所有品牌"百花齐放"的方案，选择以婴儿护理用品为营销主轴线。选择"您的宝宝"为站点主题，精心构思出"宝宝的书"栏目作为与客户交流及开展个性服务的场所。力求从护理层、知识层、操作层、交流层、情感层、产品层上全面关心顾客，深入挖掘每户家庭的需求，实时跟踪服务。

借助互联网络，强生开辟了丰富多彩的婴儿服务项目；借助婴儿服务项目，强生建立了与网民家庭的长期联系；借助这种联系，强生巩固了与当代消费者间的关系，同时又培养出新一代的消费者。可以说，强生以"有所为，有所不为"为建站原则，以企业"受欢迎的文化"为设计宗旨，明确主线，找准切入点后便"咬住青山不放松"，将主题做深做透，从而取得了极大成功。

通过对美国强生公司网络营销案例进行分析，完成以下任务。

（1）讨论分析网络营销有哪些主要内容和方法？
（2）网络营销具有哪些特点与优势？
（3）网络营销与传统营销有什么区别？

任务分析

将案例引入后，进行分组讨论。通过分析，可以发现伴随着网络的快速发展，网络营销正逐步成为现代营销的基本形式，对企业的作用也越来越大。因此，越来越多的企业开始注重网络营销，网络营销也展现出了极强的生命力和发展前景。但是，要想开展网络营销，就必须先对网络营销的基本常识有所了解。因此，本项目的任务就是学习、认识、了解网络营销的概况知识，完成本项目的学习后，应该达到以下学习目标。

知识目标：了解网络营销的产生和发展过程，熟悉网络营销与传统营销、电子商务的关系，掌握网络营销的概念、内容体系、特点及优势。

能力目标：能够准确表述网络营销的含义及功能，掌握网络营销的基本内容体系；能够深刻认识网络给传统营销带来的变化，网络在市场营销中的应用及网络营销的飞速发展为商业提供的新的发展机会。

概念点击

市场：简言之，市场就是商品交换的场所。从营销的角度看市场，市场就是由人口、购买力和购买欲望（购买动机）有机组成的总和，用公式表示就是：市场＝人口＋购买欲望＋购买力。

市场营销：著名营销学家菲利普·科特勒教授对其的定义是："市场营销是个人和群体通过创造并同他人交换产品和价值以满足需求和欲望的一种社会过程和管理过程。"

营销观念：营销观念是企业组织谋划市场营销活动和进行营销管理时的指导思想和行为准则的总和，也是企业在处理与顾客、企业本身及社会等各方面的利益时，表现出的一种思维方式和商业哲学。

直复营销：根据美国直复营销协会（ADMA）的定义，直复营销是一种为了在任何地方产生可度量的反应和（或）达成交易而使用一种或多种广告媒体的相互作用的市场营销体系。

网络营销：网络营销是指企业以电子信息技术为基础，以计算机网络为媒介和手段而进行的各种营销活动（包括网络调研、网络新产品开发、网络促销、网络分销、网络服务等）的总称，是传统市场营销在网络时代的延伸和发展，是一种新型的市场营销方式。

任务实施

认识与理解网络营销，首先要对网络营销人才需求状况及相关岗位要求的知识与技能有一个概括的理解与认知。在此基础上，去全面认识和理解网络营销知识。同时，为了更好地理解网络营销，还需要了解网络营销的产生和发展，并对网络营销与传统营销、电子商务的关系进行辨析。

任务一　网络营销人才需求及岗位认知

随着我国市场经济的不断完善，市场竞争日趋激烈，高素质的市场营销人员已成为人才市场上最急需的几种专业人才之一。在美国，每年急需职业排名的前5位都会有销售，而且市场营销人才每年都是紧缺人才。据2007年我国国家人事局统计，营销类职位在招聘职位中连续排名第一，有技术类专业背景的营销类人才更为企业所急需。

一、了解网络营销人才需求情况

（一）网络营销社会背景

在世界经济多极化、全球化和国际贸易自由化的今天，任何公司为了在激烈的市场竞争中形成并保持其优势，都纷纷利用 Internet（网络）为企业服务。虽然在网络中有许多不确定的因素，但是，网络营销将会是未来网络经济发展诸多模式中最具潜力、最有广泛适用性的模式。美国《财富》杂志统计显示，全球排名前 500 名的公司几乎都在网上开展营销业务。据美国国际电信联盟和国际数据公司统计，全球互联网上的交易额 2008 年约为 342 亿美元，2009 年约为 520 亿美元，预计到 2010 年，网络贸易额占全球贸易总额的比重将达到 59%。

据中国互联网信息中心统计，2009 年上半年，中国网民规模已突破 3 亿，并依然保持快速增长的势头，领跑全球互联网。据《第 24 次中国互联网发展状况统计报告》，截至 2009 年 6 月底，中国网民规模、宽带网民数、国际顶级域名注册量三项指标仍然稳居世界第一。随着网络使用人群的不断增加，中国众多企业纷纷开始涉足网络营销领域。根据国内调查机构艾瑞咨询统计和跟踪研究，2008 年中国 B2B 电子商务市场交易规模近 3 万亿元，年同比增长 39.4%。中国网络营销市场规模（不含渠道代理商收入）已达到 119.2 亿元，到 2010 年，将有望达到 257 亿元。

2003 年的"非典"在一定程度上促进了中国企业对电子商务认识的发展，但更多的企业仅仅是停留在认识上的提升和浅层次的互联网应用上。在 2008 年的全球金融危机下，网络营销获得了不可多得的发展契机，也让更多的中国企业认识到了渠道营销对于一个企业来说是多么重要；同样我们也看到有一部分企业因为重视电子商务与网络营销的投入和人才储备，在较早时就已经通过互联网拓展了市场，发展了品牌，从而在逆势中飞扬。据第三方咨询机构艾瑞公布的调查数据显示，使用互联网平台的线上中小企业在 2008 年全球经济危机下的存活率要远远高出传统线下企业。

深圳德彩光电是 LED 显示屏行业发展最快速的企业之一。2006 年年底成立的德彩光电依托互联网营销和公司过硬的产品品质与客户服务，在短短 3 年时间内发展成为 LED 显示屏领域的知名企业。德彩光电徐总经理表示，2008 年以来，LED 显示屏行业虽然受到了全球金融危机的影响，但德彩光电的业务量 2009 年同期比 2007 年有近 1 倍的增长，这都得益于德彩光电成立之初就坚持的网络营销战略，即主动走出去与终端客户进行深度合作。

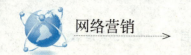

　　互联网为中小企业创造了竞争优势，带来了新的机遇，改变了以往的成功公司已经确立的传统商务模式，也给新兴中小企业带来极大的发展空间和探索竞争平台。从几年前企业对信息化运营知之甚少甚至抵触，到现在纷纷建立企业网站、开展电子商务业务，网络营销逐渐被更多企业所接受，这种成本低、覆盖面广的产品推广方式备受企业推崇。个人开网店、网上淘便宜货的风气盛行，也刺激了对网络营销人才的需求。据国内某知名第三方统计显示，目前76%以上的中小企业都表示非常需要网络营销人才。

（二） 网络营销人才需求状况

　　信息时代，国际国内电子商务市场风起云涌，电子商务网站发展的势头很猛。面对庞大的网络营销市场，中国目前缺乏正规专业的网络营销人员，会网络的人不会营销，会营销的人不会网络。网络营销人才集网络技术和营销技能"双剑合一"，受到了企业的欢迎，已成为企业突破经济危机的营销利器。实战网络营销人才更是成为企业争夺的稀缺人才，有的企业甚至开出百万年薪招聘实战网络营销人才。

　　中国搜索联盟网络营销总监杜纲先生表示："与亿万网民相比，中国目前仅有不足100万家企业进行网络营销，网络营销市场尚有巨大的挖掘潜力。"伴随搜索市场的急剧扩容，如Google、百度、微软MSN、Yahoo中国、网易等依靠搜索竞价营销盈利的搜索公司，急需大量具有丰富经验的网络营销人员。百度商业运营副总裁沈皓瑜表示："搜索营销人才需求量的缺口达100万人，这还只是一个保守估计。专业性人才非常难找，这已成企业开展搜索营销时碰到的最迫切需要解决的问题。"搜索引擎仅仅是企业开展网络营销的一个工具，而仅懂搜索引擎营销的网络营销人才缺口已经达到100万！同时，来自阿里巴巴的报告也显示，超过70%的中小企业表示影响企业网络营销效果的最核心因素是实战型人才的匮乏，仅阿里巴巴B2B电子商务平台上的企业对实用性网络营销人才的需求总量就超过200万人。

　　2008年，信息技术与互联网行业的人才需求一直保持全年行业需求的最高，月月居十大热门行业榜首，招聘始终维持在15%~20%的市场份额。艾瑞咨询和旗下的阿里学院联合发布了电子商务行业首份《中国电子商务从业人员职业发展及薪酬研究报告》，报告显示电子商务行业已经成为高薪行业，从业人员月均收入水平目前已经超过传统行业整体水平，平均收入水平达6 500元。

　　由美国次贷危机引发的金融危机蔓延全球，金融危机在影响我国经济发展的同时，对大学生就业带来了不可预期的影响。2009年，中国共有611万名研究生、本专科学生毕业。面对如此庞大的就业群体，多个政府部门为2009年毕业生提供各种支持，实施一系列积极的就业政策，千方百计促进大学生就业，而现实仍旧是超过60%的大学毕业生难以找到与自己专业相匹配的工作岗位。一边是高校毕业生在焦急地寻找工作，另一边是企业发愁招不到合适的实战网络营销人才，为什么会出现这样的错位现象？这说明企业对网络营销人才的要求也越来越高，那么，在培养网络营销人才时，就需要调整思路，重新整合学习内容。

二、网络营销岗位描述

学习网络营销知识，需要通过循序渐进的方法，了解传统营销的基本理念，深入学习网络营销市场调研和网络广告宣传、搜索引擎营销等内容，熟练掌握网络营销常规手段和运用网络推广工具，能够进行网络营销与网络推广的策划与组织，具备良好的独立思考、与客户沟通、商务谈判、异议解决的能力，能够独立系统地推动网络营销工作顺利展开。本教材涉及的具体的网络营销岗位知识技能要求如下。

1. 网络市场调研专员

（1）能够根据企业经营需求确定调研目标、调研对象，制定适合的网络市场调研策划。

（2）能根据调研任务，选择合适的调查方法，设计、制作调查问卷。

（3）能熟练地组织、实施网上市场调研活动。

（4）有效回收问卷、统计、整理、分析调查数据，借助调查分析工具分析调查结果。

（5）能够撰写市场调研分析报告和商情分析报告。

2. 网络营销搜索引擎专员

（1）专职从事以搜索引擎优化为主的网络营销研究、分析与服务工作，对搜索、排名类网站的内部运算机理有深厚了解。

（2）熟悉和研究并运用各种优化工具，分析网站在 Google、Alexa、百度等网站上排名靠前或靠后的原因，改进网站搜索的排名。

（3）分析、评审、建议，并不断开拓网站外部链接的方法和网址。

（4）监控网站关键字，监控和研究竞争对手及其他网站的相关做法，提出合理的网站调整建议，与网页设计师及程序员配合执行优化网站结构的整体方案。

（5）总结和评估投放效果，根据投放效果提出改进方案。

3. 在线客服专员

（1）能够运用多种在线服务工具（包括商务通、百度留言板、QQ、MSN 等各种即时通信工具）回复常见的客户问题。

（2）利用 QQ、MSN 等即时通讯工具，在百度知道、贴吧、各类 BBS 上主动

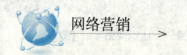

创造咨询量。

（3）熟悉整个交易流程，了解售前、售中、售后过程中可能出现的问题及解决办法。

（4）整理网站浏览者的有效信息，并简单处理各种反馈信息。

4. 网络广告营销专员

（1）能够熟练应用工具撰写网络广告文案。

（2）能熟练使用常用工具软件进行简单网络广告创意、策划、设计、制作。

（3）分析在线投放媒体的受众特点，熟练应用多种网络工具发布商务信息、公司产品宣传广告。

（4）进行网络广告评估，提高广告效果，并对网络广告进行监督。

5. 网络客服主管

（1）能够制定网站客户的服务流程。

（2）能够制定不同类型的客户关系管理策略。

（3）能够对网络客户服务进行统筹安排及管理。

6. 网络营销主管

（1）根据企业总体市场营销策略和方案制定和执行网络营销策划方案，同时负责网络营销团队的建设、绩效和管理。

（2）熟悉网站销售流程，能够撰写具有优秀创意的网络营销策划方案书。

（3）能通过活动策划或事件营销等各种网上宣传工具包装和宣传产品，提升公司品牌价值和知名度。

（4）能够进行数据统计、分析和管理。

7. 网络推广主管

（1）根据市场活动要求并结合品牌发展策略，以互联网为平台，利用各种网络推广方式（如网站建设、搜索引擎优化、网络广告投放、整合营销等）进行推广策划、组织工作。

（2）根据公司和市场需求，负责网站形象品牌推广工作，确定网站推广目标，对品牌推广规划方案进行指导并组织实施，以及调整网站推广方案。

（3）根据公司业务发展需求，独立开发业务合作伙伴，开拓网络营销渠道。

（4）根据网络推广策略及计划，在指定区域开展网络推广并监督区域执行。

（5）通过有效手段为公司在各大门户网站及主流搜索引擎上进行宣传工作，严格监控实施过程，及时跟踪推广效果，根据推广效果提出调整建议。

（6）组织协调其他人员的网络推广工作。

8. 网店店长

（1）熟悉买卖流程，能够独立负责商城及网店订单的处理、收款确认、销售运营、货品管理，带领员工完成公司的销售目标。

（2）做好 B2B、B2C 推广、搜索引擎优化、论坛、博客、邮件群发的相关技术推广以及网店维护和推广的相关工作。

（3）及时搜集、整理行业信息、市场动态，熟悉商品发布、修改及商品价格调整等操作。

（4）具有良好的市场判断能力和开拓能力、极强的组织管理能力，能独立设计（设置）和运营网店，并与店内其他成员沟通，组织、执行各类活动。

（5）定期对单品促销、套装促销、主题专场促销等提出方案，并完成执行方案的撰写及活动报表编制。

（6）策划并执行各种线上线下的推广，分析效果，及时汇报调整。

任务二　认识网络营销

20世纪90年代初以来，飞速发展的因特网技术使网络在全球范围内被广泛应用，世界各地纷纷掀起应用因特网的热潮。作为一种全新的信息沟通与产品销售渠道，网络改变了企业所面对的用户和消费者、虚拟市场的空间及竞争对手，企业将在一个全新的营销环境下生存。网络营销正是在这一背景下产生的。网络营销概念的近义词或同义词包括：网上营销、互联网营销、在线营销（On-line Marketing）、网路行销等，这些词汇说的都是同一个意思。那么，网络营销具体应该包括哪些内容？如何才能正确认识和理解网络营销呢？

一、正确理解网络营销的含义与内容体系

网络营销目前并没有统一的定义，与许多新兴学科一样，由于研究人员对网络营销的研究角度不同，对网络营销的理解和认识也有一定差异。实际上，网络营销与传统的市场营销并没有根本区别，它们都以实现营销为目标，即将潜在的交换转化为现实的交换。

（一）正确理解网络营销

网络营销具有很强的实践性特征，从实践中发现网络营销的一般方法和规律，比空洞的理论讨论更有实际意义。因此，如何定义网络营销其实并不是最重要的，关键是要理解网络营销的真正意义和目的，也就是充分认识互联网这种新的营销环境，利用各种互联网工具为企业营销活动提供有效的支持。

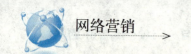

网络营销根据其实现的方式有广义和狭义之分,广义的网络营销指企业利用一切计算机网络(包括 Intranet 企业内部网、EDI 行业系统专线网及 Internet 国际互联网)进行的营销活动。而狭义的网络营销专指国际互联网络营销(国际互联网,全球最大的计算机网络系统),就是指组织或个人基于开放便捷的互联网络,对产品、服务所做的一系列经营活动,从而达到满足组织或个人需求的全过程。网络营销是企业整体营销战略的一个组成部分,是建立在互联网基础之上借助于互联网特性来实现一定营销目标的营销手段。据此可以从以下几个方面来理解和认识网络营销。

(1) 网络营销不能脱离传统的市场营销环境而孤立存在。因为网络营销是企业整体营销战略的一个组成部分,是建立在传统市场营销理论基础之上的,是传统营销理论在互联网环境下的应用和发展,不是简单的营销网络化。因此,网络营销活动不可能脱离传统营销环境而独立存在,网络营销也不会取代传统营销。在企业营销实践中,往往是传统营销和网络营销并存。

(2) 网络营销不等于网上销售。网络营销是为实现产品销售目的而进行的一项基本活动,网上销售是网络营销发展到一定阶段的产物。所以,网络营销本身并不等于网上销售,网上销售只是网络营销内容的一部分。这可以从两个方面来说明:一方面,网络营销的效果表现在多个方面,如提升企业品牌价值、加强与客户之间的沟通、作为对外发布信息的工具。网络营销活动并不一定能实现网上直接销售的目的,但是很可能有利于增加总的销售额。另一方面,网上销售的推广手段也不仅仅限于网络营销,往往还要采取许多传统的方法,如投放传统媒体广告、发布新闻、印刷宣传册等。

(3) 网络营销不仅限于网上。网络营销是营造网上经营环境的过程,是依托网络媒介综合利用各种营销方法,从而更加有效地实现企业营销目的的手段,网络营销是手段而不是目的。因此,一套完整的网络营销方案,其推广手段不仅依靠互联网,还有必要利用传统营销方法,如传统电视媒体、户外广告、宣传单等进行线下推广。

(二) 网络营销的内容体系

网络营销作为依托网络的新的营销方式和手段实现企业营销目标,它的内容非常丰富。一方面,网络营销及时了解和把握了网上虚拟市场的消费者特征和消费者行为模式的变化,为企业在网上虚拟市场进行营销活动提供可靠的数据分析和营销依据;另一方面,网络营销要通过在网上开展营销活动来实现企业目标。因此,其实质是利用网络对产品售前、售中、售后的各个环节进行跟踪服务,帮助企业在网络环境下实现占领市场份额、扩大销售量的营销目标。网络营销涉及的范围较广,具体地说,主要有以下内容。

1. 网上市场分析

网上市场分析是指企业利用互联网和企业站点的交互式的信息沟通渠道来收集消费者和竞争对手的市场信息并进行分析研究。主要包括网络数据库的利用、网上调查问卷、网上市场调研等。网上市场分析的内容可以包括网络营销环境、网络消费者市场及其行为、目标市场分析等。网上市场调研具有调查周期短、成本低的特点，可以提高调查效率和调查效果。网上调研不仅为制定网络营销策略提供支持，也是整个市场研究活动的辅助手段之一。

2. 网络营销的基本方法

常用的网络营销方法除了搜索引擎之外还包括关键词搜索、网络广告、TMTW来电付费广告、交换链接、信息发布、邮件列表、许可E-mail营销、个性化营销、会员制营销、病毒性营销等。

3. 网络营销组合策划

企业实施网络营销需要进行投入，而且也会有一定的风险。因此，企业在开展网络营销实现企业营销目标时，必须考虑各种因素对网络营销策划的影响，从而进行与企业所处地位相适应的网络营销组合策划。

1）网络营销产品策划

随着社会的网络化和信息化发展，产品策略中信息因素所占的比重越来越大。传统的产品策划开始发生倾斜，逐步演变为满足消费者需求的营销策划。在网上进行产品营销，必须结合网络特点重新考虑产品的设计、开发、制造、包装及产品品牌策划。网络营销为企业利用互联网建立品牌形象及为该企业的网下品牌在网上得以延伸和拓展提供了有利的条件，无论是大型企业还是中小企业，都可以用适合自己企业的方式展现品牌形象。

2）网络营销价格策划

传统产品定价策略基本上是成本加利润，企业对价格的制定起主导作用。由于网络具有自由、平等、开放和免费的特点，网络营销的产品价格策略多采取免费和低价策略。所以，制定网络营销价格策略时，必须考虑到Internet对企业产品的定价影响和Internet本身独特的免费特征。

3）网络营销的渠道策划

互联网对企业营销活动的最大影响就是企业营销渠道的改变。网络拉近了企业与消费者的距离，减少了渠道的中间环节，从而改变了传统渠道的多层次选择和管理的格局，企业应根据网络营销的特点改变传统的经营管理模式。

4）网络营销促销与沟通策划

Internet具有双向的信息沟通的特点，可以使沟通的双方突破时空限制进行直接交流，操作简单、高效，并且费用低廉。Internet的这一特点使得在网上开展促销活动十分有效，但是在网上开展促销活动必须遵循网上信息交流与沟通的规则，特别是要遵守一些虚拟社区的礼仪。

4. 网络广告的制作与发布

网络广告是进行网络营销最重要的促销工具，作为新兴产业已经得到了迅猛发展。网络广告是在第四类媒体上发布的广告，有交互性和直接性的特点，具有在报纸杂志、无线电广播和电视等传统媒体上发布广告所无法比拟的优势。

5. 网站的建设与推广

企业站点是开展网络营销的主要场所，是企业与消费者交流的平台，是网络营销的基石。内容主要有域名策略、网站内容策略和网站推广策略。获得必要的访问量是网络营销取得成效的基础，尤其对中、小型企业而言，由于经营资源的限制，发布新闻、投放广告、开展大规模促销活动的机会比较少，因此，通过互联网手段进行网站推广的意义就更为重要，即使对于大型企业，网站推广也是非常必要的。因此，网站推广是网络营销最基本的职能之一，是网络营销的基础工作。

6. 在线客户服务管理

顾客关系对于培养顾客的长期价值具有至关重要的作用。网络营销为建立顾客关系、提高顾客满意度和忠诚度提供了更为有效的手段，通过网络营销的交互性功能和良好的顾客服务手段增进顾客关系成为网络营销取得长期效果的必要条件。互联网提供了更加方便多样的在线服务手段，从形式最简单的 FAQ（常见问题解答），到电子邮件、邮件列表，以及在线论坛和各种即时信息服务等。在线服务具有成本低、效率高的优点，在提高顾客服务水平方面具有重要作用，同时也直接影响到网络营销的效果，因此，在线服务成为网络营销的基本组成内容。

7. 网络营销策划与管理

企业开展网络营销，必须事先进行充分的准备，进行完善的策划，才有可能成功。网络营销依托 Internet 开展营销活动，还将面临传统营销活动无法碰到的许多新问题，如网络产品的质量保证问题、消费者隐私保护问题及信息的安全问题等，这些都是网络营销必须重视和进行有效管理的问题，否则企业开展网络营销的效果就会大打折扣。

二、全面认识网络营销的方法体系

目前，很多人对网络营销的理解都是片面的，他们把网络营销的技术当做是网络营销的全部，而对网络营销的运用方法没有一个明确而全面的认识。可以利用的网络营销方法有很多，如搜索引擎、E-mail 营销、网络广告等。根据企业的网络营销是否基于网站进行，可以将众多的网络营销方法分为无站点营销和基于企业站点的营销两大类，如图 1-1 所示。

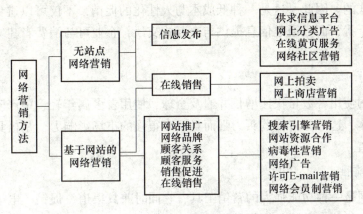

图 1-1 网络营销的方法体系

三、了解网络营销的特点、优势

(一) 网络营销特点

由于互联网技术发展的成熟及低廉的网络成本,互联网如同一种"万能胶",将企业、团体、组织及个人跨时空联结在一起,使得他们之间的信息交换变得"唾手可得"。市场营销中最重要的是组织和个人之间进行信息传播和交换,正因如此,网络营销具有了某些独特的性质。

1. 跨时空

由于互联网能够超越时间约束和空间限制进行信息交换,因此使得脱离时空限制达成交易成为可能,企业有更多时间和更大空间进行营销,可 24 小时随时随地提供全球性营销服务。

2. 多媒体

互联网被设计成可以传输多种信息形式的媒介,如文字、声音、图像等,使得为达成交易进行的信息交换可以以多种形式存在,可以充分发挥营销人员的创造性和能动性。

3. 交互式

通过互联网,企业可以展示商品型录、联结资料库提供有关商品信息的查询、与顾客做互动双向沟通、收集市场情报、进行产品测试与消费者满意度调查等,是产品设计、提供商品信息服务的最佳工具。

4. 拟人化

互联网上的促销是"一对一"的、理性的、消费者主导的、非强迫性的、

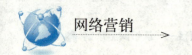

循序渐进式的。因此，这是一种低成本与人性化的促销，不仅可以避免推销员强势推销的干扰，而且通过信息提供与交互式交谈，企业可与消费者建立长期良好的关系。

5. 成长性

互联网使用者数量快速增长并遍及全球，使用者多属年轻、中产阶级、高教育水平群体，这部分群体购买力强而且具有很强的市场影响力，是极具开发潜力的市场渠道。

6. 超前性

互联网是一种功能强大的营销工具，它同时兼具渠道、促销、电子交易、顾客服务及市场信息分析与提供的多种功能。

7. 高效性

电脑可储存大量信息，可传送的信息数量与精确度远超过其他媒体，而且网络具有快捷方便的特性，网络营销结合网络的这一优势，使商家进行营销活动的效率提高了。

8. 经济性

通过互联网进行信息交换，代替了以前的实物交换，一方面可以降低印刷与邮递成本，实现无店面销售，免交租金，节约水电与人工成本；另一方面可以减少迂回多次交换带来的损耗。

9. 技术性

网络营销是建立在以高技术作为支撑的互联网络的基础上，企业实施网络营销必须有一定的技术投入和技术支持。改变传统的组织形态，提升信息管理部门的功能，引进懂营销与电脑技术的复合型人才，企业才能在未来具备市场竞争优势。

（二） 网络营销的优势

网络营销作为一种全新的营销方式，具有许多传统营销方式所不具备的特点，更为企业架起了一座通向国际市场的绿色通道。与传统的营销方式相比，网络营销无疑具有许多明显的优势。

（1）有利于增强企业营销信息传播的效果及提高企业营销效率。网络媒介具有传播范围广、速度快、无时空限制、信息承载量大、图文并茂、双向交流、反馈迅速等特点，顾客如果需要可随时索取信息。利用这一交流渠道，企业的市场信息、销售信息的获取处理能力将大幅度提高。企业可联通全球展示产品资料，及时地了解业内动态；高效率地制定出生产计划和付款计划，将库存商品和在途资本的占用压缩至最低限度；根据顾客类别定制信息，便捷地同顾客交换意见。顾客可在网络终端自行检索所需信息，减少传统式的咨询。

（2）有利于企业获得成本优势。网络营销无店面租金成本，企业有关产品制造、存储、分销的信息收集、处理、存储、检索的成本也随营销效率提高而降低。使用EDI（电子数据交换）进行无纸化办公，通常可以为企业节省5%~10%的采购成本。传统店铺促销需要投入很多的资金和人力进行市场调查，而网上促销的成本相当于直接邮寄广告所花费成本的1%，利用网络发布广告的平均费用仅为传统媒体的3%。例如网上书店，其书目可按通常的分类分为社科类、文学类、外文类、计算机类、电子类等；还可按出版社、作者、国别等来进行索引，以方便读者的查找；还可以辟出专栏介绍新书，且信息更新也很及时方便，从而以较低的场地费、库存费提供更多、更新的图书来争取客源。

（3）为中小企业创造一个极好的发展空间。通过网络，企业与国际接轨可以减少市场壁垒，不受自身规模的绝对限制，平等地获取世界各地的信息及平等地展示自己。利用互联网，可以使中小企业以极小的投入成本，迅速建立起自己的全球信息网和贸易网，将产品信息迅速传递到以前只有财力雄厚的大公司才能接触到的市场中去，能够平等地与大型企业进行竞争。

（4）网络营销能使消费者拥有比传统营销更大的选择自由。网络营销具有无时间限制、无区域界限、营销环节的精简化等特点，消费者可以根据自己的特点和需求在全球范围内不受时空限制，快速寻找满足品，并进行充分比较，有利于节省消费者的交易时间与交易成本。网络营销中，消费者不必面对广告的轰炸，只需根据自己的需要去选择相应的信息，然后加以比较，做出购买的决定。这种轻松自在的选择，不受时间、地点的限制，不用一家家商场跑来跑去比较质量、价格，更不必面对售货员的"热情推销"，而是完全由自己做主，更加灵活、快捷与方便。

（5）有极强的互动性，利于企业和顾客的良好沟通，满足顾客的需要。在网络环境下，可以实现企业与消费者"一对一"的沟通联系，更有效地了解顾客的需求信息，而建立数据库进行管理，利用这些信息，为企业所要进行的营销规划提供依据。网络营销下，可以鼓励客户参与产品的设计、开发、下订单等，使生产真正做到以顾客为中心，从各方面满足顾客的需要，避免不必要的浪费。比如汽车生产，厂家可提供各式各样的发动机、方向盘、车身颜色等供顾客挑选，然后在电脑上试安装，使顾客能看到成型的汽车，并加以调整，从而使汽车也可大量定制，商家也可由此得知顾客的兴趣、爱好，以此进行新产品的开发。

（6）可以更有效地服务于顾客。网络营销是一种以顾客为主、强调个性化的营销方式，比传统市场营销更能体现顾客的"中心"地位。网上服务可以是24小时服务，而且更加快捷。有个例子，一位顾客买了惠普公司的打印机，老是出现问题，顾客通过咨询得知是打印程序的问题，于是找到惠普公司的站点，下载了打印程序，问题便快速解决了，惠普公司也因此节省了一笔费用。

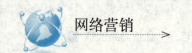

通常售后服务费用占开发费用的67%，提供网络服务可降低此项费用。不仅是售后服务，在顾客咨询和购买的过程中，商家便可及时提供服务，帮助顾客完成购买行为。另外，网络营销还能满足顾客对购物方便性的需求，提高顾客的购物效率。

当然，万物各有所长，也各有所短。作为新兴的营销方式，网络营销具有强大的生命力，但也存在着某些不足。例如，看不到实物商品，缺乏信任感；没有商场里优雅舒适的环境氛围；缺乏三五成群逛街的乐趣；技术与安全性问题尚待改进；无法满足消费者个人社交的心理需要；无法使消费者以购物过程来显示自身社会地位、成就或支付能力等。尽管如此，随着网络技术的发展和互联网的普及，网络营销作为21世纪的营销新方式势不可挡，它将成为全球企业竞争的锐利武器。

海尔网络营销

在"要么触网、要么死亡"的互联网时代，海尔作为国内外著名的电器公司，迈出了非常重要的一步。作为中国家电企业的一面旗帜，海尔在网络营销上也走在了很多企业的前面。

海尔公司2000年3月开始与SAP公司合作，SAP公司为之搭建的国际物流中心，成为国内首家达到世界领先水平的物流中心。海尔首先进行企业自身的ERP改造，随后便着手搭建BBP采购平台。从平台的交易量来讲，海尔集团可以说是中国最大的一家电子商务公司。海尔集团首席执行官张瑞敏在评价该物流中心时说："在网络经济时代，一个现代企业如果没有现代物流就意味着没有物可流。对海尔来讲，物流不仅可以使我们实现3个零的目标，即零库存、零距离和零营运资本，更给了我们能够在市场竞争中取胜的核心竞争力。"海尔集团每个月平均接到6 000多个销售订单，这些订单的定制产品品种达7 000多个，需要采购的物料品种达15万余种。新的物流体系将呆滞物资降低了73.8%，仓库面积减少了50%，库存资金减少了67%。

海尔通过整合内部资源、优化外部资源，使供应商由原来的2 336家优化至978家，国际化供应商的比例却上升了20%，建立了强大的全球供应链网络，有力地保障了海尔产品的质量和交货期。不仅如此，更有一批国际化大公司已经以其高科技和新技术参与到海尔产品的前端设计中，目前可以参与产品开发的供应商已高达32.5%，实现了三个JIT，即JIT采购、JIT配送和JIT分拨物流的同步。

在企业外部，海尔CRM（客户关系管理）和BBP电子商务平台的应用，架起了海尔与全球用户资源网、全球供应链资源网沟通的桥梁，实现了与用户的零距离。目前，海尔100%的采购订单全部由网上下达，使采购周期由原来的平均10天降低到3天；网上支付已达到总支付额的20%。在企业内部，计算机自动控制的各种先进物流设备不但降低了人工成本、提高了劳动效率，还直接提升了物流过程的精细化水平，达到质量零缺陷的目的。计算机管理系统搭建了海尔集团内部的信息高速公路，能将电子商务平台上获得的信息迅速转化为企业内部的信息，以信息代替库存，达到零营运资本的目的。

海尔在物流方面所做的探索，尤其是采用了国际先进的协同电子商务系统，极大地提升了海尔的核心竞争力。

（中国互联网信息中心 http://www.cnnic.com.cn）

四、网络营销的基本功能

（一）信息搜索和发布功能

在网络营销中，可以利用多种搜索方法，主动积极地获取有用的信息和商机。可以主动地进行价格比较，了解竞争对手的经营状况，通过获取商业情报进行决策研究。搜索功能已经成为营销主体能动性的一种表现，也是一种提升网络营销能力的竞争手段。

发布信息是网络营销的主要方法之一，也是网络营销最基本的一种功能。网络营销所具有的强大的信息发布功能，是过去任何一种营销方式都无法比拟的。网络营销可以把信息发布到全球的任何一个站点，既可以实现信息的广覆盖，又可以形成地毯式的信息发布链；既可以创造信息的轰动效应，又可以发布隐含信息。网络营销中信息的扩散范围、停留时间、表现形式、延伸效果、公关能力、穿透能力都是最佳的。更值得注意的是，在网络营销中，网上信息发布以后，可以能动地进行自动追踪，获得回复，还可以进行回复后的再交流和再沟通。因此，信息发布效果明显。

（二）网上调研和商情调查功能

网络营销中的商情调查具有重要的商业价值。在激烈的市场竞争条件下，主动了解商情、研究趋势、分析顾客心理、窥探竞争对手动态，是确定竞争战略的基础和前提。通过在线调查或者电子询问调查表等方式进行调查，不仅可以省去大量的人力、物力，而且可以在线生成网上市场调研的分析报告、趋势分析图和综合调查报告。其效率之高、成本之低、范围之广，都是以往其他任何调查形式难以做到的。广大商家凭借商情调查增强了对市场的快速反应能力，为企业的科学决策奠定了坚实的基础。

（三）销售渠道开拓功能

网络具有极强的冲击力和穿透力，传统经济时代的经济壁垒、地区封锁、交通阻隔、资金限制、语言障碍、信息封闭等，都挡不住网络营销信息的传播和扩散。新技术的诱惑力、新产品的展示力、图文并茂和声像俱显的昭示力、网上路演的亲和力、地毯式发布和爆炸式增长的覆盖力,将整合为一种综合的信息冲击能力。

(四) 品牌价值扩展和延伸功能

互联网的出现不仅给品牌带来了新的生机和活力,而且推动和促进了品牌的拓展和扩散。实践证明,互联网不仅拥有品牌、承认品牌,而且对于重塑品牌形象、提升品牌的核心竞争力及打造品牌资产也具有其他媒体不可替代的效果和作用。

(五) 特色顾客服务与客户关系管理功能

网络营销提供的是一种特色服务功能,也使服务的内涵和外延都得到扩展和延伸。顾客不仅可以获得形式最简单的邮件列表、FAQ(问题解答)、BBS、聊天室等各种即时信息服务,还可以获取在线收听、收视、订购、交款等选择性服务,还有无假日的紧急需要服务和信息跟踪、信息定制乃至智能化的信息转移、手机接听服务、网上选购、送货到家的上门服务等。这些服务及服务之后的跟踪延伸,极大地提高了顾客的满意度,使"以顾客为中心"的原则得以实现。

客户关系管理,是一种旨在改善企业与客户之间关系的新型管理模式,是网络营销取得成效的必要条件。在网络营销中,通过客户关系管理,将客户资源管理、销售管理、市场管理、服务管理、决策管理融为一体,将原本疏于管理,各自为战的计划、销售、市场、售前和售后服务与业务统筹协调起来。通过网络营销,企业既可以跟踪订单、有序地监控订单的执行过程,规范销售行为,了解新客户的需求,提高客户资源的整体价值,又可以帮助企业调整营销策略,搜集、整理、分析客户反馈信息,从而全面提升企业的核心竞争力。

(六) 经济效益增值功能

网络营销能极大地提高营销者的获利能力,从而使营销主体获取或提高增值效益。这种增值效益的获得,不仅体现在网络营销效率的提高、营销成本的下降、商业机会的增多,更体现在网络营销中新信息的累加使原有信息量的价值实现增值。网络营销明显的资源整合能力恰恰为这种信息的累加提供了实现的可能性,这是传统营销手段根本不具备而又无法想象的一种战略能力。

五、网络营销观念

网络营销不是一个全新的事物,而是传统市场营销在网络环境下的延伸,是伴随着互联网的普及和电子商务的深入应用而逐渐兴起的营销活动，因此，应当把它放在整个营销观念的发展中来看，这样才能更为准确全面地认识网络营销。现代市场营销观念在经历了生产观念、产品观念、推销观念、市场营销观念和社会市场营销观念之后，继续随着实践的发展而不断深化、丰富，产生了许多新的网络营销观念，这些新的观念相互交融，共同构成了现代营销观念。

（一）网络整合营销

在后工业化社会中，第三产业中的服务业是经济的主要增长点。后工业化社会要求企业的发展必须以服务为主，必须以顾客为中心，为顾客提供适时、适地、适情的服务，最大程度地满足顾客需求。互联网作为跨时空传输的"超导体"媒介，可以为顾客提供及时的服务，同时利用互联网的交互性可以了解顾客需求并提供针对性的回应，因此可以说互联网是消费者时代中最具魅力的营销工具。利用互联网，传统4P营销组合可以更好地与以顾客为中心的4C（顾客、成本、方便、沟通）相结合。

1. 产品和服务以顾客为中心

由于互联网具有很好的互动性和引导性，用户可以通过互联网在企业的引导下对产品或服务进行选择或提出具体要求。企业可以及时了解顾客需求，根据顾客的选择和要求及时进行生产并提供服务，如美国PC销售公司戴尔公司在1995年还处于亏损状态，但在1996年，通过利用互联网来销售电脑，业绩得到100%的增长。顾客通过互联网可以在公司设计的主页上对电脑进行选择和组合，公司的生产部门马上根据要求组织生产并通过邮政公司寄送，因此公司可以实现零库存生产，特别是在电脑部件价格急剧下降的年代，零库存不但可以降低库存成本，还可以避免高价进货可能带来的损失。

2. 以顾客能接受的成本定价

传统上企业是以顾客为中心定价，因此必须测定市场中顾客的需求及其对价格认同的标准，这一点在互联网上可以很容易实现。顾客可以通过互联网提出可接受的成本，企业根据顾客的成本提供柔性的产品设计和生产方案供用户选择，直到顾客认同确认后再组织生产和销售。所有这一切都是顾客在公司的服务器程序导引下完成的，并不需要专门的服务人员，因此成本也极其低廉。目前，美国的通用汽车公司允许顾客在互联网上通过公司的有关导引系统自己设计和组装满足个性需要的汽车。用户首先确定自己所能接受的价格，然后系统根据价格的限定显示满足要求的汽车式样，用户还可以进行适当的修改，公司最终生产的产品恰好能满足顾客对价格和性能的要求。

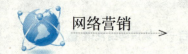

3. 产品的分销以方便顾客为主

网络营销是"一对一"的分销，是跨时空进行销售的，顾客可以随时随地利用互联网订货和购买产品。以法国钢铁制造商犹齐诺－洛林公司为例，该公司由于采用了电子邮件和世界范围内的订货系统，从而把加工时间从 15 天缩短到 24 小时。目前，该公司正在利用互联网提供比对手更好、更快的服务，通过内部网与汽车制造商建立联系，能在对方提出需求后及时把钢材送到对方的生产线上。

4. 单向促销转向加强与顾客的沟通和联系

互联网上的营销是"一对一"和交互式的，顾客可以参与到公司的营销活动中来。因此互联网更能加强与顾客的沟通和联系，更能了解顾客需求，更易引起顾客的认同。雅虎公司开发的能在互联网上对信息进行分类检索的工具具有很强交互性，用户可以将自己认为重要的分类信息提供给雅虎公司，雅虎公司马上将该分类信息加入产品中供其他用户使用，因此不用做宣传，其产品就广为人知，并且在短短 2 年之内，公司的股票市场价值飞升到几十亿美元，增长了几百倍之多。

（二）网络关系营销

互联网作为一种有效的双向沟通渠道，为企业与顾客之间建立长期关系提供有效的保障，实现了低成本的沟通和交流。这是因为，首先，企业利用互联网可以直接接收顾客个性化需求的订单，然后利用柔性化的生产技术最大限度满足顾客的需求，为顾客创造更多的价值。其次，企业利用互联网可以更好地为顾客提供服务和与顾客保持联系。顾客可以借助互联网在最短时间内以简便方式获得企业的服务。第三，企业通过互联网还可以与相关的企业和组织建立关系，实现双赢发展。如联想电脑公司通过建立电子商务系统和信息管理系统实现了与分销商的信息共享，降低了库存成本和交易费用，同时密切了双方的合作关系。

（三）网络直复营销

网络作为一种交互式的可以双向沟通的渠道和媒介，顾客可以直接通过网络订货和付款，企业可以通过网络接收订单、安排生产，直接将产品送达顾客手中。基于互联网的直复营销将更加吻合直复营销的理念，具体表现在以下三个方面。

首先，直复营销作为一种相互作用的体系，特别强调直复营销者与目标顾客之间的"双向信息交流"。互联网作为开放、自由的双向式的信息沟通网络，企业与顾客之间可以实现直接的"一对一"的信息交流和直接沟通，企业可以根据目标顾客的需求进行生产和营销决策。

其次，直复营销活动的关键是为每个目标顾客提供直接向营销人员反映的渠道，企业可以凭借顾客反映找出不足，为下一次直复营销活动做好准备。互联网的方便、快捷性使得顾客可以方便地通过互联网直接向企业提出建议和购买需求，企业也可以从顾客的建议、需求和要求的服务中找出企业的不足，按照顾客的需求进行经营管理。

最后，直复营销活动最重要的特性是直复营销活动的效果是可测定的。互联网作为最直接的简单沟通工具，可以很方便地为企业与顾客的交易提供沟通支持和交易实现平台，通过数据库技术和网络控制技术，企业可以很方便地处理每一位顾客的订单和需求，这是因为互联网的沟通费用和信息处理成本非常低廉。因此，企业通过互联网可以实现以最低成本最大限度地满足顾客需求的目的，并可以此来细分目标市场，提高营销效率和效用。

任务三　了解网络营销的产生和发展

20世纪90年代初，Internet的飞速发展在全球范围内掀起了互联网应用热潮，世界各大公司纷纷利用互联网提供信息服务和拓展公司的业务范围，并且按照互联网的特点积极改组企业内部结构和探索新的营销管理方法。在21世纪信息网络时代，网络技术的发展和应用改变了人们生活、工作、学习、合作和交流的环境。网络营销是适应网络技术发展与信息网络时代社会变革的新生事物，将成为跨世纪的营销策略，因此，我们需要对其产生与发展的过程有所了解。

一、网络营销的产生与发展演变

（一）网络营销产生的基础

网络营销是以现代电子技术和通信技术的应用与发展为基础，与市场的变革、竞争及营销观念的转变密切相关的一门新学科。网络营销的产生有其在特定条件下的技术基础、观念基础和现实基础，是多种因素综合作用的结果。具体分析其产生的根源，可以更好地理解网络营销的本质。

1. 互联网的发展是网络营销产生的技术基础

互联网络起源于美国，1969年，美国国防部资助了其西海岸四所大学和研究所的一项研究项目，即通过简单的通讯电缆将主电脑连接起来，实现相互通信，此研究被称为"ARPANET"，它宣布了网络时代的到来。1974年，计算机网络已拥有100多个站点。20世纪90年代初，美国国防部将其商业化，并成立国

际标准化管理委员会负责标准制定和实施。在随后的短短几年内,互联网由美国发展到全世界100多个国家和地区。据统计,目前全球的上网人数已经突破10亿,而且网络使用者大多是具有高学历和较强经济实力的年轻人,这是最具有购买力的消费群体之一。

互联网是一种集通信技术、信息技术、计算机技术为一体的网络系统。它之所以有今天的规模,得力于本身的特点:开放、分享与价格低廉。由于互联网最初应用在学术交流方面,人们习惯于免费。当商业化后,各网络服务商也只能采取低价策略,这些因素促进了互联网的蓬勃发展。因此,企业利用互联网开展经营活动,显示出越来越多的区别于传统营销模式的优势,以 Internet 为技术基础的网络营销,其产生已是社会经济发展的必然。

目前,互联网上的应用服务很多,可以分为三大类:通信——如电子邮件(E-mail)用来传送文字、声音和图形等档案信息,电子新闻组(Usenet News)发布新闻,对话(Talk)实现小组之间远程实时讨论;获取信息——如文件传送(FTP)用于全球获取所需软件,索引检索数据库(Archie)用来实现全球检索,环球信息网 WWW(World Wide Web)可以实现文本、图形、声音等多媒体信息的传输和交换,是目前使用最广、最多、最频繁的应用网络;计算机资源共享——如远程登录(Telnet)可以远程共享计算机资源。

2. 消费者价值观的改变是网络营销产生的观念基础

满足消费者的需求始终是市场营销的核心和目的。当今企业正面临前所未有的激烈竞争,消费者面对着更为纷繁复杂的商品和品牌选择,消费者主导的营销时代已经来临。互联网这一媒介恰恰迎合了消费者观念的变化,这为建立在 Internet 上的网络营销提供了普及的可能性。这些观念变化可概括为以下几个方面。

(1) 个性消费的回归。市场经济发展到今天,产品无论在数量还是品种上都已极为丰富,使得消费者能够以个人心理愿望为基础挑选和购买商品或服务,消费者开始注重追求个性化和时尚化的消费。心理上的认同感已成为消费者做出购买产品决策的先决条件,个性化消费正在也必将再度成为消费的主流。

(2) 消费主动性的增强。由于商品生产的日益细化和专业化,消费者购买的风险感随着选择的增多而上升。消费者会主动通过各种途径获取与商品有关的信息,并进行分析比较,以减少购买失误。

(3) 对购物方便性的追求。由于现代人工作负荷较重,消费者希望购物方便,尽量节省时间和精力支出,特别是对某些品牌的消费品已经形成固定偏好的消费者,这一需要尤为强烈。

3. 激烈的市场竞争是网络营销产生的现实基础

当今的市场竞争日趋激烈,企业为了在竞争中取得优势,不断推出各种营销手段吸引顾客，传统的营销已经很难帮助企业在竞争中出奇制胜了。市场竞争已不再主要依靠表层的营销手段，经营者迫切需要更深层次的方法和理念武装自己，不断创新营销手段。企业开展网络营销，可以避免占用大量资金，可以突破地域限制，并且还可以方便地采集并反馈客户信息，网络营销从根本上增强了企业的竞争优势。

（二） 网络营销的发展

网络营销的效益是使用网络人数的平方，随着入网用户指数的倍数增加，网络的效益也随之以更大的指数倍数增加。据美国国际电信联盟和国际数据公司统计，2008年全球互联网上的交易额约为342亿美元，2009年约为520亿美元，预计到2010年，网络贸易额占全球贸易总额的比重将达到59%。

网络营销的发展是伴随信息技术的发展而发展的，目前信息技术的发展，特别是通讯技术的发展促使互联网络形成辐射面更广、交互性更强的新型媒介。

根据互联网发展的特点及市场营销环境的变化，可以预测网络营销将会有以下发展趋势。

（1）网络技术将更有利于商品销售。网络防火墙技术、信息加密技术将更加成熟，电子货币等安全的网上支付方式将得到进一步推行，令网络消费者感到不安的网上付款安全问题将会迎刃而解，网络系统在商品销售方面的效率将大大提高，电子商务的使用将更加多样化，从而将在销售促进上发挥更大的作用。

（2）营销决策趋于理性化。主要表现在：一方面，企业服务的对象——网络消费者的购买与消费行为将更加理性化，头脑冷静、擅长理性分析是网络用户的显著特点；另一方面，市场调研效率的提高为理性决策奠定了基础。在网上进行市场调研比采用传统的调查方法具有更大的优势，不论是在调查的广度，还是在调查的效率上都为网络用户决策提供了有利条件。

（3）网上的电子商场将兴旺发达。通过互联网将商场或企业的商品以多媒体信息的形式供全球消费者浏览和选购，是国内外许多大商场和大企业正在使用的促销方式。对于企业来说，网络商场与传统的商场相比不需店面租金，可以减少商品库存的压力，降低销售、管理、发货等环节的成本，经营规模也不受场地的限制，便于收集顾客的信息，其发展前景十分广阔。

（4）网络广告将大有作为。与传统广告相比，网络广告表现出来的优势是明显的：广告空间几乎是无限的，其传播范围远远大于传统广告；成本低廉，大约仅相当于传统广告的1/10；可以实现即时互动，克服了传统广告强制性的缺点；促成消费者采取行动主要是依靠理性的说服力，因此具有更高的效率。

二、网络营销在我国的发展状况

在我国，网络营销起步较晚，直到1996年才开始被我国企业尝试。

据报道，1996年，山东青州农民李鸿儒首次在国际互联网上开设"网上花店"，年销售收入达950万元，客户遍及全国各地，但公司没有一名推销员。1997年，江苏无锡小天鹅利用互联网向国际上8家大型洗衣机生产企业发布合作生产洗碗机的信息，并通过网上洽商，敲定将阿里斯顿作为合作伙伴，签订合同2980万元。海尔集团1997年通过互联网将3000台冷藏冷冻冰箱远销爱尔兰。

目前，网络营销已开始被我国企业采用，各种网络调研、网络广告、网络分销、网络服务等网络营销活动，正异常活跃地介入到企业的生产经营中。国家信息中心有关统计数字表明，目前我国有8万余家企业已加入互联网，并涉及网络营销，其中以计算机行业、通信行业、金融行业最为普遍，计算机行业为34%，通信行业为23%，金融行业为11%，其他行业为32%。尽管如此，与发达国家相比，我国网络营销发展的总体水平较低，仍停留在起步阶段。

截至2009年6月，中国网民规模达到3.38亿，较2008年增长了25.5%[①]。继2008年6月中国网民规模超过美国，成为全球第一之后，中国的互联网普及再次实现飞跃，赶上并超过了全球平均水平。中国网民规模与增长率，如图1-2所示。另据国内调查机构艾瑞咨询发布的《2008上半年网购市场发展报告》显示，2008年上半年国内网购交易总额已达到531.5亿元，逼近2007年全年的561亿元，而网购人数也已达到1.2亿。统计显示，我国电子商务交易额自2006年突破万亿元大关以来，每年以高于70%的速度持续增长，2008年我国电子商务交易总额突破3万亿元，预计到2010年，电子商务交易额将达15万亿元。

虽然网络营销在我国已经有了一定程度的发展，但当前还存在一些障碍制约我国网络营销的进一步发展。

（1）消费者传统购物观念的束缚。据调查，有59%的人认为网上商品无实体感，对其质量不放心，而宁愿选择自己去商场购买。这种眼见为实的购买心态及对新事物的不信任感多少会制约网络营销的发展。

---

① 数据来源：http://www.internetworldstats.com.

(2) 企业网络竞争意识不强，对网络营销认识不清。绝大部分企业还只把竞争焦点放在实体竞争上，没有充分意识到知识经济时代抢占网络信息这一虚拟市场对赢得企业未来竞争优势的必要性与紧迫性，造成企业对网络营销认识不清，网络利用率不高，营销方式单一。不少上网企业的网络营销还仅仅停留在网络广告与网络宣传促销上，而且一些企业的网络促销也只是将企业的厂名、品名、地址、电话挂在网上，没有自己独立的域名网址，也缺少对企业形象及产品具体系统的介绍。

(3) 欠缺安全方便的网络支付机制。目前，我国网络支付的技术手段尚不成熟，在目前信用卡消费未占主导的情况下，网络分销的现金交割大多靠用户事前（后）交费才能完成。网络分销成了一种"网上订货，网下付款"的"四不像"交易方式，极大影响了网络分销的效率。凭信用卡实现网上支付，对消费者、对企业均存在一个安全保障的问题。据调查资料显示，有52%的网络用户认为，目前网上购物的最大问题是没有安全方便的网上付款方式。因此，目前在网络安全支付方面存在的技术滞后与陈旧观念是网络营销发展的核心与关键障碍。

(4) 网络营销策略水平不高，效益不佳。对网络营销这种特殊营销方式的营销策略缺乏系统研究，没有形成一套适合我国国情的网络营销策略。不少企业还只能沿用过去传统实体市场营销策略，网络营销收效不高。

(5) 物流网络不配套。网络营销虽然缩小了企业之间在信息虚拟市场上的竞争差距，但对企业的物流水平与能力提出了更高的要求。而目前，拥有全国物流能力的企业寥寥无几，特别是广大中小企业，物流能力不强、效率不高，不能及时与网络用户进行实物交割，已成为阻碍其网络营销发展的主要因素。

(6) 企业信息管理与分析能力低，缺乏既懂网络技术又懂营销管理的复合型人才，这也是制约网络营销发展的一大障碍。

网络营销的发展前景令人瞩目，但也不会一帆风顺。尽管世界上一部分发达国家的电子商务活动发展较快，网络营销取得初步成功，但进一步发展所面临的问题依然不少，尤其是在我国，对此我们应有清醒的认识。在认清现实困难的同时，我们也应该对网络营销这一新生事物的发展前景充满信心。

任务四　辨析网络营销与传统营销、电子商务的关系

比尔·盖茨说："21世纪要么电子商务，要么无商可务！"科特勒说："商务的核心是营销。"

一、网络营销与传统营销的区别和联系

网络营销是以互联网为手段展开的营销活动，是企业营销的组成部分，作为传统营销的延伸与发展，它既有与传统营销相似的一面，也有区别于传统营销的一面。

（一）网络营销和传统营销的相同点

（1）两者都是企业的营销活动，二者所涉及的范围不仅限于商业性内容，即所涉及的不仅是产品生产出来之后的活动，还要包括产品制造之前的开发活动等。

（2）两者都需要通过组合发挥功能实现企业的既定目标。二者并不是单靠某种手段去实现目标，而是要开展各种具体的营销活动。实现目标要启动多种关系，而且要制定出各种策略，因此，搞好营销需要一种综合能力。

（3）两者都把满足消费者需求作为一切活动的出发点，而且两者对消费者需求的满足不仅停留在现实需求上，而且还包括潜在需求。

（二）网络营销与传统营销的不同点

（1）在产品方面：从营销角度看，通过网络可以对大多数产品进行营销，即使达不成最终交易，网络营销的宣传和沟通作用仍然是很大的。而且，网络营销可真正直接面对消费者，实施差异化营销（一对一营销），从而更有效地满足顾客的个性化需求，对不同的顾客提供不同的产品不再是天方夜谭，而在传统营销领域却很难做到这种个性化产品营销。

（2）在价格和成本方面：由于网络营销直接面对消费者，减少了批发商、零售商等中间环节，节省了中间营销费用，可以减少销售成本，降低营销费用，使价格更低。网络营销也使得企业能够实现全球化比价选购，使资源得到最佳配置，产品成本可以实现最小化。因而，在Internet上营销的产品在价格和成本方面，有较大的竞争优势。

（3）在渠道方面：网络营销中，生产商与最终用户直接联系，中间商的重要性有所降低。网络营销具有"距离为零"和"时差为零"的优势，改变了传统的迂回模式，可以采用直接的销售模式，实现零库存、无分销商的高效运作。

（4）在促销和便捷性方面：相对于传统媒体，网络空间具有无限扩展性，因此在网络上可以结合网络的特点采用电子邮件、网页、网络广告等方式将必要的信息充分展示出来，而且促销活动也更具多样性。在便捷性上，网络营销为消费者提供了足不出户即可挑选购买自己所需的商品和服务的便利。

(5) 在营销组织方面：网络营销使得企业业务人员与直销人员数量减少，经营组织扁平化，经营代理与门店数量减少，虚拟经销商、虚拟门市等企业外部虚拟组织盛行，这些影响与变化都将促使企业对组织机构进行再造。

二、网络营销与电子商务的区别和联系

（一）网络营销与电子商务的区别

（1）从时间上来讲，电子商务概念的出现要早于网络营销。电子商务最早产生于20世纪60年代，20世纪90年代得到长足发展。电子商务产生和发展的重要条件主要是计算机的广泛应用，而网络营销是随着现代科学技术的发展、消费者价值观的变革与日趋激烈的市场竞争等诸多因素的出现迅速崛起的。

（2）从字面意义上讲，网络营销概念要比电子商务宽泛。电子商务通常是指在广泛的商业贸易活动中，在因特网开放的网络环境下，买卖双方不相谋面而达成交易的一种新型的商业运营模式，讲求在网络销售中获得商业盈利。网络营销，是指借助联机网络、电脑通讯和数字交互式媒体来实现交易的一种营销方式，讲求与目标人群的网络互动。

（3）网络营销与电子商务研究问题的角度与侧重点不同。网络营销是企业整体营销战略的一个组成部分，是从顾客的需求出发而开展的一系列商务活动，无论传统企业还是现代企业都需要网络营销。电子商务主要是指交易方式的电子化，是根据市场需求对企业各类业务活动进行系统规范的重新设计和构造，以适应网络经济时代的数字化管理和数字化经营的需要，是利用Internet进行的各种商务活动的总和。我们可以将电子商务简单地理解为电子交易，强调的是交易的行为和方式。

（二）网络营销与电子商务的联系

（1）网络营销与电子商务有着共同的技术基础。二者产生和发展的基础都是信息网络技术。

（2）从包含的体系来说，网络营销和电子商务是交叉存在的。电子商务涵盖的范围很广，一般可分为B2B、B2C、C2C等电子商务模式，其中，B2B、B2C两种模式发展最早，而C2C近来也实现了大幅增长。网络营销包含网络调研、网络广告、网络公关、整合营销、SEO、SEM等内容，每个内容都可以单独或者整合应用到电子商务中去。同样，电子商务也离不开这些网络营销手段。所以，从这个层面上来说，电子商务是形式，网络营销是手段。

(3) 网络营销是电子商务的基础和核心。电子商务是网络营销发展的高级阶段，开展电子商务离不开网络营销，但网络营销并不等于电子商务。电子商务包括了网上营销、线上支付、线下物流等各个环节。而在整个电子商务活动的环节中，最基本、最为重要的环节就是网络营销。

(4) 网络营销整体战略的实现也需要电子商务其他工作环节的配合。网络营销不仅仅是营销部门的市场经营活动，还需要其他相关业务部门（如采购、物流配送、生产、财务、质量监管、产品开发和设计部门等）的密切配合。也就是说，将营销局限在营销部门已经不能应对互联网对企业整个经营管理模式和业务流程管理方面的挑战，网络营销的成功实施需要电子商务其他环节的高度配合。

知识拓展

一、市场营销与市场营销学

市场营销一词是由英文"marketing"一词翻译而来的。它有两层含义：一是企业根据消费者需求生产适销对路的产品及扩大市场销售所进行的一整套经济活动；二是指一门学科，即以市场营销活动为研究对象的学科。市场营销一般可理解为与市场有关的人类活动。国内外学者对市场营销已下过上百种定义，企业界的理解更是多种多样。

市场营销学是专门研究市场营销活动及其发展变化规律的学科。它是市场营销实践的科学总结和概括，是有关市场营销活动的指导思想、基本理论、策略、方法、技巧等有机结合而成的科学体系。市场营销学的研究内容主要包括如下方面。

(1) 市场营销原理。包括营销观念、市场分析、市场营销环境、消费者需要与购买行为、市场细分与目标市场选择等理论。

(2) 市场营销实务。包括市场营销组合策略（4P's策略），即产品策略、价格策略、渠道策略和促销策略。

(3) 市场营销管理。包括营销战略、计划、组织和控制等。

(4) 特殊市场营销。包括网络营销、服务市场营销和国际市场营销等。

总之，市场营销学以了解消费者需求为起点，以满足消费者需求为中心，通过研究，制定出营销活动战略、策略、方法，使企业在满足消费者需求的过程中实现利润目标，在激烈竞争的市场上求得生存和发展。

二、营销观念的演变

营销观念产生于20世纪初期的美国，从西方发达国家来看，营销观念的演变大致经历了生产观念、产品观念、推销观念、市场营销观念和社会市场营销观念的过程。具体可分为以下几种。

(一) 以企业为中心的观念

这种观念就是以企业利益为根本取向和最高目标来处理营销问题的观念。它包括以下三种观念。

1. 生产观念

生产观念是指导销售者行为的最古老的观念之一，产生于20世纪20年代以前。在这一阶段，资本主义正处于从自由竞争向垄断过渡时期，市场总趋势是市场产品短缺，属卖方市场。企业经营哲学是从企业生产出发，其主要表现是"我生产什么，就卖什么"。生产观念认为，企业应致力于提高生产效率、增加产量，降低成本以扩展市场。例如，美国汽车大王亨利·福特曾傲慢地宣称："不管顾客需要什么颜色的汽车，我只有一种黑色的。"就是典型表现。福特因此就倾全力于汽车的大规模生产，努力降低成本，使消费者购买得起，借以提高福特汽车的市场占有率。显然，生产观念是一种重生产、轻市场营销的商业哲学。

2. 产品观念

产品观念也是一种较早的企业经营观念，是生产观念发展的产物。产品观念产生于市场产品供不应求的"卖方市场"形势下，此观念认为消费者最喜欢高质量、多功能和具有某种特色的产品，企业应致力于生产高值产品，并不断加以改进。此时，企业最容易发生"市场营销近视"的状况。例如，"酒好不怕巷子深"就是此观念很好的体现。

3. 推销观念

推销观念（或称销售观念）产生于20世纪20年代末至50年代前资本主义国家由"卖方市场"向"买方市场"过渡的阶段，表现为"我卖什么，顾客就买什么"。尤其在1929—1933年的世界性经济危机期间，大量产品销售不出去，因而迫使企业重视采用广告术与推销术去推销产品。认为，企业必须积极推销和大力促销，以刺激消费者大量购买本企业产品。例如，美国皮尔斯堡面粉公司在此经营观念导向下，提出"本公司旨在推销面粉"。这种观念虽然比前两种观念前进了一步，开始重视广告术及推销术，但其实质仍然是以生产为中心的。

(二) 以消费者为中心的观念

这种观念又称市场营销观念（Marketing Concept），是一种新型的企业经营哲学。市场营销观念是作为对上述诸观念的挑战而出现的一种新型的企业经营哲学。

这种观念以满足顾客需求为出发点，即"顾客需要什么，就生产什么"。这种观念认为，企业的一切计划与策略应以消费者为中心，正确确定目标市场的需要与欲望，比竞争者更有效地满足目标市场的要求，要求企业营销管理将重心放在善于发现和了解目标顾客的需要上，并千方百计去满足它，使顾客满意，从而实现企业目标。市场营销观念的出现，使企业经营观念发生了根本性变化，也使市场营销学发生了一次革命，其四个支柱是：目标市场、顾客需求、协调营销和利润。从本质上说，市场营销观念是一种以顾客需要和欲望为导向的哲学，是消费者主权论在企业市场营销管理中的体现。

许多优秀的企业都是奉行市场营销观念的，如美国的迪斯尼乐园，欢乐如同空气一般无所不在。因为迪斯尼乐园成立之时便明确了它的目标：它的产品不是米老鼠、唐老鸭，而是快乐。人们来到这里是享受欢乐的，公园提供的全是欢乐，公司的每一个人都要成为欢乐的灵魂。游人无论向谁提出问题，谁都必须用"迪斯尼礼节"回答，决不能说"不知道"。反观中国的一些娱乐城、民俗村、世界风光城等，单调的节目，毫无表情的解说，爱理不理的面孔，只会使人感到寒意，哪有欢乐可言？

（三）以社会长远利益为中心的观念

社会市场营销观念是对市场营销观念的修改和补充，产生于20世纪70年代西方资本主义出现能源短缺、通货膨胀、失业增加、环境污染严重、消费者保护运动盛行的新形势下。这种观念要求企业在制定市场营销政策时，不仅满足消费者的需求和欲望及追求企业利润，而且要考虑消费者和社会两方面的长远利益，即要统筹兼顾三方面的利益——企业利润、消费者需要的满足和社会利益。社会市场营销观念认为，企业的任务是确定各个目标市场的需要、欲望和利益，并以保护或提高消费者和社会福利的方式，比竞争者更有效、更有利地向目标市场提供能够满足其需要、欲望和利益的物品或服务。对于市场营销观念的四个支柱，社会营销观念都作了修正，调整为顾客导向、整体营销、顾客满意和盈利率。

上述3种企业经营观，其产生和存在都有其历史背景和必然性，都是与一定的条件相联系、相适应的。目前中国仍处于社会主义市场经济初级阶段，由于社会生产力发展程度及市场发展趋势、经济体制改革的状况及广大居民收入状况等因素的制约，中国企业经营观念仍处于多种观念并存的阶段。

基本训练

一、简答题

（1）网络营销的内容体系主要包括哪些？

（2）作为网络营销产生基础的消费者观念的转变表现在哪些方面？

(3) 我国网络营销的发展遇到了哪些障碍？

(4) 网络营销与传统营销有哪些共同点？有哪些不同点？

二、论述题

结合实际，谈谈企业开展网络营销的重要意义。

知识应用

(1) 键入 URL（http：//www.haier.com）进入海尔集团网站。了解海尔集团的网络营销的运作情况；熟悉主页的内容，体会各部分内容安排的营销意义。

(2) 键入 URL（http：//www.amazon.com）进入亚马逊公司网站，体验无时空界限。

项目二 网络市场分析与调研

任务描述

通过对以网络购物为主题的网络调查案例进行分析,完成案例后面的相关任务。案例如下。

在网民队伍急速膨胀的今天,随着网络建设的兴起及消费观念的不断更新,网络购物正在由一种网络时尚逐步成为大众常用的消费模式,新兴的交易方式和服务理念吸引着越来越多的网络商家和风险投资基金,他们都在为争取到更多的客户而努力,兴奋与焦躁、狂喜与沮丧、希望与迷茫无时无刻不陪伴着他们。网络购物的消费者和潜在消费者,他们怎样评价这一凝聚着无数网络创业梦想的新交易方式呢?

北京科思瑞智市场调查公司(chinacrc.com)于2月底完成的一项网络购物调查显示,在总计712名受访者中,有151名在最近一段时间有网络购物的经历,占调查总数的21.2%,近八成的受访者依然在网络购物的门前徘徊甚至拒绝。该项调查采用"Xenow.com"的网民调查网络,调查结果对于研究网民的购物行为具有参考意义。

一、网络购物与网络商家,谁拒绝谁

网络购物调查分析结果,如表1-1所示。

表1-1 接受或拒绝网络购物的原因

参加网络购物的原因	频数	百分比	拒绝网络购物的原因	频数	百分比
想尝试一下	62	41.10%	网络购物过程太复杂	173	30.80%
价格便宜	48	31.80%	售后服务无保障	77	13.70%
购物方便	37	24.50%	支付方式不安全	74	13.20%
品种齐全	4	2.60%	没有感兴趣的网站	66	11.80%
			送货时间无保障	60	10.70%
			价格太高	49	8.70%
			支付方式单一	49	8.70%
			其他	13	2.30%
Total	151	100.00%	Total	561	100.00%

调查数据显示，在151名有网络购物经历的受访者中对于网络购物的动机，四成表示"想尝试一下"，三成是因为"价格便宜"，近四分之一的受访者认为"购物方便"。可以看出，新奇感和尝试心理在当前的网络购物中依然处于主导地位。对于当前的网络购物消费者，商家的重点自然是使那些探索者尽快发现网络购物的好处，从而赢得他们的回头率。而对于没有网络购物经历的561名受访者，他们的问题也正是当前网络购物消费者最不满意的几类问题。如"购物过程问题""支付方式问题""售后服务问题"和"交货时间问题"等。网络购物的主要问题分析，如表1-2所示。

表1-2 网络购物的主要问题

网络购物最不满意的原因			拒绝网络购物的原因		
	频数	百分比		频数	百分比
交货不及时	53	35.10%	送货时间无保障	60	10.7%
支付方式不完善	39	25.80%	支付方式不安全	74	13.2%
售后服务无保障	32	21.20%	售后服务无保障	77	13.7%
购物过程复杂	23	15.20%	网络购物过程太复杂	173	30.8%
其他	4	2.60%	其他	13	2.3%
			没有感兴趣的网站	66	11.8%
			价格太高	49	8.7%
			支付方式单一	49	8.7%
Total	151	100.00%	Total	561	100.0%

不可否认，作为一种新兴的消费及商业模式，如何将消费者初始的好奇心和新鲜感更多更快地转化为一般意义的消费行为，是需要认识的过程和时间的；同时，网络商家和传统商家在虚拟的环境下如何建立商业信任和服务规范是新时期提出的新课题。

二、网上消费，商品还是文化

数据显示，在受访者购买的10大类商品中，按购买比例可分为三大类：第一大类是"书、CD与软件"，比例占51%，处于绝对优势；第二大类中，"票券""IT产品"，比例均接近10%；"通讯产品"与"生活用品"各占8.6%，"家用电器"占6%，这五种商品的购买比例接近，总比例超过40%；第三大类商品为"收藏品""办公用品""医疗用品"和其他商品，总比例不足7%。

比照实际网上消费者的购物排序和潜在消费者的预期购物的排序情况，可以发现一个有趣的现象，在10大类商品种类中，有6项商品的排序是一致的，如表1-3所示。与现实购买情况相比，潜在消费者对"生活用品"表现出更大的购买可能，对"家用电器"的购买可能则有所提高；而对"票券"和"通讯产品"的购买可能则比现实购买情况低。

表1-3 潜在消费者预期购物的商品种类的排序变化

位次排序	消费者实际购物排序（由高到低）	潜在消费者预期购物排序（由高到低）
1	书、CD与软件	书、CD与软件
2	票券	生活用品
3	IT产品	IT产品
4	通讯产品	票券
5	生活用品	家用电器
6	家用电器	通讯产品
7	收藏品	收藏品
8	办公用品	办公用品
9	医疗用品	医疗用品
10	其他	其他

三、支付手段：我拿什么奉献给你

调查结果显示，实际网络购物者中有一半人采用货到付款的方式，1/3的人采用信用卡付款方式，通过邮局汇款方式付款的不到15%。如果将网络购物者实际付款方式与理想付款方式进行对比，会发现受访者最理想的付款方式是"信用卡"式，其次是"货到付款"方式，再次是"会员制，定期付款"，希望采用传统的"邮局汇款"方式的人不足1%。

从比较的趋势看，"货到付款"和"邮局汇款"比例降低，"信用卡"付款方式的比例增高，并新增"会员制，定期付款"方式。科思瑞智的研究人员认为，网上电子支付的发展将会大大简化网络购物的过程，同时对于银行而言，发展网上业务也孕育着巨大的商机，如表1-4所示。

表1-4 网络购物的支付方式

支付方式	实际支付方式		理想支付方式	
	频数	百分比/%	频数	百分比/%
货到付款	77	51.00	52	34.40
信用卡	49	32.50	80	53.00
邮局汇款	22	14.60	1	0.70
其他	3	2.00	1	0.70
会员制、定期付款			17	11.30
Total	151	100.00	151	100.00

对于潜在消费者，他们认为最理想的支付手段是"货到付款"，其次是"信用卡"支付。研究人员认为，对于支付手段安全性的担心是阻碍更多消费者尝试网络购物的重要因素。因此，在网络购物的初级阶段，电子商务网站一方面可以和银行联手推出一些宣传推广活动，提高消费者对信用卡主流支付手段的信任感；另一方面，网站应该承担起"货到付款"的职责，这样才能有效扩大消费群。

四、送货时间：高速路上的老爷车

网上购物不仅是一种新鲜而时尚的购物方式，它也应该是现代与高效的集中体现。然而，现实中的网上购物却存在着一个较大的问题，即送货时间的迟缓与不确定性。调查数据显示，有2/3的消费者理想的网上购物送货时间是在"24小时之内"，而在显示中能够在"24小时之内"送到的只有14.6%，还不到1/7。超过3天的送货时间已经很少有人能够忍受了，更何况还有7天甚至更长的！不能谋面的交易，看不见的交易场所，提前付出的购物款已经在购买商家和网站的信誉度上打了折扣，而迟缓的交货使得这些"时尚"的消费者更加坐立不安，与其说是消费，不如说是心理测试。

尽管网络商家一直在宣传，网上购物如何因为没有场地费用而节省了交易费用，但省钱是需要以付出时间作为代价的吗？试想一下，如果消费者是收到货后再付款，我们网上购物的送货时间是否会加快许多呢？谁说网上购物不是速度与效率的竞赛？

五、送货方式：放我的真心在你的手心

调查显示，对于当前的网上购物的送货方式，"专人投递"的方式已经是网上购物的基本条件，而需求也是占主导地位的。无论是实际消费者还是潜在消费者，都不希望以"邮寄"的形式送货，而实际消费者还希望增加"特快专递"的送货方式。

总的来说，网络购物在我国仍是新生事物，它的发展涉及通信、金融、信息等多个领域。计算机的配备、网络使用范围、信用制度的发展、相应的规范体系都是网络购物的重要条件。随着我国加入世贸组织，进一步与国际社会接轨，网络购物将会越来越便利，从而真正成为人们的主要消费模式。

通过对网络购物为主题的网络调查案例进行分析，完成以下任务。

（1）讨论分析网络调查有哪些主要内容和方法？

（2）网络调查具有哪些特点与优势？

（3）以网络购物为主题的网络调查还需要设计哪些内容？

任务分析

本项目的主要内容是认识网络营销环境、分析网络营销的目标市场及开展网上调研，重点强调网络营销的对象及其购买行为分析，网络营销市场细分，网络

营销目标市场定位，实施网络调研的工作过程、步骤等基本任务流程。通过本项目的学习，使学生掌握网络营销调研中信息收集的方法和技巧，具有开展网络市场调研及进行网络调研的基本策划能力；能够熟练收集网络商务信息并进行市场定位分析。

知识目标：认识网络营销环境、了解并能综合分析网络营销的目标市场、熟练掌握开展网上调研的流程和步骤。

能力目标：通过本项目的学习，使学生掌握网络营销调研中信息收集的方法和技巧，具有开展网络市场调研的基本能力；具备网络调研的基本策划能力；能够熟练收集网络商务信息并进行市场定位分析。

概念点击

网络市场细分：企业在调查研究的基础上，依据网络消费者的购买欲望、购买动机与习惯爱好的差异性，把网络营销市场划分成不同类型的群体，每个消费群体构成企业的一个细分市场。

网络目标市场：也叫网络目标消费群体，就是企业提供产品和服务的对象。一个企业只有选择好了自己的服务对象，才能将自己的特长充分发挥出来，只有确定了自己的服务对象，才能有的放矢地制定经营服务策略。

市场调查：是指以科学的方法，系统地、有目的地收集、整理、分析和研究所有与市场有关的信息，特别是有关消费者的需求、购买动机和购买行为等方面的信息，从而把握市场现状和发展态势，有针对性地制定营销策略，以取得良好的营销效益。

网上直接调研：是指为当前的特定目的在因特网上收集一手资料或原始信息的过程。直接调研的方法有4种：观察法、专题讨论法、问卷调查法和实验法，但网上用得最多的是专题讨论法和在线问卷法。

网上间接调查：主要利用互联网收集与企业经营相关的市场、竞争者、消费者及宏观环境等信息。企业用得最多的还是网上间接调查方法，这种方法较容易收集到信息，而且方便快捷。

任务实施

任务一　认识网络营销环境

21世纪是一个全新的网络化时代，我国内地电子商务网站目前已达600家，而这个数字还在以每天5家的速度递增。有分析认为，1999年到2001年是中国电子商务由起步走向繁荣的阶段，从2002年开始中国的电子商务将步入快速发展的时期。国内电子商务网站急剧增加，发展地域从沿海到内地、从大城市向中小城市迅速蔓延。由此可见，网络营销是每一个商家的必然选择，Internet 上的网络市场是今天和未来最有潜力的新兴市场。

一、网络市场的发展

（一）网络市场演变的阶段

从网络市场的交易方式和范围看，网络市场经历了三个发展阶段。

第一阶段，生产者内部网络市场阶段。20 世纪 60 年代末，西欧和北美的一些大企业用电子方式进行数据、表格等信息的交换，两个贸易伙伴之间依靠计算机直接通信，传递具有特定内容的商业文件，这就是所谓的电子数据交换（Electronic Data Interchange，EDI）。后来，一些工业集团开发出用于采购、运输和财务应用的标准，但这些标准仅限于工业界内部的贸易，如生产企业的 EDI 系统，从而使整个订货、生产、销售过程贯穿起来，形成生产者内部网络市场的雏形。

第二阶段，国内的、全球的生产者网络市场和消费者网络市场阶段。企业用 Internet 对国内的或全球的消费者提供商品和服务，其发展的前提是电脑（PC）的普及，升高了"假象购物商品区"的商业空间魅力，同时利用信用卡连线来清算，以加速"假象购物"的进展。其最大特征是消费者的主动性，选择主动权掌握在买方手里，它从根本上改变了传统的推销方法，即演变为以消费者的"个人行销"为导向。"在线浏览、离线交易"阶段是我国和全球现阶段主要的网络交易方式。

第三阶段，"在线浏览、在线交易"阶段，这是网络市场发展的最高境界，网络不再仅仅被用来进行信息发布，而是实现在线交易。这一阶段到来的前提条件是产品和服务的流通过程、交易过程、支付过程实现数字化、信息化，其中最关键的是支付过程的电子化，即电子货币、电子银行、电子支付系统的标准化及其可靠性和安全性。

（二）网络市场的特征

随着互联网及万维网的盛行，利用无国界、无区域界限的 Internet 来销售商品或提供服务成为买卖通路的新选择。Internet 上的网络市场成为 21 世纪最有发展潜力的新兴市场，从市场运作的机制看，网络市场具有如下 5 个基本特征。

1. 无店铺的经营方式

运作于网络市场上的是虚拟商店，它不需要店面、装潢、摆放的货品和服务

人员等,它使用的媒介为互联网。1995年10月"安全第一网络银行"(Security First Network Bank)在美国诞生。这家银行没有建筑物,没有地址,只有网址,营业厅就是首页画面,所有的交易都通过互联网进行,员工只有10人。1996年存款金额达到1 400万美元,1999年存款金额达到4亿美元。

2. 无存货的经营形式

万维网上的商店可以在接到顾客订单后,再向制造的厂家订货,而无需将商品陈列出来供顾客选择,只需在网页上打出货物菜单以供选择。这样一来,店家不会因为存货而增加成本,其售价比一般的商店要低,这有利于增加网络商家和"电子空间市场"的魅力和竞争力。

3. 成本低廉的竞争策略

网络市场上的虚拟商店,其成本主要涉及自设Web成本、软硬件费用、网络使用费,以及以后的维持费用。它通常比普通商店经营性成本要低得多,这是因为普通商店需要昂贵的店面租金、装潢费用、水电费、营业税及人事管理费用等。EDI的广泛使用及其日趋标准化使企业与企业之间的交易走向"无纸贸易"。在"无纸贸易"的情况下,企业可将下订单的成本缩减80%以上。在美国,一个中等规模的企业一年要发出或接受的订单在10万张以上,大企业则在40万张左右。因此,对企业尤其是大企业而言,采用无纸交易就意味着节省少则数百万美元多则上千万美元的成本。

Cisco在其Internet网站中建立了一套专用的电子商务订货系统,销售商与客户能够通过此系统直接向Cisco公司订货。此套订货系统的优点在于不仅能够提高订货的准确率,避免多次往返修改订单的麻烦;最重要的是缩短了出货时间,降低了销售成本。据统计,电子商务的成功应用使Cisco每年在内部管理上能够节省数亿美元的费用。

4. 无时间限制的全天候经营

虚拟商店不需要雇佣经营服务人员,可不受劳动法的限制,也可摆脱因员工疲倦或缺乏训练而引起顾客反感所带来的麻烦。而一天24小时,一年365天的持续营业,这对于平时工作繁忙、无暇购物的人来说有很大的吸引力。

5. 无国界、无区域界限的经营范围

互联网络创造了一个即时全球社区,它消除了同其他国家客户做生意的时间和地域障碍。面对提供无限商机的互联网,国内的企业可以加入其中,开展全球性营销活动。

浙江省海宁市皮革服装城加入了互联网,跻身于通向世界的信息高速公路,很快就尝到了甜头。服装城把男女皮大衣、皮夹克等17种商品的式样和价格信息输入互联网,不到 2 小时,就分别收到英国"威斯菲尔德有限公司"等 10 多家海外客商发来的电子邮件和传真要求订货。服装城通过网上交易,仅半年时间,就吸引了美国、意大利、日本、丹麦等 30 多个国家和地区的 5 600 多位客户,仅一家雪豹集团就实现外贸供货额 1 亿多元。

6. 精简化的营销环节

客户所需资讯可及时更新,企业和买家可快速交换信息,网上营销能够在市场上快人一步,从而迅速传递出信息。精明的营销人员能够借助联机通信所固有的互动功能,鼓励顾客参与产品更新换代,让他们选择颜色、装运方式,自行下订单。在定制、销售产品的过程中,满足顾客的特殊要求,顾客参与越多,售出产品的机会就越大。

总之,网络市场具有传统的实体化市场所不具有的特点,这些特点正是网络市场的优势。

二、网络市场的客户资源

(一) 网民规模

1. 总体网民规模

2008 年爆发于美国的金融危机对中国经济产生了一定的冲击,但并没有对中国的互联网发展产生过大影响。2009 年上半年,网民规模稳步增长。截至 2009 年 6 月底,中国网民规模达到 3.38 亿人,较 2008 年年底增长 13.4%,上网普及率达到 25.5%。网民规模持续扩大,互联网普及率平稳上升,如图 2-1 所示。

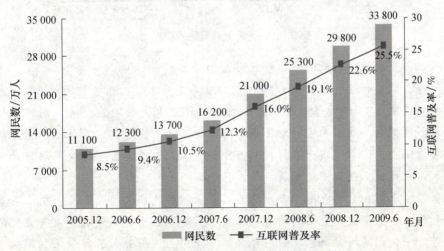

图 2-1　中国内地网民规模与互联网普及率

2. 宽带网民规模

宽带网民规模继续扩大，截至 2009 年 6 月，已有 3.2 亿网民使用宽带访问互联网，所占比例高达 94.3%，较 2008 年年底上升了 3.7 个百分点。从统计结果看，我国宽带互联网的普及率已经很高了，但是，我们必须清醒地看到，这里的宽带网民只是使用宽带接入方式的网民，而不是以网络传输速率来定义的。

根据 OECD 的统计，2007 年 10 月，OECD 主要国家的平均网络下行速率已经达到 17.4 兆，作为宽带最发达的日本，下行速率甚至已经超过 90 兆，而中国以 ADSL 为主的网络接入，大多数下行速率都不超过 4 兆。同时，因为是共享带宽，在高峰时段，速率会更低。

由此可见，目前我国宽带接入速度远远落后于世界互联网发达国家。我们需要进一步加强互联网基础设施建设，不断提高网络连接速度，推动中国互联网向高速互联网发展。

3. 手机上网网民规模

截至 2009 年 6 月，使用手机上网的网民达到 1.55 亿人，半年内增长了 32.1%，手机网民规模呈现迅速增长的势头，如图 2-2 所示。

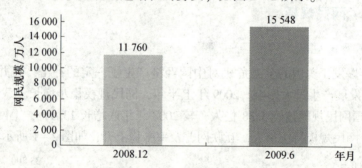

图 2-2　手机上网网民规模对比

手机网民的快速增长源于以下几方面的原因。

第一，政府和运营商的合力推动。2009 年 1 月 1 日，国务院通过 3G 牌照发放工作启动决议，3G 牌照的发放为运营商提供了更大的发展空间，同时强化了移动互联网概念。此后中国移动下调 GPRS 数据流量资费；中国电信调低无线上网套餐费用；中国联通推出多样化 GPRS 套餐等。主要运营商纷纷采取行动吸引和扩大用户规模，促进市场发展。

第二，上网和时尚理念结合。随着具有上网功能手机的普及及手机上网平台的便利化，手机不仅是更便利的上网工具，同时也成为时尚潮流和流行文化的代表符号。手机上网的时尚色彩吸引年轻用户使用，从而带来了移动互联网网民规模的快速增长。

第三，上网内容和应用功能丰富。手机上网内容的数量和质量逐步提升，手机博客、手机视频，乃至手机电视都发展迅猛，给用户提供了更为丰富的选择，促进了手机上网用户规模的扩张。

（二）网民结构特征

1. 性别结构

截至 2009 年 6 月，中国网民男女性别结构保持在 53∶47 的比例，与 2008 年末相比，网民的性别结构保持稳定。2009 年上半年，我国农村女性网民所占比例有所上升，提升了 1.6 个百分点，这说明农村地区互联网发展正逐步与城市进程趋同，更多的农村地区女性能接触到网络，如图 2-3 所示。

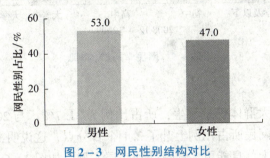

图 2-3 网民性别结构对比

2. 年龄结构

我国网民结构在年龄上不断优化，呈现出成熟化的趋势。与 2008 年年底相比，目前 30~39 岁网民所占比重明显增大，半年来所占比例从 17.6% 上升到 20.7%。另外，40 岁以上的网民规模整体有上升趋势，10~29 岁的年轻群体所占比例下降明显。中国青少年网民规模为 1.75 亿，半年增幅为 5%，目前这一人群在总体网民中所占比例为 51.8%，如图 2-4 所示。

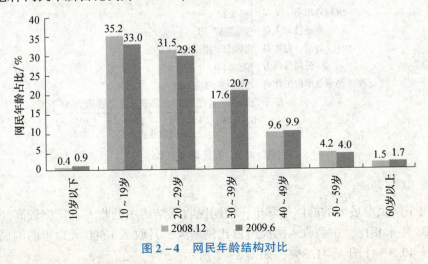

图 2-4 网民年龄结构对比

3. 学历结构

与 2008 年末相比，目前网民重心仍在逐渐向低学历倾斜，学历程度在小学及以下的网民和高中的网民所占比例有所上升，如图 2-5 所示。

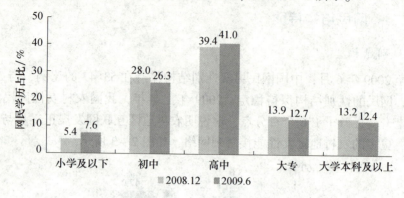

图 2-5　网民学历结构对比

4. 职业结构

目前网民的最大群体仍是学生，所占比例为 31.7%。与 2008 年末相比，无业/下岗/失业人员网民所占比例上升了 2.1 个百分点，这说明上网行为在这一群体中有所增加，网上信息能更多地覆盖到底层人群，如图 2-6 所示。

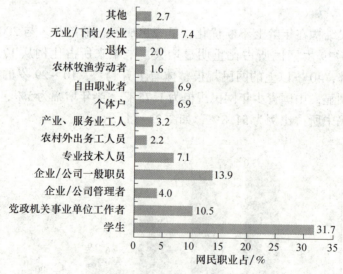

图 2-6　网民职业结构

5. 收入结构

由于网民中最大的群体是学生，使网民收入结构中低收入者比例较高。但是与 2008 年末相比，中高收入网民所占比例增大，月收入 1 500 元以上的网民所占比例从 40.3% 上升至 41.8%，如图 2-7 所示。

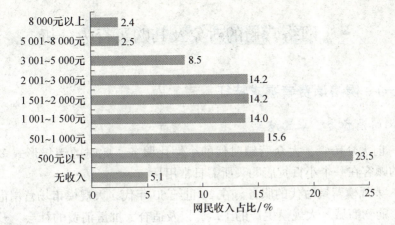

图 2-7 网民收入结构

6. 城乡结构

截至 2009 年 6 月,中国城乡网民比例与 2008 年年底保持一致,我国农村网民规模达到 9 565 万人,较 2008 年年底增长 1 105 万人,增幅 13.1%。农村网民规模在逐步增大,但是互联网向农村地区渗透的速度较之 2008 年有所减缓,如图 2-8 所示。

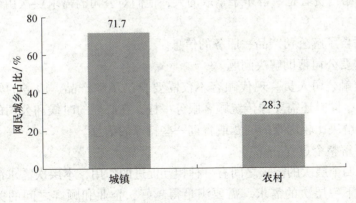

图 2-8 网民城乡结构对比

任务二　分析网络营销的目标市场

网络目标市场事实上就是企业提供产品和服务的对象。企业选择网络目标市场,即选择适当的服务对象,是在网络市场细分的基础上进行的。只有按照网络市场细分的原则与方法正确地进行网络市场细分,企业才能从中选择适合本企业为之服务的网络目标市场。

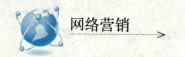

一、网络营销的对象及其购买行为分析

（一）网络消费者需求特征

1. 网络消费者需求的演变

（1）前大众传媒、大众营销时代的个性化服务。此时的销售形式多为一个区域内的顾客在一个小百货店购买所需日常用品。

（2）大规模营销时代的服务。在20世纪50年代，大规模市场营销借助于电视广告、购物商城、大规模生产的工厂，以及适合大批量消费的社会，开始改变着人们的消费方式。

（3）回归个性化。随着21世纪的到来，整个世界以非凡的速度变成了一个计算机网络交织的世界。具有大量选择的全球化市场取代了有限选择的国内市场。计算机化生产使产品有丰富的多样化设计，在此基础上整个市场营销又回归到个性化的基础上。

2. 网络消费者的需求层次

现代网络消费者是一群乐于索取的人，他们对公司的需求层次由低到高分为以下几层。

（1）需要了解公司产品、服务的信息。

（2）需要公司帮助解决问题。

（3）接触公司人员。现代顾客不仅需要自己了解产品、服务的知识，解决问题的方法，同时还需要像传统顾客服务一样，在必要的时候和公司的有关人员直接接触，解决比较困难的问题或咨询一些特殊的信息。

（4）了解整个过程。

以上这四个层次的需求之间有一种相互促进的作用，本层次需求满足得越好就越能推动下一层次的需求。需要满足得越好，企业和顾客之间的关系就越密切。整个过程是一种螺旋式的上升，不仅促使公司对顾客需求有更充分的理解，也会引起顾客对公司期望的膨胀，最终不仅实现了"一对一"关系的建立，而且不断地巩固、强化了这种关系。

3. 网络消费需求的特征

由于互联网商务的出现，消费观念、消费方式和消费者的地位正在发生着重大的变化，当代消费者心理与以往相比呈现出新的特点和变化趋势。

（1）个性消费的回归。在过去相当长的一个历史时期内，个性消费是主流。只是到了近代，工业化和标准化的生产方式才使消费者的个性被淹没于大量低成本、单一化的产品洪流之中。然而，没有一位消费者的心理是完全一样的，每一位消费者都是一个细分市场，个性化消费正在也必将再度成为消费的主流。

（2）消费需求的差异性。不仅仅是消费者的个性化消费使网络消费需求呈现出差异性，不同的网络消费者也会因所处的时代、环境不同而产生不同的需求，不同的网络消费者在同一需求层次上的需求也会有所不同。

（3）消费主动性增强。消费主动性的增强来源于现代社会不确定性的增加和人类追求心理稳定和平衡的欲望。网上消费者以年轻人为主，一般经济收入比较高，因此，主动性消费是其特征。

（4）对购买方便性的需求与对购物乐趣的追求并存。在网上购物，除了能够完成实际的购物需求以外，消费者在进行购物的同时，还能够得到许多信息，并得到各种在传统商店没有的乐趣。另外，网上购物的方便性也会为消费者节省大量的时间和精力。

（5）价格仍然是影响消费心理的重要因素。正常情况下，网上销售的低成本使经营者有能力降低商品销售的价格，并开展各种促销活动，给消费者带来实惠。例如，亚马逊书店比市场价低15%～30%的书价对消费者有很大的吸引力。

（6）网络消费仍然具有层次性。网络消费本身是一种高级的消费形式，但就其消费内容来说，仍然可以分为由低级到高级不同的层次。在网络消费的开始阶段，消费者侧重于精神产品的消费，到了网络消费的成熟阶段，消费者在完全掌握了网络消费的规律和操作，并且对网络购物有了一定的信任感后，才会从侧重于精神消费品的购买转向日用消费品的购买。

（7）网络消费者的需求具有交叉性。在网络消费中，各个层次的消费不是相互排斥的，而是具有紧密的联系，需求之间广泛存在着交叉的现象。

（8）网络消费需求的超前性和可诱导性。根据中国互联网中心CNNIC的统计，网上购物的消费者以经济收入较高的中、青年为主，这部分消费者比较喜欢超前和新奇的商品，也比较容易被新的消费动向和商品介绍所吸引。

（9）网络消费中女性占主导地位。喜欢消费和购物是女性的天性，在传统生活中如此，在网上的虚拟社会中亦然。当女性网民所占的比例和数量达到一定量时，网络消费中女性就会占主要地位。

（二）网络消费者的心理动机

网络消费者购买行为的心理动机主要体现在理智动机、感情动机和惠顾动机三个方面。

（1）理智动机。理智购买动机具有客观性、周密性和控制性的特点。在理智购买动机驱使下的网络消费购买动机，首先注意的是商品的先进性、科学性和质量高低，其次才是商品的经济性。

（2）感情动机。感情动机是由于人的情绪和感情所引起的购买动机。

（3）惠顾动机。这是基于理智经验和感情之上的，对特定的网站、图标广

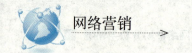

告、商品产生特殊的信任与偏好而重复地、习惯性地前往访问并购买的一种动机。

(三) 网络消费者的购买过程

网络消费者的购买过程,就是网络消费者购买行为形成和实现的过程,可以粗略地分为五个阶段:唤起需求、收集信息、比较选择、购买决策和购后评价。

1. 唤起需求

对于网络营销来说,诱发需求的动因只能局限于视觉和听觉。文字的表述、图片的设计、声音的配置是网络营销诱发消费者购买的直接动因。从这方面讲,网络营销对消费者的吸引具有相当的难度。这要求从事网络营销的企业或中介商注意了解与自己产品有关的实际需求和潜在需求,了解这些需求在不同时间的不同表现,了解这些需求是由哪些刺激因素诱发的,进而巧妙地设计促销手段去吸引更多的消费者浏览网页,诱导他们的需求欲望。

2. 收集信息

一般来说,在传统的购买过程中,消费者对于信息的收集大都是被动进行。与传统购买时信息的收集不同,网络购买的信息收集带有较大主动性。在网络购买过程中,商品信息的收集主要是通过互联网进行。一方面,上网消费者可以根据已经了解的信息,通过互联网跟踪查询;另一方面,上网消费者又不断地在网上浏览,寻找新的购买机会。由于消费层次的不同,上网消费者大都具有敏锐的购买意识,始终领导着消费潮流。

3. 比较选择

为了使消费需求与自己的购买能力相匹配,比较选择是购买过程中必不可少的环节。消费者对各条渠道汇集而来的资料进行比较、分析、研究,了解各种商品的特点和性能,从中选择最为满意的一种。一般说来,消费者的综合评价主要考虑产品的功能、可靠性、性能、样式、价格和售后服务等。

网络购物不直接接触实物。消费者对网上商品的比较选择依赖于厂商对商品的描述,包括文字的描述和图片的描述。网络营销商对自己的产品描述不充分,就不能吸引众多的顾客。而如果对产品的描述过分夸张,甚至带有虚假的成分,则可能永久地失去顾客。

4. 购买决策

网络消费者在完成了对商品的比较选择之后,便进入到购买决策阶段。与传统的购买方式相比,网络购买者的购买决策有许多特点。首先,网络购买者理智动机所占比重较大,而感情动机所占比重较小。其次,网络购买受外界影响较小,大部分的购买决策是自己作出的或是与家人商量后作出的。第三,网上购物的决策行为较之传统的购买决策要快得多。

5. 购后评价

消费者购买商品后，往往通过使用商品，对自己的购买选择进行检验和反省，这种购后评价往往决定了消费者今后的购买动向。为了提高企业的竞争力，最大限度地占领市场，企业必须虚心倾听顾客反馈的意见和建议。互联网为网络营销者收集消费者购后评价提供了便利，方便、快捷、便宜的电子邮件紧紧连接着厂商和消费者。厂商从网络上收集到这些评价之后，通过计算机的分析、归纳，可以迅速找出工作中存在的缺陷和不足，及时了解到消费者的意见和建议，随时改进自己的产品性能和售后服务。

二、网络营销市场细分

（一）认识网络细分市场

1. 网络市场细分

网络营销市场可以分成若干个细分市场，每个细分市场都由需求和愿望大体相同的消费者组成。在同一细分市场内部，消费者需求大致相同；不同细分市场之间，则存在明显差异性。

2. 网络市场细分的作用

企业网络营销要想取得理想的效果，就得定义自己的目标市场，并为自己定义的目标市场中的客户服务。网络营销市场细分是企业进行网络营销的一个非常重要的战略步骤，是企业认识网络营销市场、研究网络营销市场，进而选择网络目标市场的基础和前提。具体来说，网络营销市场细分有以下几个方面的作用。

（1）有利于企业发掘和开拓新的市场。

网络消费者尚未满足的需求，对企业而言往往是潜在的，一般不易发现。在调查基础上的市场细分，可以使企业深入了解网络市场顾客的不同需求，并根据各子市场的潜在购买数量、竞争状况及本企业实力的综合分析，发掘新的市场机会，开拓新市场。

（2）有利于制定和调整市场营销组合策略。

网络市场细分是网络营销策略运用的前提。企业在对网络营销市场细分后，细分市场的规模、特点显而易见，消费者的需求清晰明了，企业可以针对各细分市场制定和实施网络营销组合策略，做到有的放矢。

（3）有利于集中使用企业资源，取得最佳营销效果。

不管企业在网络营销中试图开展什么工作或者最后总的目的是什么，都将面对网络营销中的主要和次要的目标市场。在网络营销中，企业不仅要确定自己的目标市场在哪里，还要确定哪些是主要的，哪些是次要的，从而选择对自己最有利的目标市场,合理使用企业有限的资源,以取得最理想的经济效益。

(二) 网络市场细分的原则

实现网络市场细分化,并不是简单地把消费者视为需求相同或不同。因为它在企业市场营销活动中,处于战略地位,直接影响到企业各种营销策略的组合。所以网络市场细分必然遵循一定的原则,或者具备一定的条件,这些原则主要有以下几点。

1. 可衡量性

可衡量性指表明消费者特征的有关资料的存在或获取这些资料的难易程度,即细分出来的市场不仅范围比较明晰,而且能够大致判定该市场的大小。比如,以地理因素、消费者的年龄和经济状况等因素进行市场细分时,这些消费者的特征就很容易衡量,该资料获得也比较容易,而以消费者心理因素和行为因素进行市场细分时,其特征就很难衡量。

2. 实效性

实效性是指网络营销市场细分后各子市场的需求规模及获利性值得企业进行开发的程度。也就是说,细分出来的各子市场必须大到足以使企业实现它的利润目标。在进行市场细分时,企业必须考虑细分市场上消费者的数量、消费者的购买能力和购买数量。因此,市场细分并不是分得越细越好,而应该科学归类,保持足够容量,使企业有利可图。

3. 可接近性

可接近性指企业能有效地集中力量接近网络目标市场并有效地为之服务的程度。可接近性一方面指企业能够通过一定的媒介把产品信息传递到细分市场的消费者;另一方面指产品经过一定的渠道能够到达细分市场。

4. 反应的差异性

反应的差异性指不同的细分市场对企业采用相同营销策略组合的不同反应程度。如果网络市场细分后,各细分市场对相同的营销组合策略做出类似的反应,细分市场也就失去了意义。例如,所有的细分市场按同一方式对价格变动做出反应,也就无需为每一个市场规定不同的价格策略。

5. 稳定性

网络细分市场必须在一定时期内保持相对稳定,以使企业制定较长期的营销策略,有效地开拓并占领该目标市场,获取预期收益。若细分市场变化过快,将会增加企业的经营风险。

（三） 网络市场细分的标准

1. B2C 的市场细分标准

一种产品的整体市场之所以可以细分，是由于消费者或用户的需求存在差异性。在 B2C 市场上，市场是由以满足生活消费为目的的消费者构成的，消费者的需求和购买行为等具有许多不同的特性，这些不同的需求差异性因素便是 B2C 市场细分的基础。概括起来，B2C 市场细分的标准主要有四类，即地理因素、人口因素、心理因素、行为因素。以这些因素为标准来细分市场就产生出地理细分、人口细分、心理细分和行为细分四种市场细分的基本形式。

（1）按地理因素细分市场。地理细分是指按照消费者所处的地理位置、自然环境来细分市场。比如，根据国家、地区、城市规模、气候、人口密度、地形地貌等方面的差异将整体市场分为不同的细分市场。Internet 虽然打破了常规地理区域的限制，但是不同地理区域之间的人口、文化、经济等差异将会长期存在。目前我国区域经济的不平衡性导致在上网人口的分布上明显呈现出东部沿海地区和中西部地区的不平衡，这一特点也构成了企业在网络市场细分过程中需要考虑的一个重要因素。

地理变量易于识别是细分市场应予以考虑的重要因素，但处于同一地理位置的消费者需求仍会有很大差异。所以，简单地以某一地理特征区分市场不一定能真实地反映消费者的需求共性与差异，企业在选择目标市场时还需结合其他细分变量予以综合考虑。

（2）按人口因素细分市场。人口细分是指按人口统计因素，如年龄、性别、家庭规模、家庭生命周期、收入、职业、教育程度、宗教、种族、国籍等为基础细分市场。消费者需求、偏好与人口统计变量有很密切的关系。比如，只有收入水平很高的消费者才可能成为高档服装、名贵化妆品、高级珠宝等的经常性购买者。人口统计变量较容易衡量，有关数据也相对较容易获取，由此构成了企业经常以它作为市场细分标准的重要原因。

（3）按心理因素细分市场。根据购买者所处的社会阶层、生活方式、个性特点等心理因素细分市场就叫心理细分。很显然，识别具有不同心理因素的消费者所具有的不同特点将为很多产品的市场细分提供重要的依据。企业依据心理因素细分市场可以为其产品更好地赋予品牌个性，以此来与相应的消费者相适应。

（4）按行为因素细分市场。根据购买者对产品的了解程度、态度、使用情况及反应等将他们划分成不同的群体，叫行为细分。许多人认为，行为变数能更直接地反映消费者的需求差异，因而成为市场细分的最佳起点。细分市场的行为因素包括：购买时机、追求利益、使用者状况、使用数量、品牌忠诚程度、购买的准备阶段、态度等。

2. B2B 的市场细分标准

许多用来细分 B2C 市场的标准同样可用于细分 B2B 市场。但由于生产者与消费者在购买动机与行为上存在差别,所以,除了运用前述 B2C 市场细分标准外,还可用其他标准来细分 B2B 市场。

(1) 用户规模。在 B2B 市场中,大客户数量少,但每次购买量往往很大;而 B2C 市场中小客户数量多,但每次购买量很小。用户规模不同,企业的营销组合方案也应该有所区别。网络营销借助顾客数据库,就可以对企业的用户按照采购数量实行分类管理,制定不同的营销策略。

(2) 最终用户。在 B2B 市场上,依据产品的最终用户细分企业用户群,旨在强调某个产品在某个行业的最终用途。不同的最终用户(或产品不同的最终用途)对同一种产品追求的利益不同。企业分析产品的最终用户,就可以针对不同用户的不同需求制定不同的营销策略。

(3) 企业购买状况。根据企业购买方式来细分市场。企业购买的主要方式包括直接重复购买、重复购买及新任务购买。不同的购买方式的采购程度、决策过程不相同,因而可将整体市场细分为不同的子市场。

(四) 网络市场细分的方法

根据细分程度的不同,市场细分有三种方法,即完全细分、按一个影响需求因素细分和按两个以上需求因素细分。

1. 完全细分

假如购买者需求完全不同,那么每个购买者都可能是一个单独的市场,完全可以按照这个市场所包括的购买者数目进行最大限度的细分。在实际市场营销中,有少数产品确实具有适于按照这种方法细分的特性。但在大多数情况下,把每一购买者都当做一个市场,并分别生产符合这些单个购买者需要的各种产品,从经济效益上看是不可取的,而且实际上也是行不通的。因此,大多数企业还是按照购买者对产品的要求或对市场营销手段的不同反应,将其做概括性分类。

2. 按一个影响需求的因素细分

对某些通用性比较大、挑选性不太强的产品,往往可按其中一个影响购买者需求最强的因素进行细分,如可按收入不同划分、按不同年龄范围划分。

3. 按两个以上影响需求的因素细分

大多数产品的销售都受购买者多种需求因素的影响,如不同年龄范围的消费者因生理或心理的原因对许多消费品都有不同要求;同一年龄范围的消费者,因收入情况不同也会产生需求的差异;同一年龄范围和同一收入阶层的消费者更会因性别、居住地区及许多情况不同而有纷繁复杂、互不相同的需求。因此,大多数产品都需按照两个或两个以上的因素细分。

（五） 网络市场细分的程序

网络市场细分作为一个过程，一般要经过的程序如图2-9所示。

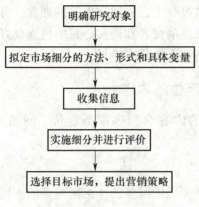

图2-9 网络市场细分流程

1. 明确研究对象

企业首先要根据战略计划规定的任务、目标及选定的市场机会等决定将要分析的产品市场，进而确定是将这一产品的整体市场还是从中划分出来的局部市场作为细分和考察的对象。

2. 拟定市场细分的方法、形式和具体变量

企业首先根据实际需要拟定采用哪一种市场细分的方法，而后选择市场细分的形式，即决定从哪个或哪些方面对市场行细分。最后还要确定具体的细分变量，将其作为有关的细分形式的基本分析单位。

3. 收集信息

企业对将要细分的市场进行调查，以便取得与已选细分方法、细分形式及细分变量有关的数据和必要的资料。

4. 实施细分并进行评价

企业运用科学的定性和定量方法分析数据，合并相关性高的变量，找出有明显差异的细分市场，进而对各个细分市场的规模、竞争状况及变化趋势等方面加以分析、测量和评价。

5. 选择目标市场，提出营销策略

一个企业要根据市场细分结果来决定营销策略，这要区分两种情况：如果分析细分市场后，发现市场情况不理想，企业可能放弃这一市场；如果市场营销机会多，需求和潜在利润大，企业可根据细分结果提出不同的目标市场营销策略。

三、网络市场定位

企业在进行网络营销过程中,要通过先进的理念、方法和技术,突出企业以及企业产品的特色,在网络消费者和网友心目中树立良好的形象、塑造优质的品牌,以求与竞争者的产品和形象具有差异。

(一) 网络市场定位的内容

当前网络市场定位的内容有顾客服务定位、网站类型定位和服务半径定位等。

1. 顾客服务定位

企业网站是为上网顾客提供服务的,上网顾客的不同需求形成了企业网站潜在的目标市场。顾客上网可能基于以下几个方面的需要:浏览信息、查询信息、发布信息、交流信息、在线交易产品和冲浪娱乐等。企业网站根据自己的实力选择其中的某一方面的服务,并将这种服务的鲜明特色传播到广大网民心中。

2. 网站类型定位

按照网站提供的服务项目多少,分为宣传型网站和交易型网站。宣传型网站不具备交易功能,若网站定位于宣传型网站,就主要以介绍企业的经营项目、产品信息、价格信息为主。交易型网站不仅介绍企业的服务项目、产品信息和价格信息等,而且同时提供交易平台。买卖双方可以相互传递信息,实现网上订货。若网站定位于交易型网站则要突出交易平台的特色。

3. 服务范围定位

根据网站的服务范围不同,分为国际型网站、全国型网站和地区型网站。从理论上讲,网络营销无时空,但由于受产品销售范围的局限,特别是支付转账系统、物流配送系统的发展制约,网络市场营销的范围是受到一定限制的。企业网站根据自己的实力要在服务范围上选择定位。比如,选择定位于国际型网站就要突出国际化;选择定位于全国型网站就要突出中国特色;选择定位于地区型网站就要突出地方特色,特别是地方的历史文化特色。

(二) 网络市场定位依据

1. 根据公司营销现状进行定位

网上营销定位同网下营销定位密切相关,通过分析公司的营销现状进行网络市场定位是一种重要的定位思路。

(1) 自己的公司销售什么。

（2）自己公司的顾客是哪些人。
（3）自己公司在哪些方面与其他公司有所不同。
（4）正确评价公司的现有营销状况。
（5）不必极力在网上频繁重塑公司的形象。

2. 根据网上消费行为进行定位

（1）使用 E-mail 进行网上营销需要谨慎而有礼节地进行。
（2）不要过多地使用新闻组。
（3）将产品的相关信息公布在网络上以吸引更多的用户。
（4）务必使搜索引擎及其他站点指向你的站点。

3. 根据顾客群体的发展进行定位

（1）注意上网访问者种类。
（2）注意潜在顾客。

4. 根据竞争对手状况进行定位

（1）关注竞争对手。
（2）与竞争对手比较优势和劣势。

任务三　开展网络市场调研

网络市场调研是网络营销链中的重要环节，没有市场调研就把握不了市场。Internet 作为 21 世纪新的信息传播媒介，它的高效、快速、开放是无与伦比的。它加快了世界经济结构的调整与重组，形成了数字化、网络化、智能化、集成化的经济走向，强烈地影响着国际贸易环境，正在迅速改变传统的市场营销方式乃至整个经济面貌。

一、了解网络市场调研

（一）认识网络市场调研

与传统的市场调研一样，进行网络市场调研主要是探索以下几个方面的问题：市场可行性研究、分析不同地区的销售机会和潜力、探索影响销售的各种因素、竞争分析、产品研究、包装测试、价格研究、分析特定市场的特征、消费者研究、形象研究、市场性质变化的动态研究、广告监测、广告效果研究等。

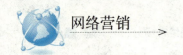

(二) 网络市场调研特点

网络市场调研可以充分利用 Internet 的开放性、自由性、平等性、广泛性和直接性等特点，开展调查工作。网络市场调研具有如下 6 个特点。

1. 网络信息的及时性和共享性

网络的传输速度非常快，网络信息能迅速传递给连接上网的任何用户。网上调查是开放的，任何网民都可以参加投票和查看结果，这保证了网络信息的及时性和共享性。

2. 网络调研的便捷性与低费用

网上调查可节省传统调查所耗费的大量人力和物力。在网络上进行调研，只需要一台能上网的计算机即可。调查者在企业站点上发出电子调查问卷，网民自愿填写，然后通过统计分析软件对访问者反馈回来的信息进行整理和分析。

3. 网络调研的交互性和充分性

网络的最大好处是交互性。在网上调查时，被调查对象可以及时就问卷相关问题提出自己的看法和建议，可减少因问卷设计的不合理而导致的调查结论偏差等问题。同时，被调查者还可以在网上自由地发表自己的看法，也没有时间限制的问题。

4. 调研结果的可靠性和客观性

由于公司站点的访问者一般都对公司产品有一定兴趣，所以这种基于顾客和潜在顾客的市场调研结果一般是客观和真实的，它在很大程度上反映了消费者的消费心态和市场发展的趋向。首先，被调查者是在完全自愿的原则下参与调查，调查的针对性更强；其次，调查问卷的填写是自愿的，不是传统调查中的"强迫式"，填写者一般都对调查内容有一定兴趣，回答问题相对认真些，所以问卷填写可靠性高；最后，网上调查可以避免传统调查中的人为错误（如访问员缺乏技巧，诱导回答问卷问题）导致调查结论的偏差，被调查者是在完全独立思考的状态下接受调查，不会受到调查员及其他外在因素的误导和干预，能最大限度地保证调查结果的客观性。

5. 网络调研无时空、地域限制

网上市场调研可以 24 小时全天候进行，这与受地域制约和时间制约的传统调研方式有很大的不同。

6. 网络调研可检验性和可控制性

利用 Internet 进行网上调查收集信息可以有效地对采集信息的质量实施系统的检验和控制。这是因为：第一，网上调查问卷可以附加全面规范的指标解释，有利于消除因对指标理解不清或调查员解释口径不一而造成的调查偏差；第二，

问卷的复核检验由计算机依据设定的检验条件和控制措施自动实施,可以有效地保证对调查问卷100%的复核检验,保证检验与控制的客观公正性;第三,通过对被调查者的身份验证可以有效地防止信息采集过程中的舞弊行为。

利用Internet进行市场调研的优势是明显的,但现在要普及还有一定的难度。一是因为消费者、企业对这种新颖的市场调研方式还不适应;二是网络软、硬件条件方面的欠缺有时使调研流程不畅;三是专业的网络调研人员目前还太少。

(三) 网络市场调研策略

网络市场调研的目的是收集网上购物者和潜在顾客的信息,利用网络加强与消费者的沟通和理解,改进营销策略并更好地服务于顾客。为此,市场调查人员必须根据网络调研的特殊性认真研究调研策略,以充分发挥网络调查的优越性,提高网络调查的质量。网络市场调研的策略有如下几方面。

1. 识别企业站点的访问者并激励其访问企业站点

传统市场调研无论是普查、重点调查、典型调查,还是随机抽样调查、非随机抽样调查以及固定样本持续调查,调研对象如区域、职业、民族、年龄等都有一定程度的针对性。网络市场调研则不同,它没有空间和地域的限制,一切都是随机的,调研人员无法预期谁将是企业站点的访问者,也无法确定调研对象样本。即使那些在网上购买企业产品的消费者,要确知其身份、职业、性别、年龄等也是一个很复杂的问题。因此,网络市场调研的关键之一是如何识别并吸引更多的访问者,使他们有兴趣在企业站点上进行双向的网上交流。要解决这一问题,目前可采取以下一些策略。

(1) 利用电子邮件或来客登记簿获得市场信息。
(2) 给予访问者奖品或者免费商品。
(3) 吸引访问者注册从而获得个人信息。
(4) 向访问者承诺物质奖励。
(5) 由软件自动检测访问者是否完成调查问卷。

2. 企业站点上的市场调查

要想有效地在企业站点上进行网络市场调研,可以采取以下策略。

(1) 科学设计调查问卷。一个成功的调查问卷应具备两个功能:一是能将所调查的问题明确地传达给访问者;二是设法取得对方的合作,使访问者能真实、准确地回复。设计一份理想的在线问卷,一般应遵循以下几个原则:目的性原则、可接受性原则、简明性原则、匹配性原则。

(2) 有效监控在线服务。企业站点的访问者能利用互联网上的一些软件来跟踪在线服务。营销调研人员可通过监控在线服务了解访问者主要浏览哪类企业、哪类产品的主页,挑选和购买何种产品等基本情况。通过对这些数据的研究

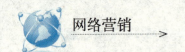

分析，营销人员可对顾客的地域分布、产品偏好、购买时间及行业内产品竞争态势做出初步的判断和估价。

(3) 测试产品不同的性能、款式、价格、名称和广告页。在互联网上修改调研问卷的内容是很方便的。因此，营销人员可方便地测试不同的调研内容的组合，像产品的性能、款式、价格、名称和广告页等顾客比较敏感的因素更是市场调研中重点涉及的内容。

(4) 有针对性地跟踪目标顾客。市场调研人员在互联网上或通过其他途径获得了顾客或潜在顾客的电子邮件地址，可以直接使用电子邮件向他们发出有关产品和服务的询问，并请求他们反馈；也可在电子调查表单中设置让顾客自由发表意见和建议的版块，请他们发表对企业、产品、服务等各方面的见解和期望。通过这些信息，调研人员可以把握产品的市场潮流以及消费者的消费心理、消费爱好、消费倾向的变化，根据这些变化来调整企业的产品结构和市场营销策略。

(5) 以产品特色、网页内容的差别化赢得访问者。如果企业市场调研人员跟踪到访问者浏览过其他企业的站点或阅读过有关杂志的产品广告主页，那么应及时发送适当的信息给目标访问者，使其充分注意到本企业站点的主页，并对产品作进一步的比较和选择。

(6) 传统市场调研和电子邮件相结合。企业市场调研人员也可以在各种传统媒体，如报纸、电视或有关杂志上刊登相关的调查问卷，并公布企业的电子邮箱和网址，让消费者通过电子邮件回答所要调研的问题，以此收集市场信息。采用这种方法，调研的范围比较广，同时可以减少企业市场调研中的人力和物力消耗。

(7) 通过产品的网上竞买掌握市场信息。企业推出的新产品可以通过网上竞买了解消费者的消费倾向和消费心理，把握市场态势，从而制定相应的市场营销策略。

二、网络市场调研方法

(一) 网上直接调研的方法

网上直接调研的方法有四种：观察法、专题讨论法、在线问卷法和实验法，但用得最多的是专题讨论法和在线问卷法。调研过程中具体应采用哪一种方法要根据实际目标和需要而定。需提醒的一点是网上调研应注意遵循网络规范和礼仪。下面具体介绍这两种方法的实施步骤。

1. 专题讨论法

专题讨论可通过 Usenet 新闻组（Newsgroup）、电子公告牌（BBS）或邮件列表（Mailing Lists）讨论组进行。第一步，确定要调查的目标市场；第二步，识别目标市场中要加以调查的讨论组；第三步，确定可以讨论或准备讨论的具体话题；第四步，登录相应的讨论组，通过过滤系统发现有用的信息或创建新的话题让大家讨论，从而获得有用的信息。

2. 在线问卷法

在线问卷法即请求浏览其网站的每位浏览者参与各种调查。在线问卷法可以委托专业调查公司进行。具体做法是：首先向若干相关的讨论组邮去简略的问卷；其次，在自己网站上放置简略的问卷；最后，向讨论组送去相关信息，并把链接指向放在自己网站上的问卷。

（二）网上间接调研的方法

企业用得最多的还是网上间接调查方法，这种方法较容易收集到信息，方便快捷，能广泛地满足企业管理决策需要。网上间接调查渠道主要有 WWW、Usenet News、BBS、E-mail，其中 WWW 是最主要的信息来源。

1. 利用搜索引擎收集资料

搜索引擎一般按分类、网站和网页来进行搜索。需要注意的是按分类只能粗略查找，按网页虽然可以比较精确查找，但查找结果却比较多，因此搜索最多的还是按网站搜索。在按网站搜索时，它是将要搜索的关键字与网站名和网站的介绍进行比较，显示出符合的网站。例如，要查找网络调研类的网站可以在搜索引擎的主页搜索输入栏内输入汉字"网络调研"并确认，系统将自动找出满足要求的网站。如果找不到满足要求的网站，这时可以按照网页方式查找，系统将自动找出满足要求的网页。

2. 利用公告栏收集资料

公告栏也称 BBS，它是 Internet 上的一种电子信息服务系统。它提供一块公共电子白板，每个用户都可以在上面书写，可发布信息、留言、发表意见或回答问题，也可以查看其他人的留言，好比在一个公共场所进行讨论一样，可以随意参加也可以随意离开。公告栏的用途多种多样，既可以作为留言板也可以作为聊天、讨论的场所，还可以用于商业方面，如发布工商产品的求购信息等。

3. 利用新闻组收集资料

新闻组（英文名为 Usenet 或 Newsgroup），简单地说就是一个基于网络的计算机组合，这些计算机被称为新闻服务器，不同的用户通过一些软件可连接到新闻服务器上。它是一个完全交互式的超级电子论坛，类似于一个公告板由成千上万个致力于不同主题的新闻组组成。所有的人都可以随意发表自己的观点、阅读别人的意见、补充修改别人的观点，甚至组织一次讨论、主持一个论坛，实现观点、信息的交流。这种交流不限于几个人之间，同时可能有成千上万的人在讨论

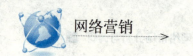

一个大家所关心的问题。由于新闻组使用方便、内容广泛、可以精确地对使用者进行分类（按兴趣爱好及类别），且信息量大，其中包含的各种不同类别的主题已经涵盖了人类社会所能涉及的所有内容，利用新闻组收集信息越来越得到重视。但需要注意的是，在利用新闻组收集资料时要遵守新闻组中的网络礼仪，必须尽可能地了解它的使用规则，避免引起他人反感的行为。

4. 利用 E-mail 收集资料

E-mail 是 Internet 上应用最广的服务，用户可以用非常低廉的价格、以非常快速的方式与世界上任何一个角落的网络用户联络，这些电子邮件可以是文字、图像、声音等各种形式。目前许多 ICP 和传统媒体都利用 E-mail 发布信息。一些传统的媒体公司和企业为保持与用户的沟通也定期给公司用户发送 E-mail，发布公司的最新动态和有关产品服务信息，让公众了解自己的同时也借助于 E-mail 收集信息。收集信息可以有两种形式：一种形式是收集公众给企业发送的 E-mail；一种形式是到相关网站进行注册，订阅大量免费或收费新闻、专题邮件，以后接收 E-mail 就可以了。正是由于电子邮件使用简易、投递迅速、收费低廉、易于保存、全球畅通，所以借助电子邮件收集信息也被广泛地应用。

三、网上调研的步骤

网上市场调研是企业主动利用互联网获取信息、收集网络原始资料的重要手段。与传统调研类似，网上调研也必须按一定的步骤进行。在调研过程中，由于在线调研的种种局限，调研结果有时会出现较大的误差。这需要对整个网上调研过程的每一环节都给予足够的重视。

（一）问题与机会的识别与界定

调研过程的开始首先是识别问题或机会。随着企业外部环境的变化，营销经理会面临这样一些问题："我们应该改变现行的营销策略吗？"如果是，那么"如何改变？"市场调研可以用来评估产品、促销、分销或定价的选择，另外，也可以用于发现和评估新的市场机会。通过分析，如果认为有必要进行市场调研，再施行以下步骤。在下面这些情况下最好不要做调研：缺少资源、调研结果毫无用处、错过市场时机、已经做出决策、制定决策所需信息业已存在、调研成本超出收益等。

（二）确定网上调研对象

互联网作为企业与顾客的有效沟通渠道，企业可以充分利用该渠道直接与顾客进行沟通，了解企业的产品和服务是否满足顾客的需求，同时了解顾客对企业潜在的期望和改进的建议。在确定网上调研目标时，需要考虑的是被调研对象是否上网，网民中是否存在着被调研群体、规模有多大。只有网民中的有效调研对象足够多时，网上调研才可能得出有效结论。目前我国网民主要是年轻人，如果被调研对象以年轻人为主，那在互联网上调研是非常有效的；如果调查对象针对的是老年人或者是农民，则目前的互联网还不适合作为有效调研渠道，必须选择传统的调研渠道。

（三） 收集二手信息

二手信息是指已存在的为其他目的而收集的信息。一般来说，二手信息比原始信息的获得要快，而且成本也低。有时二手信息可以提供给公司靠自己的力量无法直接获得或收集成本太高的信息。当然，二手信息也会带来问题，如所需信息并不存在。调研者必须仔细判断二手信息的价值以确保其相关性（适合调研计划需要）、准确性（可靠的收集与报告）、及时性（最新的资料）和公正性（客观的收集与报告）。

（四） 确定调研方法

网上调研的方法有多种，如网上问卷调研法、网上实验法和网上观察法等，最常用的还是网上问卷调研法。根据网上调查的内容不同，应运用不同的调研方法或几种调研方法结合使用。

（五） 选择调研方式

网上直接调研采取较多的方法是被动调研方法，即将调研问卷放到网站上等待被调研对象自行访问和接受调研。因此，吸引访问者参与调研是关键。为提高受众参与的积极性，可提供免费礼品等。另外，必须向被调研者承诺并且做到有关个人隐私的任何信息不会被泄露和传播。如进行的统计调研，参照国际惯例采用网上计算机自动搜寻、网上联机调研等方法。

（六） 分析调研结果

数据搜集后，调研过程的下一步就是进行数据分析。分析的目的是解释所搜集的大量数据并提出结论。这一步骤是市场调研能否发挥作用的关键。数据分析与传统调研的结果分析类似，也要尽量排除不合格的问卷。这就需要对大量回收的问卷进行综合分析和论证。有些被调查者没有完成全部问卷，造成这种情况的原因是厌烦、断线还是失去耐心，都要进行具体的分析。为得出有效的调研结果还要控制问卷回答时间，所提问题主要采用选择方式进行回答，问题数量控制在30个左右，这样可使一般受访人员只需要花费几分钟就可以完成问卷调查。

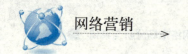

（七）撰写调研报告

数据分析完成后，调研人员还必须准备报告，并向管理层提交结论和建议。撰写调研报告是网上调研的最后一步，也是调研成果的体现。撰写调研报告主要是在分析调研结果的基础上对调研的数据和结论进行系统说明，并对有关结论进行探讨性的说明。

四、网络调研应注意的问题

利用互联网进行市场调研是一种非常有效的方法，是获得第一手调研资料的有效工具。但是，在线调研也存在种种局限性，尤其在企业网站访问量比较小、客户资料还不够丰富的情况下获得的有效问卷数量较少，调研结果有时会出现较大的误差。尽可能提高在线调研结果的质量是开展网上市场调研过程中每个环节都要考虑的问题，特别是以下方面需要给予足够重视。

1. 网上调研的内容适用性

网上调研在面向广大网民群体时，调研结果都是有关"是什么""时间""地区"和"如何"等问题的信息，如互联网使用情况的调研，应当使用数量统计调研方式，比较适合网上调研；如果是有关具体产品时，往往采用详细调研的方式。详细调研，在针对小的客户群体调研时需要面对面进行访谈，这样得到的信息会更准确。调研结果包含的多是"为什么"的问题，目前还不适合用网上调研方法。

2. 网上调研的对象适用性

网上调研的调研对象仅限于网民。网民的构成决定着预定的被调研者是否构成群体规模。如果被调研对象规模不够大就意味着不适合在网上进行调研。因此，网上调研要看具体的调研项目和被调研者群体的定位。

3. 样本分布不均衡问题

网上调研结果不仅受样本数量少的影响，样本分布不均衡同样可能造成调研结果误差大。样本分布不均衡表现在用户的年龄、职业、教育程度、用户地理分布以及不同网站的特定用户群体等方面。因此，在进行市场调研时要对网站用户结构有一定的了解，尤其是在样本数量不是很大的情况下。

4. 调研质量监控

因为只要上网的人都能填写问卷，调研很可能受到网虫的骚扰。如果同一个人重复填写问卷的话，问题就变得复杂了。例如，一家电脑杂志第一次决定在网上进行读者意向调研，由于重复投票，调研结果极其离谱，以至于整个调研无法进行，编辑部不得不向读者们请求不要再这样做。网上调研不像传统调研那样事先可以判断抽样的方法，而是需要在分析调研结果阶段根据得到的数据加以论证分析、辨别真伪。网上调研有必要设置地址鉴别与锁定或访问口令，以保证一人一答。

5. 合理答谢被调研者

互联网毕竟是虚拟世界，如果能够提供更多人性化的东西，如在网上调研过程中加入适当的奖品激励，调研会吸引更多的参与者。因此，给予被调查者适当的奖励和答谢对于网上调研来说是十分必要的。这既有利于调动网上用户参与网上调研的积极性，又可以弥补因接受调研而附加到被调研者身上的费用（如网络使用费、市内电话费等）。答谢的有效办法是以身份证编号为依据进行计算机自动抽奖，获奖面可以适当大一点，奖品价值可以尽量小一些，如赠送一定价值的报刊、小软件、光盘等，获奖者的名单应及时在调研站点上公布，告知获奖者。而对所有参与网上调研的网络用户也应该在适当的时候采用适当的形式对其表示感谢，比如在新年来临之际发送电子贺卡等。如摩托罗拉和惠普在网上做调研时都用奖品激励参与者。但是，某些用户参与调研的目的可能只是为了获取奖品甚至可能用作弊的手段来增加中奖的机会。虽然在传统的问卷调研中也会出现类似的问题，但由于网上调研无纸化的特点，为了获得参与调研的奖品同一个用户多次填写调研表的现象常有发生，即使在技术上给予一定的限制条件，也很难杜绝。所以，合理设置奖项有助于减少不真实的问卷。

6. 公布保护个人信息声明

无论哪个国家都会对公民个人信息都有不同程度的保护意识。让用户了解调研目的并确信个人信息不会被公开或者用于其他任何场合，这一点不仅在市场调研中很重要，在网站推广、电子商务等各个方面都是非常关键的。但国内的一些网上调研对此还没有引起足够的重视。

7. 避免滥用市场调研功能

市场调研信息也向用户透露出企业的某些动向，使得市场调研具有一定的营销功能，但应该将市场调研与营销严格区别开来。如果以市场调研为名义收集用户个人信息，开展所谓的数据库营销或者个性化营销，不仅将严重损害企业在消费者（至少是被调研者）的声誉，而且同时也将损害合法的市场调研。

知识拓展

iResearch 中国网络用户在线调研流程

一、问卷设计

1. 特殊问卷设计

根据用户的不同需求设计调研问卷系统，可以以网上联机调研和 E-mail 调研的形式来发送给被调查用户。问卷设计可以完全实现问题跳转，并且可以实现

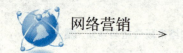

较为复杂的动态转换服务。在不同的选项上即可以实现动态结果显示，使用户能够更加清晰合理的辨别问题所要表达的意图。QQ案例如图2-10所示。

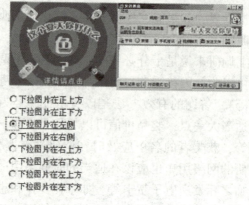

图2-10　QQ案例

2. E-mail 调研问卷

通过向 iUserSurvey 中的样本库发送 E-mail，并由用户主动填写问卷，其相应的选择数据将会自动记录在 iUserSurvey 的后台系统库中，以便于用户查询和分析。短信使用习惯的网上调研如图2-11所示。

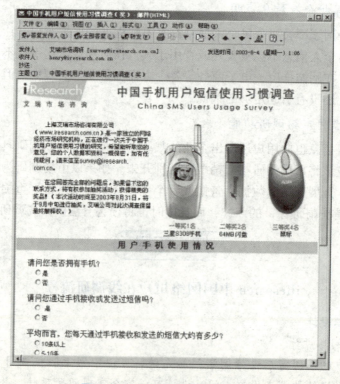

图2-11　短信使用习惯网上调研

3. 网上联机调研问卷

通过在主要网站上投放相应的广告链接，并由用户点击进入 iUserSurvey 的调查页面中，填写问卷，其相应的选择数据将会自动记录在 iUserSurvey 的后台系统库中，以便于用户查询和分析。调研问卷如图 2-12 所示。

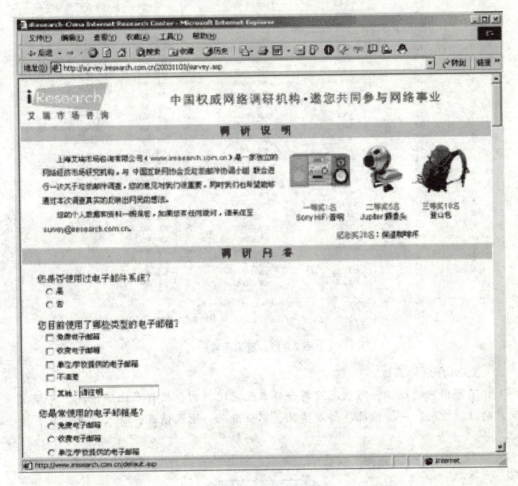

图 2-12　调研问卷

二、数据统计

1. 后台查询系统

可以根据企业用户的查询条件，按照需求定制后台查询系统，便于快速查询数据和结果。

2. 查看问卷系统

查询问卷完成情况，也可以实时查询用户填写问卷的情况。如图 2-13 所示。

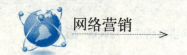

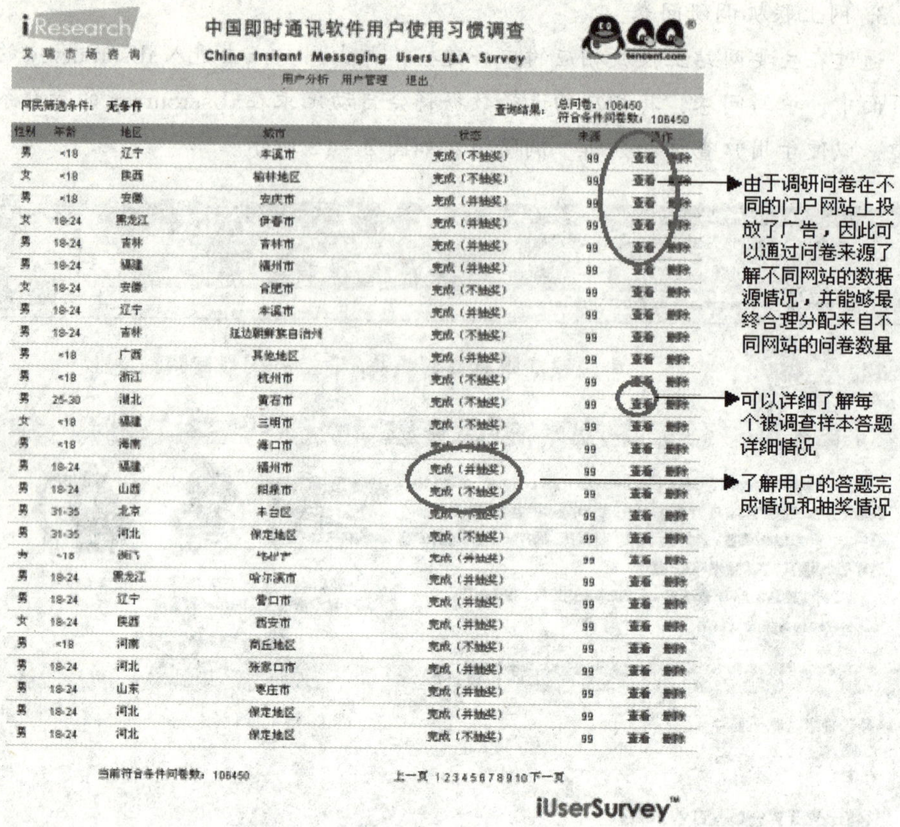

图 2-13 查询问卷

3. 用户分析系统

了解用户的结构分布状况及符合样本配额比例的合格样本比例情况。包括用户的性别情况、年龄情况、婚姻情况、职业情况、地区情况、收入情况、教育情况等。

——摘自《网络营销与案例分析》

基本训练

一、简答题

(1) 网络市场调研需要经过哪些步骤?
(2) 试比较网络调研与传统调研的区别。
(3) 网络调研过程中应该注意哪些事项?

二、案例分析

雅虎的用户分析调研

雅虎曾授权英国营销调研公司"内地研究"对德国及法国网络使用者进行

分析调研。同时,"内地研究"公司将与纽约一家名为 Quantime 的公司合作完成此项目,该公司提供抽样调研软件及服务设备。两公司设计了一个由两阶段组成的调研计划。第一阶段,搜集德国、法国及美国的雅虎商业用户及一般用户访问雅虎网站的数据,了解其上网动机及主要网上行为。这就要求雅虎做到所有的调研及回答过程都必须使用被访者的本国语言。同时,还要求被访者提供其 E-mail 地址以备第二阶段调研的再次联系,在这一阶段中将进行深度调研。该阶段的主要问题就是吸引、督促被访者参与、完成调研,以确保搜集到最佳信息。

第一阶段:搜集数据。

雅虎第一阶段的调研包括 10 个问题,涉及被访者的媒体偏好、教育程度、年龄、消费模式等。设计雅虎因特网使用软件的主要目的就是使其保持与 Quantime 公司已有 CATI 设备的一致性。因为使用的是同种语言,因此因特网调研在逻辑上与 CATI 调研相似。复杂的循环及随机程序能保证所搜集数据的稳定性,约有 10% 的被访者没有完成全部问卷。但这些费用几乎为零,所以没有造成什么损失。在第二阶段中,对已留下 E-mail 地址的人进行深度调研时,可以在其上次中断的地方进行重新访问。这样做虽然使第二阶段的问卷相对长了些,但中途断线率降到 5% ~ 6%。这在某种程度上得到了个人 E-mail 收发信箱的激励,并赢得了 1/5 的电子组织者的支持。

第二阶段:深度调研

第二阶段则对那些在第一阶段中留下了 E-mail 地址并同意继续接受访谈的人进行。这些被访者将收到 E-mail 通知,告知他们调研的网址。第二阶段的询问调研要较第一阶段长,它会涉及一系列有关生活方式的深度研究问题。由于"内地研究"公司已经认识了这些被访者,因此公司要求受访者进行登记,这样做能够准确计算回答率。如果需要的话,公司还将寄出提醒卡,以确保每位参访者只进行一次回答。实际上,在发出 E-mail 通知后的一周内,调研者便收到了预期的样本数目,根本无需进行提醒。

——摘自《网络营销》(浙江大学出版社)

回答下列问题。

(1) 试分析雅虎用户调研的成功与不足之处。
(2) 一个成功的网络市场调研应注意哪些环节?

知识应用

(1) 从中国互联网信息中心网站上(www.cnnic.net.cn)下载最新几期的中国互联网发展状况统计报告,总结一下从表格体现的趋势中能得出什么结论?对

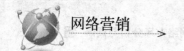

于在线营销人员会有哪些启示？

（2）从"www.perseus.com"上下载免费试用的网络调研工具，并尝试一下。

（3）浏览一下在线调查管理平台：

http：//www.diaochaquan.cn.

http：//www.sojump.com/

项目三 网络营销工具与方法的使用

任务描述

通过对美联航空的案例进行分析，完成案例后面的相关任务。案例如下。

美联航空：优化关键词选取，达成机票销量翻番增长

美国联合航空公司在2007年节假日期间，充分利用搜索营销手段，在消费者形成机票购买决策前就与之充分互动，将消费者最想预先知晓的机票信息做最有效的传达，在广告预算没有增长的情况下，搜索营销产生的销售业绩增长超过两倍。

美联航空通过调研获知，有65%的消费者在做出旅行决定前会进行至少3次的搜索，有29%的消费者会进行5次以上的搜索。而用户关注的信息主要体现在三个层面：价格、服务和关于航空公司的详细信息。美职航空正是针对这三个层面的信息，分别对关键词的选择及结果的呈现方式做了优化，使消费者在决策前知晓相关的信息，从而带动了机票销量的增长。

美联航空的案例告诉我们，搜索引擎营销能够告知客户在购买周期内关注的细节是什么，而把握在这些细节，在营销活动中提升与客户的信息沟通能力，并且时刻优化这些信息的呈现，让市场营销人员和用户保持互动循环，就能对销售产生实际意义的促进。

在当今世界，搜索引擎营销已经成为了知名品牌进行成功营销的标志手段，成功的品牌在搜索引擎营销上的表率作用应该得到中国企业的重视，特别是在中国的搜索服务正在逐步发生质的转变的阶段，除中小企业外，大型企业必须重新审视搜索引擎的营销价值。

通过对以上美联航空公司网络营销案例进行分析，完成以下任务。

(1) 讨论分析美联航空用到了哪些网络营销方法？

(2) 这些方法给公司带来了怎样的效果？
(3) 网络营销方法与传统营销方法的区别？

任务分析

通过案例引入可以发现，网络营销，顾名思义，就是基于网络的营销。根据网络营销方法的具体特点，分析讨论各类方法在具体网络营销实施中起到的关键作用，可以得出本项目所需要掌握的知识目标和能力目标。

知识目标：①了解搜索引擎营销的概念和目标，了解搜索引擎营销的发展和模式，进而掌握搜索引擎营销的方法，学会如何评价搜索引擎营销的效果；②了解许可 E-mail 的基本原理，熟悉 E-mail 营销的过程和基础条件，学会应用许可 E-mail 营销策略和 E-mail 营销的写作方法，了解 E-mail 营销的效果评价指标；③了解博客、博客营销的内容，体会博客的作用，学会创建个人博客及开展博客营销；④了解病毒营销的概念和方法，熟悉病毒营销的发布手段和常用的病毒营销工具，以及病毒营销的效果评测；⑤了解第三方 C2C 平台的经营模式和第三方 C2C 平台的选择方法，熟悉网上开店的主要方式和手段，掌握第三方 C2C 平台开店的商品选择方法；⑥了解网络会员制营销概念和演进过程，熟悉网络会员制营销的特性和类型，掌握网络会员制营销对企业起到的主要营销作用和会员制营销的规划流程。

能力目标：①学会搜索引擎营销具体方法和进行搜索引擎营销的效果分析；②训练学生使用 E-mail 营销的策略应用能力，以及进行 E-mail 营销效果评价；③创建学生个人博客并开展博客营销；④学会为顾客提供有价值的免费服务和推广信息；⑤学会在第三方 C2C 平台上开店销售，能够在网上交易空间和服务的网络平台上进行商品交易；⑥学会为企业制定网络营销会员制及整合会员资源为企业创造价值。

概念点击

搜索引擎营销：就是根据用户使用搜索引擎的方式，利用检索信息的机会尽可能将营销信息传递给目标用户。用户检索所使用的关键字反映出用户对该问题（产品）的关注，这种关注是搜索引擎之所以被应用于网络营销的根本原因。

付费搜索引擎营销：就是通过付费使信息在搜索引擎上排名突出，对潜在客户的营销活动。这种形式的营销的载体是客户关键字搜索的结果页面。

E-mail 营销：又叫电子邮件营销。它是把需要传达给客户的信息制作成图文并茂的 E-mail，通过专业的邮件服务器和软件发送邮件，准确地发送到数据库所统计的目标客户的邮箱中去。

博客营销： 是指利用博客这种网络应用形式开展网络营销。公司、企业或者个人利用博客这种网络交互性平台发布并更新企业、公司或个人的相关概况及信息，密切关注并及时回复平台上客户对于企业或个人的相关疑问及咨询，并通过较强的博客平台帮助企业或公司零成本获得搜索引擎的较前排名，以达到宣传目的的营销手段。

病毒式营销： 是指发起人发出产品的最初信息给用户，再依靠用户自发的口碑宣传，是网络营销中的一种常见而又非常有效的方法。

C2C 平台营销模式： 中小企业依靠第三方提供的公共平台来开展网上零售业务。目前国内典型的第三方 C2C 平台主要有淘宝网、拍拍网、易趣网等。

会员制营销： 是指通过电脑程序和利益关系将无数个网站连接起来，将商家的分销渠道扩展到世界的各个角落，同时为会员网站提供了一个简易的盈利途径，最终达到商家和会员网站的利益共赢。

任务实施

学习和掌握网络营销的基本方法，首先要对目前各个企业主要使用的网络营销工具做初步的认识和了解，然后在此基础上对各种网络营销工具的特点和使用技巧与方法进行总结和探讨。

任务一　搜索引擎营销

搜索引擎是常用的互联网服务之一。搜索引擎的基本功能是为用户查询信息提供方便。随着互联网上信息量的极度膨胀，如何寻找有价值的信息显得日益重要，因此搜索引擎便应运而生。由于搜索引擎成为上网用户常用的信息检索工具，这种可以为用户提供发现信息机会的搜索引擎，也就理所应当地成为网络营销的一项基本手段。

一、了解搜索引擎的基础知识

艾瑞咨询研究发现，在 2007 年 12 月，中国互联网用户人数突破 2 亿人，搜索引擎用户数量占互联网用户数量的比例已经达 79.6%，在各项网络服务中名列前茅。搜索引擎营销正成为企业网络营销领域新的热点。搜索引擎优化、关键字竞价等成为搜索引擎营销的主流，作为中国第一搜索引擎的百度网络营销客户数量同比增长 40.2%，接近 15 万家。

（一）搜索引擎的网络营销职能

作为主要网络营销工具之一，搜索引擎和企业网站、博客、论坛一样拥有广泛的受众，因而它同样具有以下营销职能。

（1）网站推广。客户搜索结果最突出的表现就是企业网站信息的排列，方便用户第一时间发现企业网站，认识了解企业及产品服务。

（2）大企业知名度塑造企业品牌。企业、产品、服务信息在搜索结果中的广泛出现、突出显示不但能强化客户印象、扩大企业知名度，同时也有利于企业品牌形象的塑造。

（3）促进销售。适时地在搜索引擎的突出位置展示企业最新产品或服务促销信息，便于及时吸引客户眼球，使客户及时体验企业产品服务，达到促进销售的目的。

（4）市场调研。利用搜索引擎查询行业动态信息、竞争对手发展情况、客户消费信息，成本低、速度快，有利于企业快速调整经营策略。

（二）搜索引擎营销的特点

与其他网络营销方法相比，搜索引擎营销具有自身的一些特点，充分了解这些特点是有效应用搜索引擎开展网络营销的基础。归纳起来，搜索引擎营销具有以下特点。

1. 搜索引擎营销方法与企业网站密不可分

一般说来，搜索引擎营销作为网站推广的常用方法，在没有建立网站的情况下很少被采用（有时也可以用来推广网上商店、企业黄页等）。搜索引擎营销需要以企业网站为基础，企业网站设计的专业性对搜索引擎营销的效果又产生直接影响。

2. 搜索引擎传递的信息只发挥向导作用

搜索引擎检索出来的是网页信息的索引，一般只是某个网站或网页的简要介绍，或者搜索引擎自动抓取的部分内容，而不是网页的全部内容，因此这些搜索结果只能发挥一个"引子"作用。如何尽可能好的将有吸引力的索引内容展示给用户，是否能吸引用户根据这些简单的信息进入相应的网页继续获取信息，以及该网页或网站是否可以给用户提供所期望的信息，这些就是搜索引擎营销所需要研究的主要内容。

3. 搜索引擎营销是用户主导的网络营销方式

没有哪个企业或网站可以强迫或者抽调用户的信息检索行为。使用什么搜索引擎，通过搜索引擎检索什么信息完全是由用户自己决定，在搜索结果中点击哪些网页也取决于用户的判断。因此搜索引擎营销是由用户自己所主导的，最大限度减少了营销活动对用户的滋扰，最符合网络营销的基本思想。

4. 搜索引擎营销可以实现较高程度的定位

网络营销的主要特点之一就是可以对用户行为进行准确分析并实现高程度定位，搜索引擎营销在用户定位方面具有更好的功能，尤其是在搜索结果页面的关键字广告，完全可以实现与用户检索所使用的关键字高度相关，从而提高营销信息被关注的程度，最终达到大大增强网络营销效果的目的。

5. 搜索引擎营销的效果表现为网站访问量的增加而不是直接销售

搜索引擎营销的使命就是获得访问量，因此被作为网站推广的主要手段。至于访问量是否可以最终转化为收益，不是搜索引擎所能决定的。

6. 搜索引擎营销需要随环境发展而变化

搜索引擎营销是搜索引擎服务在网络营销中的具体应用，因此在应用方式上依赖于搜索引擎的工作原理和提供的服务内容。当搜索引擎的工作和服务内容有所变化的时候，搜索引擎营销的方法也应该随之改变。

二、免费登录相关搜索引擎的过程

（一）搜索引擎的分类

根据搜索引擎索引数据库形成的不同，通常把搜索引擎分为两大类：纯技术型的全文检索搜索引擎和分类目录。

（二）两种类型搜索引擎的特点

（1）纯技术型的全文检索搜索引擎原理是通过应用程序到各个网站收集、存储信息，并建立索引数据库供用户查询，因而具有数据量大、更新快，但准确性不高的特点。如我们经常使用的百度和 Google 的网页搜索都属于纯技术型的。

（2）分类目录并不采集网站的任何信息，而是利用各网站向"搜索引擎"提交网站信息所填写的关键字和网站描述等资料，经过人工审核编辑后，如果符合网站登录的条件，则输入数据库以供查询。因而，搜索结果相关性高，但数据量及更新度都不及前者。比如常用的卓越亚马逊网上书店的分类目录就是此类。

（三）免费登录搜索引擎

网站在投入运营初期，由于流量小、知名度相对较低，往往不会马上被搜索引擎发现并收录，更不会被客户发现使用。因而，通常企业网站会在建设成功之后就及时向相关搜索引擎免费注册，提交相关网站信息，征得大多数搜索引擎收录。根据国内各大搜索引擎的知名度和使用量，一般企业要尽可能及早提交给百度、Google、雅虎三大搜索引擎，同时不要忘了向享有较高知名度的亚马逊分类

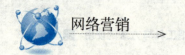

目录和 Alexa 排名系统提交公司信息。

常用的技术型搜索引擎有百度、Google 等，在此以百度为例进行介绍。

1. 百度免费提交企业信息

（1）打开免费登录页面。http：//www.baidu.com/search/url_submit.html，如图 3－1 所示。

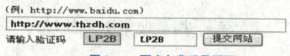

图 3－1 百度免费登录页面

（2）提交网页。在此提交的时候主要提交网页的首页就行了，没有必要把网站的多个页面都进行提交，百度会视为重复。

（3）收录。一般情况下，网站会在一个月内被收录，届时，客户便可以在百度上查询到公司网站的信息了。

2. 常用的技术型搜索引擎提交入口

（1）Google 中文。http：//www.Google.com/intl/zh-CN/add_url.html，如图 3－2 所示。

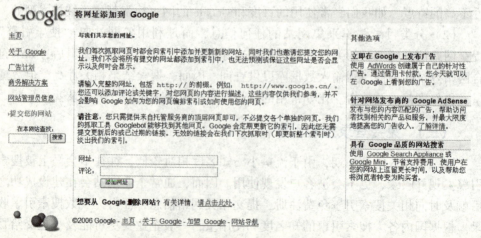

图 3－2 Google 中文免费登录页面

(2) 雅虎中文。http：//search.help.cn.yahoo.com/h4_4.html，如图3-3所示。

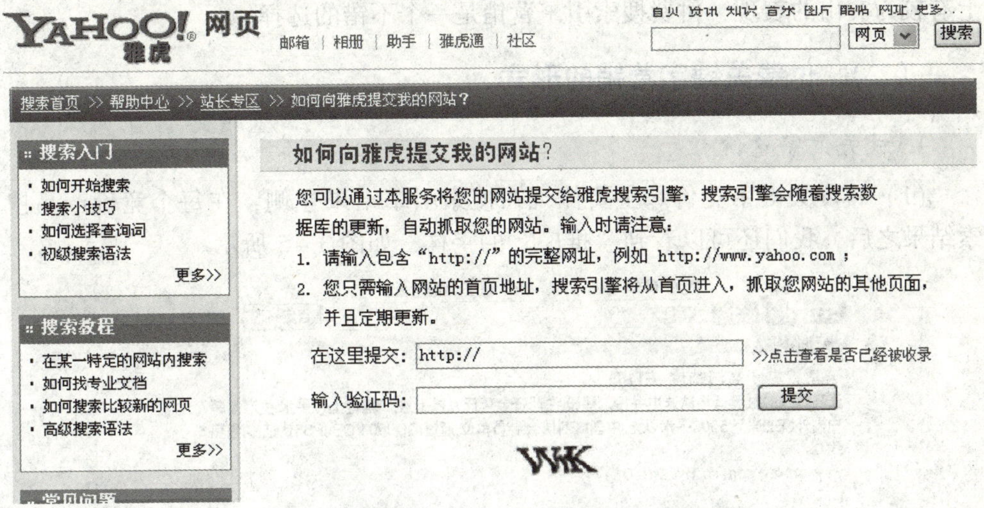

图3-3 雅虎中文免费登录页面

(3) MSN"必应"。http：//search.msn.com/docs/submit.aspx？FORM=WH-WL，如图3-4所示。

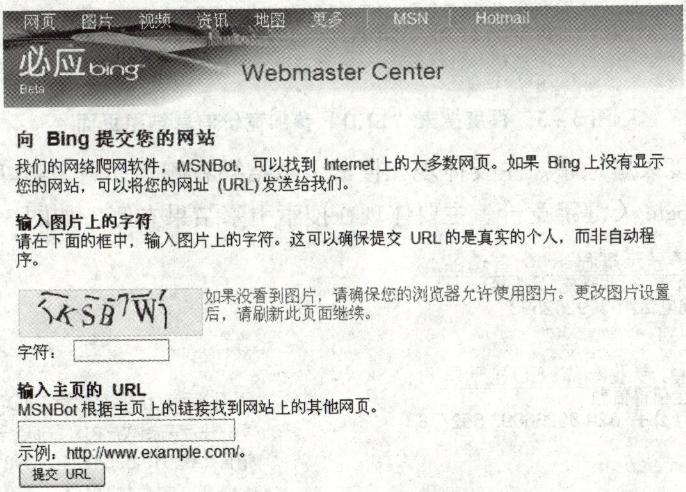

图3-4 MSN"必应"免费登录页面

三、付费搜索引擎营销的使用流程

（一）付费关键字营销

前面提到的免费登录虽然能够增加企业网站在搜索引擎上的可见性，但具体表现如何难以断定。如果信息排名在搜索引擎结果的5页乃至10页以外，很显

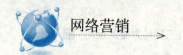

然基本上也就失去了搜索引擎营销的意义。因此，如果要确信无疑地在搜索引擎上有较为突出的表现，付费搜索引擎营销是一个不错的选择。

（二）付费关键字营销的形式

1. 放关键字竞价

（1）百度关键字竞价。主要体现在搜索引擎结果左侧，在每个竞价产品搜索结果之后，我们还可以看到"推广"的字样，如图 3-5 所示。

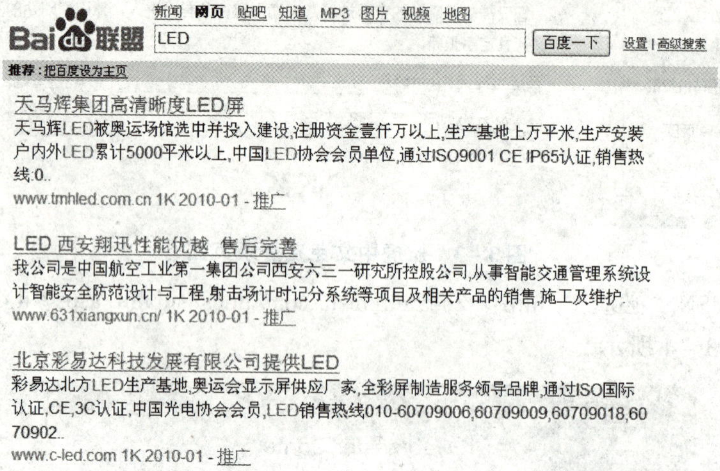

图 3-5 百度搜索"LED"参加竞价信息结果页面

（2）百度火爆地带。主要体现在搜索引擎结果右侧，如图 3-6 所示。

（3）Google 关键字竞价。主要体现在搜索引擎结果右侧，如图 3-7 所示。

图 3-6 百度搜索"LED"火爆地带结果 　　图 3-7 Google 搜索"LED"竞价结果

(4)阿里巴巴关键字竞价。主要体现在搜索引擎结果前五位,如图3-8所示。

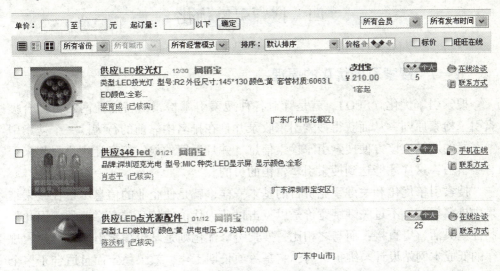

图3-8 阿里巴巴的"LED"关键字竞价排名结果

2. 放搜索引擎栏目广告

如常见的搜索引擎的图片、音乐等搜索页面的广告,如图3-9所示。

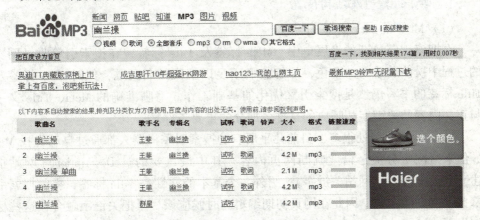

图3-9 百度mp3栏目搜索《幽兰操》的结果显示的栏目广告(右)

(三)其他形式的搜索引擎营销

企业进行网络营销是随着营销环境的变化而变化的,只要搜索引擎内容不断变化,可以利用搜索引擎开展活动的形式就在不断延伸。比如,可以利用百度的火爆地带、百度广告、编辑百度百科乃至Google地图等多种形式来开展网络营销,另外也可以使用慧聪、中国制造网等网络平台的搜索引擎竞价。总之,只要

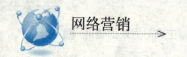

有搜索引擎用户的地方,就是企业开展网络营销的地方。

四、搜索引擎优化

(一) 搜索引擎优化的原理

搜索引擎优化(SEO),就是针对各种搜索引擎检索的特点让网站更适合搜索引擎检索原则,从而获得搜索引擎收录并且在排名中靠前的行为。一个搜索引擎友好的网站应该方便搜索引擎检索信息,并且返回的检索信息让用户看起来很有吸引力,这样才能达到搜索引擎营销的目的。

搜索引擎优化和关键字竞价目的基本一样,就是使企业的信息尽量在搜索结果中排名靠前。不过关键字竞价是以点击付费为代价使信息排名靠前的,因此控制性更灵活、更直接;而与之相比,搜索引擎优化则是基于搜索引擎自然检索规律的低成本网站设计与维护行为,它是一项长期工作,效果稳定而且适合于多个搜索引擎,因此又被称为基于搜索引擎自己检索的搜索引擎优化方法。

(二) 搜索引擎优化的方法

1. 网页的类型及结构设置

(1) Meta 及 Title 标签的设置。

在搜索引擎早期的发展史中,Meta 标签及 Title 标签曾在搜索引擎收录网页的过程中扮演着重要的角色,尽管它们不足以解决排名问题,但对 Meta 标签及 Title 标签的书写仍然是搜索引擎优化的基础工作。清晰准确的 Meta、Title 文字与正文内容的关键字相呼应的是排名加分的重要条件之一。

Meta 标签的用处很多,目前几乎所有的搜索引擎机器人都通过自动查找 Meta 值来给网页分类,借此判断网页内容,其中最重要的是 Description(网站描述)和 keywords(网站关键字)。另外一个基本的属性是 Title 标签,提示搜索引擎关于本页的主题。因此在网页初期编辑的时候应该尽量把关键字融合在这些标签里面。

(2) URL 是统一资源定位,即每个网页的网址、路径。网站文件的目录结构直接体现于 URL,清晰简短的目录结构和规范的命名不仅有利于用户体验和网址传播,更是搜索引擎友好的体现。

对于一个小型网站来说,一般只有一层子目录,如凡客诚品的网站。

[url] http://www.vancl.com/channel/women.html [/url]

"[url] www.vancl.com [/url]"是域名,"channel"是一级目录名,"women.html"是文件名。对搜索引擎而言,这种单一的目录结构最为理想,即扁平结构（Flat）。

而对规模大一些的网站，往往需要2～3层子目录。如：

[url] http://webresource.ctrip.com/code/cnpurehtml/bestdeals/jmp_hotelshelp.html [/url]

搜索引擎还是会去抓取2～3层子目录下的文件，但最好不要超过3层，如果超过4层，搜索引擎就很难去搜索它了，因此URL应该越短越好。

同样，正是由于多数动态站点的网页是后台提取数据库临时生成的，速度慢而且网页表现为在URL中出现"？""＝""％"及"＆""＄"等字符。因此动态URL极不利于搜索引擎抓取网页，严重影响网站排名，通常要通过技术解决方案将动态URL转化成静态URL形式。

（3）导航结构。

网站导航是对引导用户访问网站的栏目、菜单、在线帮助、布局结构等形式的统称，其主要功能在于引导用户方便地访问网站内容，是评价网站专业度、可用度的重要指标，同时对搜索引擎也产生诸多提示作用。概括地讲，网站在导航方面应注意以下几点。

①主导航醒目清晰。主导航一般体现为一级目录，通过它们，用户和蜘蛛程序都可以层层深入访问到网站所有重要内容。因此主栏目必须在网站首页第一屏的醒目位置体现，并最好采用文本链接而不是图片链接。

②"面包屑型（Breadcrumbs）"路径。所谓"面包屑"是比喻用户通过主导航到目标网页的访问过程中的路径提示，使用户了解所处网站中的位置而不至于迷失"方向"，并方便回到上级页面和起点。路径中的每个栏目最好添加链接，如凡客诚品的网站：首页→男装→商务衬衫→商务立领衬衫。即使没有详细的路径来源，也至少会在每个子页面提示回首页的链接。例如：

http://www.vancl.com/Product_111071L/ShangWuLiLingChenShan+HeiSe.html

③首页突出重要内容。除了主栏目，还应该将次级目录中的重要内容以链接的方式在首页或其他子页中多次呈现，以突出重点。搜索引擎会对这种一站内多次出现的链接给予充分重视，对网页级别（Page Rank）的提高有很大帮助，这也是每个网站首页的网页级别一般高于其他页面级别的重要因素，因为每个子页都对首页进行了链接。

④使用网站地图。网站地图（Site Map）是辅助导航的手段，最初是为用户设计，以方便用户快捷到达目标页。良好的网站地图设计常常以网站结构体现目录关系，具有静态、直观、扁平、简单的特点。以上特点符合搜索引擎友好的要求，因此网站地图在SEO中也有重要的意义，尤其对于那些采用图片导航和动态技术生成的网页，通过在网站地图中进行文本链接，可在一定程度上弥补蜘蛛程序无法识别图片和动态网页造成的页面不可见的风险。当然除此之外，网页结

构内容方面还要注意框架结构、表格、图片、Flash 的使用，有效地使用这些因素对提高搜索引擎排名有一定的影响。

2. 网站的链接工作

链接是网站的灵魂，在网站的 PR 值中常用"链接广度"这个词来说明网站的链接质量，可以说网站外部链接的数量和质量是最为核心的因素。用户通过超级链接获得丰富的网站内容，搜索引擎蜘蛛也是沿着一个网站的页面链接层层跟踪深入，完成对该网站的信息抓取。对搜索引擎尤其是 Google 来说，决定一个网站排名的关键是外部有多少高质量的链接指向这个网站。这就是外部链接或反向链接，也称导入链接（Inbound Links 或 Back Links）。而从网站引向其他网站的导出链接以及网站内部页面间的彼此链接也对排名带来或多或少的影响。为了做好链接工作，企业往往需要在网站建设成功之后找到一些质量较高的网站互换友情链接，在任务栏中提到的免费登录分类目录、搜索引擎也是增加链接数量和质量比较好的方法。

通常以下网站的链接都可以称为高质量的链接：搜索引擎目录中的链接及已加入目录的网站的链接；与你的主题相关或互补的网站；PR 值不低于 4 的网站；流量大、知名度高、频繁更新的重要网站（如搜索引擎新闻源）；以你的关键字在搜索结果中排名前三页的网站等。

3. 定期做好网站信息内容的更新和维护工作

做好网站搜索引擎优化工作，首先就是要定期做好网站的信息内容更新工作。一般情况下，搜索引擎更愿意光顾那些定期更新的企业站点，因为定期更新意味能给客户提供更多更新的内容。如同人们平时买报刊一样，那些定期发行、内容不断更新的报刊总是最受欢迎的，搜索引擎也是一样。不同的企业网站在它心目中的地位即 PR 值，PR 值越高的网站在搜索引擎光顾的频率就越高，比如 Google 光顾某些网站的周期可能是几个小时，而另一些网站可能是几天甚至几个月。同等条件下，规律性更新的网站比其他网站更能获得搜索引擎的重视。当然，需要说明的是：第一，这里的更新并非无实质内容毫无意义的更新；第二，虽然网站更新是很简单的事情但又往往成为企业网站维护工作的盲点。

任务二　许可 E-mail 营销

心灵海的 E-mail 营销策略

来自于美国，被列为世界最著名的三大潜能开发、心理学与管理学泰斗的博恩崔西先生亲自参与创建的心灵海国际教育集团，是亚太地区顶尖级的管理培训机构，拥有超过20家分支机构，包括马来西亚、新加坡、日本、中国台湾、中国香港、澳大利亚和韩国。2002年正式登陆中国内地，已经成为中国众多杰出企业的指定培训单位，如联想集团、TCL集团、健特生物、太平洋安泰人寿、太平人寿、平安保险等重量级企业，业界影响力非同凡响。心灵海国际教育集团的目标客户是中国大中型企业的总裁、总经理、销售总监、人事经理。如何找到这些目标客户的联系方式（姓名、电话、传真、E-mail地址、公司地址、公司名称等），并通过电子邮件把课程内容传达给其目标客户，是心灵海在大力开拓中国市场时最希望解决的问题。心灵海国际教育集团想通过电子邮件对企业潜在客户开展营销，其主要问题有如下几个方面。

(1) 其电子邮件营销活动是合法的，而不是非法的。
(2) 开展电子邮件营销的操作流程是什么。
(3) 电子邮件营销该如何设计与发送。

心灵海国际教育集团在充分分析客户需求的基础上，从客户数据库中成功筛选出中国内地工业、贸易、电子、化工、机械、房地产等行业500强企业的老总、销售总监、人事经理名单几万条，设计精美的E-mail广告，将相关活动信息以E-mail形式传达给其潜在客户。结果在短短十几天的时间内，通过网络订购培训课程的超过80人次（该产品性价比均属高端，三天的课程价格超过人民币5 000元），直接意向订购客户超过500人次。

一、何为E-mail营销、许可E-mail营销与非许可E-mail营销

（一）E-mail营销

E-mail营销通常包含三层含义。
(1) 形式上为点对点的电子邮件。
(2) 蕴含两个主体，企业为发送者，其潜在客户或现有客户为接收对象。
(3) 内容上为企业商业信息，服务于企业某种商业目的。

（二）许可E-mail营销与非许可E-mail营销

许可E-mail营销是基于用户许可基础上的营销活动，非许可E-mail营销就是众人痛恨的垃圾邮件群发，与垃圾短信一样，是"垃圾"，也是非法的。中国互联网协会在《中国互联网协会反垃圾邮件规范》对垃圾邮件的定义如下。

(1) 收件人事先没有提出要求或者同意接收的广告、电子刊物、各种形式的宣传品等宣传性的电子邮件。
(2) 收件人无法拒收的电子邮件。

(3) 隐藏发件人身份、地址、标题等信息的电子邮件。

(4) 含有虚假的信息源、发件人、路由等信息的电子邮件。

本项目所分析的 E-mail 营销技术，首先都必须是经过用户许可的。对于垃圾邮件，根本不能称之为 E-mail 营销，自然也没有必要研究其方法和有效性。

二、企业现阶段开展 E-mail 营销的优劣势分析

（一） E-mail 营销的优势分析

1. 低成本

E-mail 营销成本主要包括从订阅邮件到发送的全套功能的开发成本，积累邮件订阅者的时间成本，邮件内容编辑、维护的人工成本，购买第三方的系统和许可邮件地址成本等。相比于其他方式的营销成本，由于互联网的低成本性，E-mail 营销的低成本性还是显而易见的。

2. 快速实施

邮件营销的最大特点是"瞬间爆发性"，它可使企业的营销信息在几天内传达给百万目标受众群，这是其他任何网络营销方式都无法比拟的巨大优势。

3. 精确点对点，易于测量跟踪

通过数据库平台，企业可以精确筛选发送对象，将特定的推广信息投递到特定的目标社群，并根据用户的行为统计打开邮件的点击量并加以分析，获取销售线索。

4. 主动出击

根据客户的需要，企业可以制定个性化内容，主动给客户发出企业的营销信息，实现企业的营销目的。

5. 无纸化绿色环保

E-mail 营销以无纸化的邮件代替传统的邮寄广告，既可节省成本，也能节约社会资源，绿色环保。

（二） E-mail 营销存在的不足

(1) 在垃圾邮件泛滥的今天，许可邮件实施不当易被误认为是垃圾邮件而损害企业形象。

(2) 当前网络环境下，使用一般发送手段，大批量营销邮件的到达率难以保证。

三、许可 E-mail 营销的规划流程

（一）许可 E-mail 的目标的确定

许可 E-mail 营销不是简单地发送普通邮件，而是面向目标客户开始一个长期的、个性化的、一对一的基于许可邮件的营销活动。对于向不同对象发送的一份邮件、一组邮件、一系列邮件、一年或常年邮件，都需有明确的商业目的。

1. 一般说来，许可 E-mail 有以下 4 个目标

（1）促进销售，说服潜在客户购买产品或服务，说服已有客户重复购买。
（2）营销推广，获取更多准确的销售线索。
（3）客户关怀，维系与客户的商业关系，提高客户满意度、美誉度。
（4）提升品牌，不断重复品牌寓意，强化品牌认知度。

2. E-mail 广告更深层次目标

帮助企业与目标对象建立和强化长期稳定的信任关系。另外，在明确商业目的后，还应对邮件营销有正确的结果预估。对预期的邮件打开率、回应率、点击数、注册率、购买率等做到心中有数。不合理的期望易导致失望甚至沮丧。

（二）创建企业自己的客户列表

根据许可 E-mail 营销所应用的用户电子邮件地址资源的所有形式，可以分为内部列表 E-mail 营销和外部列表 E-mail 营销，或简称内部列表和外部列表。内部列表也就是通常所说的邮件列表是利用网站的注册用户资料开展 E-mail 营销的方式，常见的形式如新闻邮件、会员通讯、电子刊物等。外部列表 E-mail 营销则是由专业服务商对其注册用户开展 E-mail 营销，也就是由专业服务商以电子邮件广告的形式向其用户发送信息。

利用内部列表开展 E-mail 营销是 E-mail 营销的主流方式，也是这里重点讨论的内容。一个高质量的邮件列表对企业网络营销的重要性已经得到众多企业实践经验的证实，并且成为企业增强竞争优势的重要手段之一。因此建立一个属于自己的邮件列表是非常有必要的，很多网站都非常重视内部列表的建立。但是，建立并经营好一个邮件列表并不是一件简单的事情，涉及多方面的问题。

首先，邮件列表的建立通常要与网站的其他功能相结合，并不是一个人或者一个部门可以独立完成的工作，将涉及技术开发、网页设计、内容编辑等方面，也可能涉及市场、销售、技术等部门的职责，如果是外包服务，还需要与专业服

务商进行功能需求沟通。

其次，邮件列表必须是用户自愿加入的，是否能获得用户的认可本身就是很复杂的事情，要能够长期保持用户的稳定增加邮件列表的内容必须对用户有价值，邮件内容也需要专业的制作。

最后，邮件列表的用户数量需要较长时期的积累，为了获得更多的用户，还需要对邮件列表本身进行必要的推广，同样需要投入相当多的营销资源。

其杂志 E-mail 邮件订阅栏，如图 3-10 所示。

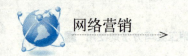

图 3-10　某杂志 E-mail 邮件订阅栏

（三）分析目标顾客并规划邮件营销策略

列表中的对象有何特征，可否依据共同特征进行分组，对象的喜好怎样，喜欢怎样的资讯，是否有相同的商业行为？企业对这些问题越了解，邮件营销越有针对性，成功机会越大。思考以下问题有助于企业规划邮件营销策略。

（1）对活跃的注册用户发送怎样的内容使其产生购买欲望？

（2）对曾经放弃购买的注册用户发送何类邮件促使其重燃购买欲望？

（3）对重复购买的用户发送什么邮件使其成为口碑用户自发为您宣传？

（4）对您的服务曾经感兴趣的潜在客户，如何实施邮件营销消除其购买阻力而最终签约？

相同商业目标下，对象不同，特征和行为不同，邮件营销策略不可能相同。只有同类对象，他们才有相似的特征、想法、行为，邮件营销才更有针对性，营销功效才能提升。

（四）重视邮件营销绩效评估

成功的邮件营销建立在数据分析的基础上，经过不断测试和调整，才能逐步走向成熟并最后成功。每次邮件营销，因商业目的不同，结果绩效不尽相同。每次邮件营销必须有绩效评估。常见的邮件营销绩效指标有如下几类。

（1）发送成功率。

（2）开信率、点击率、退订数。

（3）电话数、购买数、销售额、邮件回复数、下载数。

（4）每邮件发送成本、每订单成本、投资回报率等。

（五）营销目标的实现有赖于长期高质量的服务

据统计，80%的销售来自于 7~12 次以上的跟踪。销售是一次次跟踪出来的，信任是逐步建立起来的，美誉度是一次次关怀堆积起来的。长期的、一定发送频率的高质量内容的邮件会促使目标对象将收阅变成一种习惯，从而依赖您的资讯，逐步信任您，乐意与您做生意。因此，需要提高 E-mail 营销的有效性和力度。

作为 E-mail 的供应商，在收集信息方面就要求全面，最好有公司的名称、相关联系人、电话，这样企业在使用时就可以更有针对性和更具人性化。作为使用方，在发一封电子邮件时也需要进行全面的研究，在发之前就要进行过滤，同时应该双管齐下，发送邮件的同时找到电话进行迅速的跟踪，这样成功率就会提高。

四、合理使用正确的许可 E-mail 营销工具

（一） B2C 类邮件营销应用第三方绿色通道平台

绿色通道是一些专业的邮件发送服务商"花钱买路"，与众多大型公网邮箱服务商签订的特殊协定的邮件放行通道。绿色通道的典型代表有国外的 Epsilon、Webpower 等，国内的平台也有，但实力一般。这些第三方平台能提供从 EDM 定制开发、模板设计、全过程服务到最后的效果测评等专业服务，当然价格也相当昂贵，数据安全与版权问题都不容忽视。

（二） 中小企业可应用 SAAS 在线客户管理（CRM）软件

SAAS（Software-as-a-service，软件即服务），它是一种通过 Internet 提供软件的模式，软件运营商将应用软件统一部署在服务器上，客户可以根据自己实际需求，通过互联网向软件运营商定购所需的应用软件服务，按定购的服务时间向软件运营商支付费用，并通过互联网获得软件运营商提供的服务。目前国内有名的在线 CRM 软件有 Salesforce、Xtools、阿里软件、八百客。其存在的问题主要有系统运营风险，如应用系统的稳定性、网络通畅、处理海量数据、数据安全备份，以及数据安全性、隐私保护及知识产权等。

五、许可 E-mail 的设计与发送

（一） 许可 E-mail 的设计

1. 许可 E-mail 的主题设计

作为许可 E-mail 来说，主题设计至关重要，因为它的主要作用在于：让收件人快速了解邮件的大概内容或者最重要的信息，并且在邮件主题中表达基本的营销信息；区别于其他类似的邮件；为了方便用户日后查询邮件；尽可能引起收件人的兴趣等。如果一个邮件主题可以全部或者基本达到这样的目的，邮件主题的设计才算是成功的，如图 3-11 所示。

图 3-11　网易许可 E-mail 的设计

2. 主题设定的技巧

（1）主题体现出邮件内容的精华。这样可以增加用户的信心，通过邮件主题让用户感觉到邮件内容的价值，迅速做出打开邮件详细阅读的决定。

（2）主题体现出发件人信息中无法包含的内容。发件人中除了显示发件人名称和 E-mail 地址之外，很难容纳更为详尽的信息，对发件人的信任感还需要通过邮件主题来进一步强化，将邮件主题的空间留出一部分来推广品牌是很有必要的，尤其在用户对于企业品牌信任程度不高的情况下更显重要。

（3）主题体现出品牌或者产品信息。有独特价值的产品、信息或者给人印象深刻的品牌出现在邮件主题中，尽可能将重要的营销信息展示出来，这样即使用户不阅读邮件内容也会留下一定印象，这是可以监测到的 E-mail 效果之外获得的意外效果。

（4）主题含有丰富的关键词。除了增加用户的印象之外，也是为了让用户在检索收件箱中的邮件时更容易发现邮件。因为部分用户收到邮件后并不一定马上对邮件中的信息做出回应，有些甚至可能在一个月之后才突然想到曾经收到过的某个邮件中含有自己所需要的信息。

（5）主题不宜过于简单或过于复杂。尽管没有严格的标准来限制邮件主题的字数，但保持在一定合理的范围之内，既能反映出比较重要的信息，又不至于在邮件主题栏默认的宽度内看不到有价值的信息。一般说来，电子邮件主题保持在 8~20 个汉字的范围内是比较合适的。

（6）主题避免使用被搜索引擎、邮件垃圾技术处理的关键词。免费赠送、免费促销等词虽然很能吸引用户的眼光，但是这样的邮件发送出去用户几乎不可能接收得到，再有吸引力的主题也失去意义。

3. 许可 E-mail 的内容设计

在许可 E-mail 营销设计时，很多企业可能面临这样的问题："我该向我的现有客户、目标客户发送一样的邮件内容吗？""如何知道我的潜在客户希望看到什么样的邮件内容？""我的内容都在网站上了，我还要向会员发送什么内容？"那么我们该如何进行许可 E-mail 的内容设计呢？

（1）个性化的内容。E-mail 营销区别其他营销方式的很重要的一个特征是一对一的沟通，让用户感觉受到尊重与重视，并让用户感觉到与他建立了专门的沟通方式。当然在各种条件的制约下往往很难彻底实现一对一沟通，但用户的个性化要求企业必须通过一系列的技术手段让用户感觉这个 E-mail 是专门给他发的，而不是群发的。

（2）用户关注的内容。比如，一个通信产品销售企业如果能够获悉某个用户突然几乎每天都在浏览几款手机的评测、报价信息，那么企业就可以做出一个最基本的判断，这个用户近期很有可能有购买这几款手机的意向。在这个判断基础上，企业将该用户列入相应类别，通过数据库营销系统为该用户生成 E-mail，包括这几款手机产品详细的评测信息、评价信息、产品对比信息及促销信息。用户看到了他正希望看到的信息，与企业建立了一个循环型的互动关系，对于销售机会的转化有着非常重要的作用。

（3）用户喜好的内容。用户喜欢的内容对于吸引用户的注意力有着非常重要的作用。有时候用户的喜好与企业的产品重叠度非常高，发现并利用用户喜好信息对企业的销售有着直接的影响；有时候用户的喜好和企业的产品重合度相对比较低，但是通过用户喜好的内容吸引用户注意，随后再辅之以相应的营销措施也是一个不错的选择。比如，某汽车品牌厂商组织了一个车友汽车俱乐部，目的在于与用户建立一种长期的、互动的关系，培养用户的忠诚度。该车友汽车俱乐部每周举办一次活动，通过长期的数据积累并结合用户的基本资料，打算举办一次汽车驾驶技巧挑战赛。驾驶技巧比赛对于那些喜欢驾驶的客户来讲是一件天大的好事，将这些内容制作成 E-mail 发送给喜好的客户，若得到这些用户的热烈反馈，这次营销活动将取得圆满的成功。

总之，个性化的、用户关注的、用户喜欢的内容都是用户友好的内容，在坚持用户友好的前提下传播企业信息是 E-mail 营销实施中一个重要的原则。只有这样，企业才能与客户建立长久的良性的互动关系，建立客户忠诚度，为企业创造长期的、可持续的利润源。

任务三　博客营销

索尼（中国）推出一款数码相机，目标消费者是高端玩家。但这些行家是

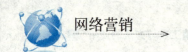

一群执着的专业人士，拥有足够知识、权威和自信的判断力，很难被其他方式影响。实力传播公司并没有采用在摄影杂志上登广告的传统方式，而是建议索尼尝试博客营销。实力传播认为，目前技术痴迷者、发烧友及部分先觉大众是博客的主体和浏览者。这些由博客联系在一起的人喜欢尝试新鲜事物，具有"意见领袖"的基本特质，这正是与消费者进行有效沟通的良好基础。这群人的"意见领袖"特质，会让他们把使用索尼这款相机的感受快速地传达出去。

实力传播敏锐地捕捉到博客分众化传播的特点，利用博客里的"意见领袖"进行传播是我国博客营销中较典型的案例。许多企业现在已经充分认识到博客圈子内的拟社区性，对特定博客圈子内的人进行"人际传播"；借助博客进行事件营销，引起人们高卷入度的关注；利用博客进行常规公关，监测可能引发公关危机的信息并及时解决；还有一些企业在博客上发布相关产品服务信息。

一、博客营销及主要特点

（一）理解博客营销

要了解什么是博客营销，首先要知道什么是博客。博客最初的名称是"Weblog"，由 web 和 blog 两个单词组成，按字面意思就是网络日记。后来喜欢新名词的人把这个词的发音故意改了一下，读成"we blog"。由此，"Blog"这个词被创造出来。

博客这种网络日记的内容通常是公开的，可以发表自己的网络日记，也可以阅读别人的网络日记。因此博客可以理解为个人思想、观点、知识等在互联网上的共享。由此可见，博客具有知识性、自主性、共享性等基本特征，正是博客的这种性质决定了博客营销是一种基于包括思想、体验等表现形式的个人知识资源及它的网络信息的传递形式。博客营销正是利用博客这种网络应用形式开展网络营销。

博客对网络营销的任务：发布并更新企业、公司或个人的相关概况及信息；密切关注并及时回复平台上客户对于企业或个人的相关疑问及咨询；帮助企业或公司零成本获得搜索引擎的较前排名以达到宣传目的。可以说，博客平台是公司、企业或者个人均可利用的信息传播方式。而博客营销是通过博客网站或博客论坛接触博客作者和浏览者，利用博客作者个人的知识、兴趣和生活体验等传播商品信息的营销活动。

与博客营销相关的概念还有企业博客、营销博客等，这些也都是从博客具体应用的角度来界定描述，主要区别于那些出于个人兴趣甚至以个人隐私为内容的个人博客。其实无论叫企业博客还是营销博客，一般来说，博客都是个人行为

(当然也不排除某个公司集体写作同一博客主题的可能),只不过在写作内容和出发点方面有所区别,企业博客或者营销博客具有明确的企业营销目的,在博客文章中或多或少会带有企业营销的色彩。

(二) 博客营销的主要特点

因为在网络营销中,博客营销的目标更为精确,并拥有较低的营销成本及在广告发布时的交互性,所以从中可以发现博客营销的一些主要特点。

1. 细分程度高,广告定向准确

博客是个人网上出版物,拥有个性化的分类属性,因而每个博客都有不同的受众群体,读者也往往是一群特定的人,细分的程度远远超过了其他形式的媒体。而细分程度越高,广告的定向性就越准。

2. 互动传播性强,信任程度高,口碑效应好

博客在广告营销环节中同时扮演了两个角色,既是媒体(Blog)又是人(Blogger);既是广播式的传播渠道又是受众群体,能够很好地把媒体传播和人际传播结合起来,通过博客与博客之间的网状联系扩散开去,放大传播效应。

每个博客都拥有一个具有相同兴趣爱好的博客圈子,而且这个圈子内部的博客之间的相互影响力很大,可信程度相对较高,朋友之间互动传播性也非常强,因此可创造的口碑效应和品牌价值非常大。虽然单个博客的流量绝对值不一定很大,但是博客的受众群明确,针对性非常强,单位受众的广告价值自然就比较高,所能创造的品牌价值远非传统方式的广告所能比拟。

3. 影响力大,引导网络舆论潮流

随着"央视主持人芮成钢评论星巴克"(如图 3-12 所示),"DELL 笔记本"等多起"博客门"事件的陆续发生,博客渐渐成为了网民的"意见领袖"并引导着网民的舆论潮流。他们所发表的评价和意见会在极短时间内在互联网上迅速传播开来,从而对企业品牌造成巨大影响。

4. 大大降低传播成本

口碑营销的成本由于主要集中于教育和刺激小部分传播样本人群上,即教育、开发口碑意见领袖,因此成本比面对大众人群的其他广告形式要低得多,且结果也往往能事半功倍。如果企业在营销产品的过程中巧妙地利用口碑的效用,必定会达到很多常规广告所不能达到的效果。例如,博客规模赢利和传统行业营销方式创新都是现下社会热点议题之一,因而广告客户通过博客口碑营销不仅可以获得显著的广告效果,而且还会因大胆利用互联网新媒体进行营销创新而吸引更大范围的社会人群和营销业界的高度关注,引发各大媒体的热点报道,这种广告效果必将远远大于单纯的广告投入所产生的效果。

图3-12　央视主持人芮成钢在博客中指责星巴克在网络上掀起轩然大波

5. 有利于长远利益和培育忠实用户

运用口碑营销策略，激励早期采用者向他人推荐产品，劝服他人购买产品。随着满意顾客的增多会出现更多的"信息播种机""意见领袖"，企业一旦赢得良好的口碑，长远利益也就得到了保证。

6. 博客的网络营销价值体现

大量增加了企业网站或产品说明的链接数量，新增了搜索引擎信息收录量，直接带来潜在用户的可能性迅速增大，且方便对用户以更低的成本进行行为研究，让营销人员从被动的媒体依赖转向自主发布信息。这使传播在相当长的时间里得以不间断延展，而不仅仅局限于当前的传播主题活动。

二、做好企业博客营销的途径

随着网络越来越普及，博客已经越来越多地走进消费者的生活。企业如何利用好博客营销这一"网络营销中的利剑"，就显得更为重要。而概括起来，做好博客营销的途径主要有以下几个方面。

（一）　选择博客托管网站、　注册博客账号

博客营销即以功能完善、稳定、适合企业自身发展的博客系统为博客营销平台，并获得发布博客文章的资格。选择博客托管网站时应选择访问量比较大而且知名度较高的博客托管网站，可以根据全球网站排名系统等信息进行分析判断。对于某一领域的专业博客网站，不仅要考虑其访问量，还要考虑其在该领域的影响力，影响力较高的博客托管网站其博客内容的可信度也相应较高。

（二）选择优秀的博客用户

在营销的初始阶段，用博客来传播企业信息的首要条件是拥有具有良好写作能力的博客用户。博客用户在发布自己的生活经历、工作经历和某些热门话题的评论等信息的同时，还可附带宣传企业，如企业文化、产品品牌等。特别是当发布文章的"博客"是在某领域有一定影响力的人物时，所发布的文章更容易引起关注，吸引大量潜在用户浏览，从而通过个人博客文章内容为读者提供了解企业信息的机会。

（三）企业应坚持长期利用博客，不断更换其内容

经常更新博客内容才能发挥其长久的价值和应有的作用，从而吸引更多的读者。因此，进行博客营销的企业有必要创造良好的博客环境，采用合理的激励机制激发"博客"的写作热情，促使企业"博客们"有持续的创造力和写作热情。同时应鼓励他们在正常工作之外的个人活动中坚持发布有益于公司的博客文章，这样，经过长期的积累，企业在网络上的信息会越来越多，被潜在用户发现的机会也就大大增加了。

（四）协调个人观点与企业营销策略之间的分歧

从事博客写作的是个人，但网络营销活动属于企业营销活动，因此博客营销必须正确处理两者之间的关系。如果博客所写的文章都代表公司的官方观点，那么博客文章就失去了个性特色，也就很难获得读者的关注，从而失去了信息传播的作用。但是，如果博客文章只代表个人观点而与企业立场不一致，就会受到企业的制约。因此，企业应该培养一些有良好写作能力的员工进行写作，他们所写的东西既要正面反映企业观点，又要保持自己的观点性和信息传播性。这样才会获得潜在用户的关注。

（五）建立自己的博客系统

当企业在博客营销方面开展得比较成功时，可以考虑使用自己的服务器建立自己的博客系统，向员工、客户及其他外来者开放。服务方是不承担任何责任的，所以服务是没有保障的。如果中断服务，企业通过博客积累的大量资源将有可能毁于一旦。如果使用自己的博客系统，则可以由专人管理、定时备份，从而保障博客网站的稳定性和安全性。而且开放博客系统将引来更多同行、客户来申

请和建立自己的博客,使更多的人加入到企业的博客宣传队伍中来,在更大层面上扩大企业影响力。IBM 的全球企业博客站点,如图 3-13 所示。

图 3-13　IBM 的全球企业博客站点 http：//www.ibm.com/investor/

三、博客营销中的注意事项

(一) 博客营销的价值

进行网络营销的企业,要想利用好博客营销,必须首先认识到博客营销的价值。

1. 博客可以直接带来潜在用户

博客内容发布在博客托管网站上,如博客网 "www.bokee.com" 下属的网站 "www.blogger.com" 等,这些网站往往拥有大量的用户群体,有价值的博客内容会吸引大量潜在用户浏览,从而达到向潜在用户传递营销信息的目的。用这种方式开展网络营销是博客营销的基本形式,也是博客营销最直接的价值表现。

2. 博客营销的价值体现在降低网站推广费用方面

网站推广是企业网络营销工作的基本内容,大量的企业网站建成之后都缺乏有效的推广措施,导致网站访问量过低,降低了网站的实际价值。通过博客的方式在博客内容中适当加入企业网站的信息(如某项热门产品的链接、在线优惠券下载网址链接等)达到网站推广的目的。这样的"博客推广"也是极低成本的网站推广方法,降低了一般付费推广的费用,或者在不增加网站推广费用的情况下提升了网站的访问量。

3. 博客文章内容为用户通过搜索引擎获取信息提供了机会

多渠道信息传递是网络营销取得成效的保证，通过博客文章可以增加用户通过搜索引擎发现企业信息的机会。其主要原因在于：一般来说，访问量较大的博客网站比一般企业网站的搜索引擎友好性要高，用户可以比较方便地通过搜索引擎发现这些企业博客内容。这里所谓搜索引擎的可见性也就是让尽可能多的网页被主要搜索引擎收录，并且当用户利用相关关键词检索时这些网页出现的位置和摘要信息更容易引起用户的注意，从而达到利用搜索引擎推广网站的目的。

4. 博客文章可以方便地增加企业网站的链接数量

获得其他相关网站的链接是一种常用的网站推广方式，但是当一个企业网站知名度不高且访问量较低时，往往很难找到有价值的网站给自己链接，在自己的博客文章中为本公司的网站做链接则是顺理成章的事情。拥有博客文章的发布资格增加了网站链接的主动性和灵活性，这样不仅可以为网站带来新的访问量，也增加了网站在搜索引擎排名中的优势。因为一些主要搜索引擎也把一个网站被其他网站链接的数量和质量作为计算其排名的因素之一。

5. 可以实现以更低成本对读者行为进行研究

当博客内容比较受欢迎时，博客网站也成为与用户交流的场所，有什么问题可以在博客文章中提出，读者可以发表评论，从而可以了解读者对博客文章内容的看法，作者也可以回复读者的评论。当然，也可以在博客文章中设置在线调查表的链接便于有兴趣的读者参与调查。这样就扩大了网站上在线调查表的投放范围，同时还可以直接就调查中的问题与读者进行交流，使得在线调查更有交互性，其结果是提高了在线调查的效果并降低了调查研究费用。

6. 博客是建立权威网站品牌效应的理想途径之一

作为个人博客，如果想成为某一领域的专家，最好的方法之一就是建立自己的 Blog。如果你坚持不懈的博客下去，你所营造的信息资源将为你带来可观的访问量。在这些信息资源中也包括你收集的各种有价值的文章、网站链接、实用工具等，这些资源将为你持续不断地写更多的文章提供很好的帮助，从而形成良性循环。这种资源的积累实际上并不需要多少投入，但其回报却是可观的。对企业博客来说也是同样的，只要坚持对某一领域的深度研究并加强与用户的多层面交流，就为获得用户的品牌认可和忠诚提供了有效的途径。

7. 博客减少了被竞争者超越的潜在损失

2008 年，博客（Blog）在全球范围内已经成为热门词汇之一，不仅参与博客写作的用户数量快速增长，浏览博客网站内容的互联网用户数量也在急剧增加。在博客方面所花费的时间成本实际上已经被从其他方面节省的费用所补偿，

比如为博客网站写作的内容同样可以用于企业网站内容的更新，或者发布在其他具有营销价值的媒体上。反之，如果因为没有博客而被竞争者超越，那种损失将是不可估量的。

8. 博客让营销人员从被动的媒体依赖转向自主发布信息

在传统的营销模式下，企业往往需要依赖媒体来发布信息，这不仅受到较大局限而且费用相对较高。当营销人员拥有自己的博客之后，就可以随时发布所有希望发布的信息，只要这些信息不违反国家法律并且信息对用户是有价值的即可。博客的出现使市场人员的营销观念和营销方式都发生了重大转变，博客是每个企业、每个人自由发布信息的权力，如何有效地利用这一权力为企业营销战略服务，取决于市场人员的知识背景和其对博客营销的应用能力等因素。

（二）博客营销写作要遵守的规则

（1）遵循基本。写作的基本法则是一定的，在实际工作中，我们会发现许多博客文章不太遵循拼写和语法规则。当然博客不需要拘泥于传统的出版形式，但是如果希望读者能够轻松阅读，最好还是遵循这些基本法则。

（2）简明扼要。博客写作虽然不需要像出版物那样受文章篇幅限制，但读者的时间是宝贵的。网友们通常会阅读许多内容，如果不直接说出自己的观点，他们很可能不会再看你的博客。

（3）新闻价值。博客需要有新闻价值、有趣、有用和幽默。一些博客没有注意这些，所以效果不理想。

（4）有价值的内容。有新闻价值且"有用"是最重要的。人们喜欢有趣的东西，但你不是专业的，他们不会订阅你的博客。你可能还有其他特长，比如善于讲故事，这也是一个有利因素，但不足以让人们订阅。人们订阅或者经常看你博客的主要原因是你的内容对他们的日常工作和生活有用。

（5）便于浏览。人们订阅了大量的博客，没有时间每天全都阅读一遍。所以你得能让他们快速浏览，很快抓住文章主旨。如果文章里全是大段的文字，那么谁也不愿意阅读。便于快速浏览的最好方法是列表，人们可以扫一眼就了解主要观点。另一个好方法是突出你的主要观点。

（6）秀出标题。标题需要简练并且具有吸引力。没有一个好标题，文章便没人去看。有太多的文章在他们的 Feed 阅读器里，他们只关注吸引他们的标题。当然，文章内容要和标题相符。

（7）第一人称。这可能是博客写作与其他写作的最大区别。在一般的出版物中，惯例是作者保持中立。但博客不同，你就是你，带着千万个偏见，越表达出自己的观点越好。网上有上百万个的博客，你很难做到很特别，除非你写出了独一无二的内容，那就是你自己。

（8）延续链接。博客虽然在网络门户里是独立的，并自成体系，但也是互联网的一部分,应该充分利用这个优势,让其他文章为你的写作提供知识背景,让读者通过链接继续深入阅读,尽量为他们提供优秀的链接。

(9) 做好编辑。满篇错别字、排版不工整的博客文章很令人厌恶。和其他写作不同,写博客需要自己校对,应该认真地逐字、逐句校对,甚至重写。因为将来出了问题,只能怪自己。

(10) 关注好的博客。不但要关注和你话题相近的博客,还要看看另外一些优秀博客。好的博客会随着时间推移逐渐凸显出来。看看他们哪些地方做得好,看看其他人错在哪里。坚持不懈地学习,不久之后你也会成为别人学习的楷模。

(三) 如何提高博客营销的访问量

(1) 访问量的关键是高质量的内容。这里只说一些方法,具体内容到增加传播内容时再说明。

(2) 站点的定位。定位不清很难吸引固定的用户群,甚至妨碍已经访问的用户。为了营销的最终效果,有时候放弃部分不合适的用户是必要的。例如,定位是在新闻和媒体,这样的话,即使爱好诗词也应该放弃因诗词而来访问的朋友。

(3) 保持适当的更新频率。更新频率不可太频繁,也不应该很久都不更新。更新频率和博客性质相关,如果是评论,一天或者两天一篇是不错的频率。很多朋友都喜欢每天看到新内容。

(4) 吸引读者回复和交互。说出疑问是引发讨论最好的方式,朋友们都很真诚,愿意贡献出自己所学。除此之外,你还可以设计隐含的话题,或者是用一下故意发表有争议的意见这样的小"诡计",不过,在你没有很大把握的情况下,必须保持真诚。

(5) 搜索引擎优化。在博客服务提供商限定之下,还是可以进行搜索引擎优化的。首先,可以在文章中使用较热的关键字,这点有点像在文章中嵌入不相干词语的意思。另外,还可以增加站点内在的链接。如果是独立的博客服务器,能做的就更多了,静态化页面、优化博客内部的结构,都是有效的方法。

(6) 广加链接。广泛的使用友情链接和交换链接。交换链接越多,企业博客就越容易被访问到。链接在一定程度上代表着在互联网中的重要性,链接越多,站点就越重要。

(7) 在博客中拓展其他推广方式,这也是最重要的内容。博客有其独特的方式,你需要进入博客领域才能发现这些有别于其他站点的方式,这点我们留到最后说明。

任务四 病毒式营销

开心网病毒式营销:一个与网络共生的传奇

开心网的病毒式营销是国内社交网站中做得最成功的一例。2008年3月,程炳皓创办了开心网,通过病毒式营销模式在短短一年多的时间里成为互联网业的一匹黑马。你可以不看好开心网的盈利模式,但你不得不承认,2008年最重大的网络事件之一就是开心网在白领群体中的流行以至于上开心网变成了一种时尚。种菜摘菜、抢抢车位……开心网像病毒一样在人群中蔓延(如图3-14所示)。于是,在白领人士中曾经传播着这样的流行语:2008年7月之前你没有听过开心网,这很正常,因为那时它才刚刚创立不久;2009年7月,如果你还没有一个开心账号,很显然你已经"OUT"了。

图3-14 开心网中的"开心农场"在互联网中掀起一股"种菜热"

开心网的营销推广模式给我们这样的启示:要让一个产品获得一个好的推广渠道,首先,要寻找正确的"意见领袖"。寻找正确的"意见领袖"对于病毒式营销初期来说非常重要。病毒式营销是细水长流的工作,但是在大部分情况下,"意见领袖"可以帮助你事半功倍。所以,寻找到真正喜欢你产品的联系人、内行、推销员就变得举足轻重。其次,应用好口口相传的营销方式——病毒式营销是另一个关键点。口碑,是一个在信任的人之间一次一次传递商品信息的过程,如果正面的商品信息在你和你的朋友间都无法顺畅传递,你也不要指望它们会通过口碑的形式被广泛传播。最后,要做到循序渐进不求速成。病毒式营销与传统的网络营销方式有相同点,即"好汤需要慢火炖",有时太急于表达自己的商业目的,客户反而不会买账,而自然而然地让客户接受往往会收到意想不到的效果。

一、什么是病毒式营销

病毒式营销描述的是一种信息传递战略,经济学上称之为"病毒式营销"。因为这种战略像病毒一样利用快速复制的方式将信息传向数以百万计的受众。也就是说,通过提供有价值的产品或服务,"让大家告诉大家",通过别人为你宣传实现"营销杠杆"的作用。例如网上店铺的留言板和友情链,我为别人宣传,别人也为我宣传。病毒式营销将令企业的网络客户、邮件订阅者成为企业在线生意的"传话筒",使企业的在线业务量呈指数式爆炸增长。

同时,病毒式营销还是一种制造能引起受众注意的信息,通过受众的人际、口碑等渠道主动传播,使信息像病毒一样大批量传播和扩散,到达目标受众的信息传播方式。随着网络传播的发展,网民数量的迅速增加,病毒式营销已经成为网络营销最为独特的手段,被越来越多的商家和网站成功利用。

病毒式营销并非新概念,在互联网之外它一般被称为"口碑传播""关系营销",利用人在社会中的人际关系"口耳相传",实现大众媒体之外的二次传播。例如,肯德基在中国台湾地区投放的系列广告就引起了巨大的社会反响,广告片中夸张搞怪的情节让人印象深刻,广告语"这不是肯德基"一时间成为社会流行语,通过人际传播渗透到更大范围的人群,取得了意想不到的效果。与口碑传播相比,病毒式营销较多运用在网络传播中。在互联网上,人际关系可以突破地域的限制,"口碑传播"实现更为方便,可以像病毒一样迅速蔓延。由于这种传播是网民之间自发进行的,因此几乎不需要费用。

Hotmail 的网站推广是病毒式营销的经典范例,作为世界上最大的免费电子邮件服务提供商,在创建之后的一年半时间里,Hotmail 就吸引了 1 200 万注册用户,而且还在以每天增加 15 万新用户的速度发展。然而在用户数量激增的同时,Hotmail 并没有花费很高的营销和广告费,原因在于 Hotmail 利用了"病毒式营销"。在每一封邮件的结尾处,Hotmail 都附上一句"现在就获取您的 Hotmail 免费信箱",吸引受众点击链接注册新邮箱。因此,每一位用户都成了 Hotmail 的推广者,这种邮件中的推荐取得了惊人的"雪球效应",如图 3-15 所示。

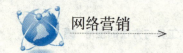

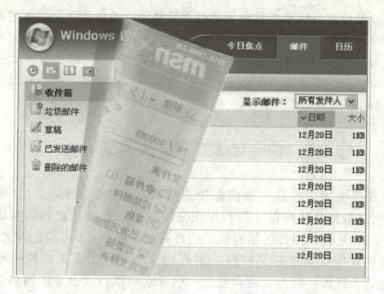

图 3-15 Hotmail 依靠"病毒式营销"获得成功

此后,这种鼓励和推荐式的广告形式被越来越多的商家重视,著名的开心网在 2008 年异军突起,就是采用这种形式。在 QQ、MSN 和电子邮件中,用户向周围的人推荐开心网,用户数量像滚雪球一样增长。"你加入开心网了吗?"这句话成了校园、写字楼、网络中出现频率极高的一句话。如图 3-16 所示。

图 3-16 开心网凭借"病毒式营销"成为时下流行

二、病毒式营销的特点

具体来说,病毒式营销有以下一些特点。

(一) 传播迅速

病毒的威力是惊人的,用户一旦"感染"就会情不自禁地传播,成为病毒信息的免费传播者。在网络环境中,信息的病毒式传递更具爆炸性特征,一旦引起少量受众注意,就会在短时间内不断增殖、迅速扩散,信息被不断加倍地复制。

2008年7月,开心网在Alexa网站上的世界排名为第1300位。经过网络病毒式营销的推广,到了2008年8月,开心网的排名已经迅速上升至第487名。随后开心网的病毒式营销大爆发,日均IP访问量达到72万,全球排名迅速上升到前200名。

(二) 受众主动接触

病毒式营销与传统营销的最大区别在于受众接触信息的主动性。传统营销中,产品信息往往是通过强制的方式传达给消费者,受众大多是被动地接受信息,这种干扰式营销容易引起受众的反感。病毒式营销则不同,它多以诱导的方式进行,让受众在媒体接触的过程中产生乐趣,从而主动地向身边的人群传递信息。在病毒式营销的传播过程中,受众是信息的接受者,同时也是传播活动的主动参与者。此外,病毒式信息的传播大多在亲朋好友之间,大众对它的信任度远远胜过其他的传播方式。

美国爱德华州有一个叫Flying Pie的比萨店。在网站上店主推出了一个叫"It's Your Day"的活动,店主每周都在网站上写出一个人的名字,邀请这些名字的主人来比萨店免费制作一份比萨。网站上名字来自于已知顾客的推荐,这样,店主就很轻松地保证了Flying Pie在营销过程中被二次传播的可能。那些来过小店的人们到处帮忙传播"It's Your Day"的消息,不久,全城人都知道了这家小店。如3-17所示。

图3-17 Flying Pie比萨店因为病毒式营销名声大噪

（三）成本低廉

在病毒式营销的信息传播过程中，只要病毒引起了最初受众人群的兴趣，信息就会不可控制地流向广大人群。企业所需付出的不过是制造能引起目标受众兴趣的信息和首次传播的费用，一旦引发病毒传播机制，信息的传播就不可阻挡。

（四）目标精准

病毒式营销采用"口碑传播"和"人际推荐"的形式，所传播的人群大多具有人口统计学上的相似特征，能够精准地找到产品和服务的目标消费者。

2009年初，网络上流传一个名为"李小龙双节棍打乒乓球"的视频，在年轻人中间引起传阅。视频最后出现诺基亚N96手机的产品形象，观众才知道这是诺基亚为宣传N96手机李小龙纪念版所制作的广告视频。该视频被传阅的对象大多为年轻人，他们喜爱李小龙等武打明星，好奇心强，而这些人恰恰与N96所定位的广告人群高度吻合，如图3-18所示。

图3-18　诺基亚N96"李小龙双节棍打乒乓球"视频广告可谓经典

三、病毒式营销的途径

（一）视频短片

随着互联网带宽和速度的提升，"病毒"视频的传播有了更加便利的条件。这些"病毒"视频大多具有新奇性和娱乐性，能够被网友收藏或转载，并在很长一段时间内发挥作用。

2007年，在各大视频网站上出现了标题为"用大楼玩俄罗斯方块"的视频，视频中一栋写字楼的灯光被人为控制当做巨大的显示屏，模拟俄罗斯方块的游戏过程。在视频末尾出现"心够精彩，就能活得精彩"的广告语并附有网址。感兴趣的人在浏览器中访问网址才发现这是长安福特为新款汽车所做的"病毒"视频。

（二） 即时通信工具

互联网上的即时通信工具（如 QQ、MSN、飞信等）让人们之间的交流更加方便，同时也方便了病毒式营销信息的传播。网络上共享信息更加省力，只要复制粘贴就可以实现，因此可以形成大面积的快速传播。

（三） 电子邮件

电子邮件中的病毒式营销已经被大多数商家所重视，但垃圾广告盛行也是现在电子邮件所面临的问题。病毒式营销只有真正抓住目标消费者的兴趣，引起受众的传播欲望，才能收到预期效果。

中国台湾的必胜客餐厅向用户发送了"如何吃垮必胜客"的邮件，里面介绍了盛取自助沙拉的好办法，巧妙地利用胡萝卜条、黄瓜片和菠萝块搭建更宽的碗边，可一次盛到七盘沙拉，同时还配有真实照片。许多网友看后到必胜客亲自尝试盛自助沙拉，巧妙拉动了必胜客的销售业绩，如图 3-19 所示。

图 3-19 被网友疯狂转贴的"吃垮必胜客"的图片为必胜客带来了巨大利润

（四） 其他途径

随着病毒式营销在网络上的不断探索，相信会有更多的营销形式被创造出来。

　　Google 推出的 Gmail 电子信箱采用不接受公开申请而是朋友邀请推荐的形式来吸收新会员，制造稀缺资源来吸引受众注意力；日本优衣库服装公司设计了 Flash 时钟屏幕保护程序提供给人们免费下载，使清纯女孩跳舞报时的形象出现在千千万万人的电脑和手机屏幕上；圣地亚哥一家出版公司把自己经营的网站地址加入另外一家网站的笑话电子书中供人免费下载，网站访问量快速增加。

四、病毒式营销的方法和传播策略

（一）病毒式营销的方法

　　概括起来主要有以下几种。

1. 免费服务

　　一些大型的网站或公司会提供免费的二级域名、免费空间、免费程序接口、免费计数器等资源，这些资源中可以直接或间接地加入公司的链接或者其他产品的介绍，甚至是广告，特别是现在推出的广告很适合放在这些免费资源中。这些服务都是免费的，对用户有着很大的吸引力，同时，当用户在使用这些资产并对外宣传的时候也就为提供该服务的公司做了免费宣传。

2. 便民服务

　　便民服务不像上面的免费服务一样需要一定的财力物力，比较适合小公司或个人网站。在网站上提供日常生活中常会用到的一些查询，如公交查询、电话查询、手机归属地查询、天气查询等，把这些实用的查询集中到一起能给用户提供极大的便利，会得到很好的口碑，也就能很快地在网民中推广开来。

3. 节日祝福

　　每逢节日时，可以通过 QQ、MSN、E-mail 等工具向朋友发送一些祝福，后面附上网页地址或精美图片，由于节日里大家都很高兴收到来自朋友的祝福和喜欢发祝福给朋友，一个病毒链就这样形成了。

4. 精美网页或笑话

　　娱乐是人们生活的追求，不管谁定下什么目标，但最终是为了生活、娱乐。制作一个精美的网页或一条精彩的笑话发给朋友，朋友一定会很高兴并且会很快地发送给他的好朋友。

5. 通过"口头传递"传播信息

　　网络上使用最普遍的"口头传递"方式是"告诉一个朋友"或"推荐给你的朋友"等。很多网站在网络广告、新闻信息、电子邮件后面使用类似的语句。对于这种方法各种网站的使用率是不一样的。对于一些娱乐网站，"告诉一个朋友"的使用率可能会高些，但对于大型网站，这类语言的使用率主要取决于所推荐内容的类型和用户群的特点。这种病毒式营销启动成本低并能快速执行，其效果还可以通过引入竞赛和幸运抽签等形式得以增强。

6. 利用人际关系网络传播信息

社会学家指出：人际关系网络是由家庭成员、朋友或同事构成的，我们每个人都生活在人际关系网络中，几乎没有人是生活在人际关系网络之外的。根据人的社会地位的不同，一个人的人际关系网络中可能有几十、几百甚至数千人。互联网的网民同样也在发展虚拟社会中的人际关系网络，他们收集电子邮件地址，建立邮件列表与众人沟通，通过洽谈室结交新的朋友。网络营销人员需要充分认识实体社会和虚拟社会中这些人际关系网络的重要作用，通过病毒式营销把自己的信息置于人们的各种关系网络之中，从而迅速地把促销信息扩散出去。

7. 通过"事件策划"营造传播话题

策划运作一个大范围或局部（或行业范围、圈子范围）轰动的事件促使人们热议，或借用热点话题演变成二次传播，其特征在于迎合现代人的心理需求，如好奇、欲望、需要、贪念、贫乏等。

（二） 病毒式营销传播策略

1. 创新策略

创新就是要寻找新的机会，开创新的市场需求或满足潜在需求。QQ的成功就在于满足在线即时通信的需求，因而能快速地在网络中传播。创新是企业不断成长的基石，具有超前和创新的产品是企业成功的重要因素之一，如戴尔的"直线订购模式"、Sony的随身听、3M的"立可帖"都是经过创新来开拓新事业带动企业成长的。

2. 创新追赶策略

这种策略又被称为定点赶超，通常是寻找某些公司"怎么样"和"为什么"在执行任务时比其他公司做得更出色，其基本做法是在业内寻找一个最佳竞争对手或最佳实践者，模仿他的一些最好的做法并改进之，如腾讯公司推出的OICQ软件本身并非完全创新，而是对ICQ进行技术改进和中文汉化的结果，但正是这种改进使得QQ成为第一大中文即时通信软件。最早进入市场者也许有"先入为主"的优势，但最早进入市场者却不一定是最终胜利者。使用创新追赶策略必须及早发现市场的变化，快速追随创新者并且克服原创者技术和营销的缺陷，奋起直追，争取打败原创者，这是追赶策略的核心含义。

3. 免费策略

虽然免费策略不是病毒式营销成功的最关键因素，但免费策略在病毒式营销

中的应用是十分重要的。当然,免费是为了将来的盈利,是手段而不是目的。免费策略一般可以分为以下三种。

(1) 完全免费。消费者完全免费使用企业的产品或服务,企业向其他商家收取广告费用和服务费。例如,国内的大部分门户网站如新浪、搜狐等免费让网民浏览信息,收取广告主的广告费。

(2) 部分免费。企业提供基础功能的版本免费让消费者使用,但是如果消费者想升级到更高的版本或者想要更多的功能和服务,则需花钱购买,如中国人校友录和QQ。

(3) 试用。企业给用户提供一些试用产品,使用者在一定期限内可以免费试用,如许多著名的软件公司在企业网站和一些专业网站上提供免费下载试用软件的服务,另外在一些计算机图书中也可以赠送试用软件。金山毒霸的成功就是通过免费和开放的政策吸引了大量的试用用户,从而造就了一大批间接传播者。同时通过定期通知用户升级版本或购买正式版的形式提醒试用用户使用的是金山毒霸这个品牌,还一再强调试用版和正式版的区别,陈述正式版的种种好处,诱惑消费者购买。

如果商家想开展病毒式营销让人们快速传播其产品或服务,必须首先让他人获利。人们获利越大,传播产品或服务的速度也越快,这是典型的双赢。"免费"一直是最有效的词语,大多数病毒式营销计划提供有价值的免费产品或服务来引起注意。"免费"吸引眼球,然后,"眼球"会注意到商家出售的其他东西,于是商家才能赚钱。"眼球"带来了有价值的电子邮件地址、广告收入、电子商务销售机会等。

五、病毒式营销需注意的问题

病毒式营销的方法在使用过程中同样需要注意一些问题。

(1) 提供对受众有价值的信息。对受众来说,愿意主动成为传播者的首要原因在于传播内容对于受众的价值。如果不能引起受众的兴趣就不会产生免费的口碑传播,也就不会产生病毒式的扩散过程。所以,在采用病毒式营销之前,企业首先要对其要传播的信息进行提炼和设计。

很多病毒式营销计划是外显的,依靠提供免费产品或服务来引起注意,例如免费的电子邮件服务、免费的个人主页、免费的聊天室、免费的软件等;另外一些病毒式营销计划是隐藏的,依托于一些对受众有娱乐意义或实用价值的信息,在提供信息的过程中创造和受众的接触机会,例如"病毒"视频、屏幕保护程序、有产品形象的小游戏等。只有在营销过程中传播消费者感兴趣和觉得有价值的信息,才能调动消费者的积极性,使他们积极地传播营销信息。

(2) 紧密结合产品卖点及特性。病毒式营销并非简单将广告信息附加在病毒信息上，而是要追求产品卖点的特性与病毒信息的统一。既要娱乐大众，又要推销产品；既要表明卖点，又要杜绝枯燥。这就要求病毒式营销策划人员精准把握产品卖点及特性，选择适当的表现形式与产品信息相结合。

（3）简化信息以便于传播。从传播的角度来看，病毒性营销之所以在互联网上得到传播是因为网上通信容易而且廉价，人和人之间可以跨越地域的限制进行沟通。在现代商业社会，人的生活节奏加快，注意力更加分散，简化的信息便于消费者的记忆和传播，容易在人们心中留下深刻印象。从营销的观点来看，必须使营销信息简单化，容易传输，信息越简短越便于人们口耳相传。例如 Hotmail 简单的一句"现在就获取您的 Hotmail 免费信箱"，网络流行的"病毒"视频也大多只有短短一两分钟的时间。

（4）大范围播种。病毒式营销的成功，很大程度上取决于它播种得有多好。在执行过程中应充分利用内部和外部资源，占据主要传播渠道，短期内准确到达初级受众，引发病毒传播。例如，对于"病毒"视频的传播就要充分利用各大视频网站的推荐版面，同时利用社交网站和即时通信工具的分享功能把"病毒"视频渗透到所有存在目标受众的领域。

总之，病毒式营销作为一种新生的营销手段已经崭露头角，发挥了巨大的威力，越来越多的商家开始在互联网上采用这种新型营销手段。相对于传统的营销模式，病毒式营销更加节约成本也更加有亲和力。相信随着互联网和传播技术的发展，病毒式营销的应用会更加普遍。

任务五　第三方 C2C 平台营销

越来越多的大学生开始在网上开店做生意，根据易拍网统计，在该网站上的上万家店铺中，在校大学生开的"个人店铺"就占了 40%。一些应届大学生甚至表示他们将网上创业视为职场的新选择。

北京联合大学毕业的苗苗已经在淘宝网上做了半年多生意，她说："刚毕业的时候，一时没找到合适的工作，在一个朋友的启发下在网上开了家服装店。这个冬天棉服卖得特别好，现在天气转暖了，我又进了批彩色的隐形眼镜，今年流行戴这个，肯定卖得好！"

苗苗还告诉记者，在网上开店很简单，先选定一个适合自己的电子商务网站，把身份证的复印件上传到网上，得到该网站客户服务部的确认，三天后你的店就可以开张了。开店最重要的是小店的信誉度要高，得到顾客的好评越多，它在网上的排名就会越靠前。出于安全的考虑，顾客也多会选择在那些排名靠前的小店里买东西。关于收入，用苗苗的话来说就是，"只要把握住了时尚潮流，再

赢得良好的信誉,小店的人气肯定会越来越旺的,一个月下来不比上班族挣得少。"

中小企业包括普通网民想在传统业务的基础上开展网上零售业务,其可开展的交易模式主要有以下几种。

(1) 在第三方 C2C 平台申请卖家账号。优点是操作简便,缺点是没有独立的店铺,一切都得受交易平台约束,难以形成自己的品牌和长远口碑。

(2) 自己搭建具有简单的商品展示功能和网上订单功能的网站。这种方式需要商家自己安装程序和服务器,优点是独立自主、可控性强;缺点是网店推广费用高,运营维护费用高、企业除了经营商铺还需管理网站程序和网络安全。

(3) 选择专业的网上商店系统。类似淘宝、拍拍、百度等。这种方式的优点就是开店独立自主,搜索引擎高度优化,节省推广费用,运营费用低廉,解决方案完整;缺点就是实施的周期相对较长,一般要一个星期左右的开发周期,企业需要接受产品使用培训。

一、何为第三方 C2C 平台及选择合适的第三方 C2C 平台

(一) 第三方 C2C 平台简介

具有"公用性"和"公平性"的第三方 C2C 平台对信息流、资金流、物流三个核心流程能够很好的运转。平台的目标是为企业搭建一个高效的信息交流平台,创建一个良好的商业信用环境。这是企业信息化过程中一种全新的模式,特别是在我国非常分散、信息化基础不高的中小企业中非常适用。目前国内典型的第三方 C2C 平台主要有淘宝网、拍拍网、易趣网等。

(二) 网上店铺与传统店铺优缺点的比较

1. 网上店铺的优点

(1) 网上店铺投资少、占用资金少、因而风险也小。传统店铺要付店铺租金、装修费用、水电费等,投入大。而网上开店只需支付少量费用就可以了。目前淘宝网推出的都是免费服务,在淘宝网开一个网店一分钱都不用花。传统店铺需要一定的库存量,占用资金比较大,网店则可以少量存货甚至零库存,占用资金少,风险也小,进入门槛低,也适合个人创业。

(2) 网上店铺不受时间、空间限制。传统店铺一般一天营业 8~12 个小时,并且受地域客流的限制辐射面有限,受店面空间限制所放商品也有所限制。网上店铺可以全天 24 小时接受订单,并且网络营销生意可以做到全球,店铺可以放

足够多的商品。

（3）价格具有相对优势。网上店铺投入资金少，可以节约很多开支，从而可以最大限度地降低成本，因此很容易形成价格优势。

（4）操作方便快捷。由于网上支付、物流配送的发展和完善，网上购物变得非常方便快捷，动动鼠标就可以下好订单、支付货款，就等着在家收货了，即使是国外客户也可以很方便进行网上支付和享受方便的物流配送。

2. 网上店铺的缺点

（1）诚信问题令人担心。网上购物最担心上当受骗，这是困扰网上购物的关键问题之一。由于诚信体系不完善，网上购物没有相关法律法规规范，"诚信"在很大程度上影响人们网上购物的热情。

（2）购物环境虚拟化。网上购物是在一个虚拟的过程中完成的，没有亲眼看到实物，如银饰不能够试戴，容易对商品品质产生怀疑。

二、在第三方 C2C 平台开店前的准备及营销策划分析

（一）了解并选择合适的第三方 C2C 平台

理想的第三方 C2C 平台应该具有这样的基本特征：良好的品牌形象、简单快捷的申请手续、稳定的后台技术、快速周到的顾客服务、完善的支付体系、必要的配送服务，以及售后服务保证措施，等等。当然，还需要有尽可能高的访问量、具备完善的网店维护和管理功能、订单管理等基本功能，并且可以提供一些高级服务，如对网店的推广、网店访问流量分析等。此外，收费模式和费用水平也是重要的影响因素之一。

不同的企业可能对网上销售有不同的特殊要求，选择适合本企业产品特性的第三方 C2C 平台需要花费不少精力。不过，这点前期调研的时间投入是值得的，因为可以最大程度地减小盲目性，增加成功的可能性。

1. 国内三大第三方网络购物交易平台简介

（1）淘宝网。淘宝网是国内领先的网络购物平台，2003 年 7 月，已在国内 B2B 领域巩固地位的阿里巴巴宣布成立 C2C 电子商务网站——淘宝网。2003 年 7 月，阿里巴巴向淘宝投资 1 亿元；2004 年 7 月，阿里巴巴向淘宝追加了 3.5 亿元人民币（约占其年初私募资金的一半）的投资；2005 年 10 月，阿里巴巴向淘宝网投入 10 亿人民币。目前淘宝网正处于完全免费之中。如图 3-20 所示。

图 3-20　淘宝首页

　　(2) 易趣网。1999 年 8 月易趣网成立。2002 年 3 月,易趣以 3 000 万美元的代价取得了易趣 33% 的股权,开始正式进军中国网上拍卖市场。2003 年 6 月 11 日,易趣以 1.5 亿美元的现金购买了易趣的剩余股份,成为易趣易趣网的最大股东。如图 3-21 所示。

图 3-21　易趣首页

　　(3) 拍拍网。腾讯公司于 1998 年 11 月在深圳成立,是中国最早也是目前中国市场上最大的网络营销实务互联网即时通信软件开发商。1999 年 2 月,腾讯正式推出第一款即时通信软件——"腾讯 QQ",并于 2004 年 6 月 16 日在中国香港联交所主板上市(股票代号 700);2005 年 9 月 12 日,腾讯旗下电子商务网站——拍拍网开始投入试运营阶段。如图 3-22 所示。

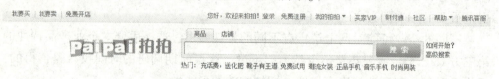

图 3-22　拍拍首页

2. 国内三大第三方 C2C 平台比较

三大第三方 C2C 平台比较,如表 3-1 所示。

表 3-1　国内三大第三方 C2C 平台比较

网站名称	淘　宝	易　趣	拍　拍
提供服务商家	阿里巴巴	美国 eBay	腾讯
网址	www.taobao.com	www.ebay.com.cn	www.paipai.com
注册账户类型	电子邮箱	电子邮箱	QQ 号码

续表

网站名称	淘宝	易趣	拍拍
店铺开设条件	通过实名认证并发布10件产品	可直接登记使用	绑定手机,可销售商品实名认证后可直接开店
资费	免费	收取部分登录与交易费用	免费
支付服务支持服务名称	支付宝	贝宝	财付通
提供服务商家	阿里旗下支付公司	美国eBay全资子公司PayPal	腾讯公司财付通网站
支持服务地址	www.alipay.com	www.PayPal.com	www.tenpay.com
即时联络工具	旺旺	Skype	QQ
工具下载地址	www.taobao.com	Pages.ebay.com.cn	www.qq.com
点评	淘宝网拥有国内同类网站中最多的商品与最高的人气,功能齐全、界面友好、操作简单,目前完全免费。	eBay在国外拥有同类网站不可替代的地位,但在国内市场份额正在下滑,这与其部分收费、网站功能、服务与易用性有相当关联。	其功能、服务等与淘宝网非常相似,不同的是限制少、条件更优厚。但其推出时间不长,一切都言之过早。

3. 国内三大第三方C2C平台2007年第三季度市场交易份额

iResearch 统计的三大第三方 C2C 平台 2007 年份第三季度市场交易份额,如图 3-23 所示。

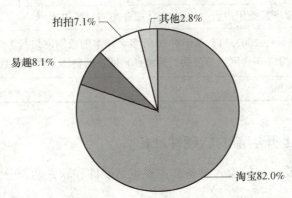

图 3-23　iResearch2007 第三季度统计资料

4. 国内三大网络购物平台用户关注度比较

根据 iResearch 艾瑞咨询推出的网民连续用户行为研究系统 iUserTracker 最新数据显示,2007 年 11 月,淘宝、易趣和拍拍网的用户属性呈现不同特征,从

TGI 指数中可以看出，女性用户更喜欢淘宝网和拍拍网，而淘宝网的主体用户集中在 19~30 岁之间。相对而言，拍拍网更受 18 岁以下的用户青睐，TGI 指数达到 136.1；此外，在年龄和学历分布上，易趣网的中年以上、高学历用户 TGI 指数最高，意味着 40 岁以上年龄段及硕士学历以上用户更喜欢浏览易趣网。从三大平台的用户属性对比可以看出不同平台的用户特点和优势。如表 3-2 所示。

表 3-2　2007 年 11 月三大平台用户属性对比

类	别	淘宝网	易趣	拍拍网
性别	男	96.5	117.0	94.2
	女	104.5	78.1	107.5
年龄	18 岁及以下	94.4	85.8	136.1
	19~24 岁	104.9	92.0	109.8
	25~30 岁	104.8	99.9	91.1
	31~35 岁	97.9	118.1	78.2
	36~40 岁	92.3	94.4	82.2
	40 岁以上	82.9	130.9	90.1
学历	初中及初中以下	85.6	114.4	118.1
	高中（中专）	101.5	88.4	114.8
	大学专科	97.0	110.0	104.9
	大学本科	102.8	102.4	86.2
	硕士及以上	99.0	135.8	71.1

注：TGI = 特定服务某类用户所占比例/全体服务类用户所占比例

Source：iUserTracker，2007.11，基于对 10 万多名样本的长期网络行为监测，代表 1.2 亿中国家庭及工作单位（不含网吧等公共上网地点）网民的整体上网属性数据。

@ 2007.12 iResearch Inc.　　　　　　　　　　　　　　　　www.iresearch.com.on

（二）　网上开店前的软硬件准备

网上开店需要一定的投入准备，主要包括硬件和软件两部分。

1. 硬件准备

硬件包括可以上网的电脑、扫描仪、数码相机、联系电话、传真机等，不一定非要全部配置，但是要尽量配齐以方便经营。

（1）电脑和宽带上网是必配的，也是网络销售最基础的硬件。

（2）数码相机。货物在"摆"上网上的"货架"之前，一般都需要对其进行拍照并上传照片到店铺上。照片使买家有了更加直观的感受和了解，也使物品更受关注。没有照片的货物很难销售，一是因为很难引起买家的注意，二是因为买家怀疑该物品是否存在。

（3）扫描仪。是把一些文件扫描上传，如身份证、营业执照等信息。还有某些货物可能已经有现成的图片而且制作精良，可以使用扫描仪把这些图片扫描进电脑，及时上传货物的照片。

（4）电话。跟买家联系的最直接的工具。网上联系可能因为离开电脑而无法及时联络，而可以通过随身携带的手机及时得到买家的反馈。

（5）传真机。如果企业的网上开店进入实际操作阶段则需要和客户签订合同，这也是法律方面的保障。同时很多资料的收发也离不开传真机，所以传真机也是很重要的一件装备。

2. 软件准备

（1）基本的上网操作技能。

（2）熟练收发电子邮件。

（3）熟练运用聊天软件，如 QQ、MSN 等。主要需要练习打字，打字要熟练，否则会给客户留下不好印象。打字聊天是最好的联系方式，很多生意往往就是在手指敲击键盘的时候谈成的。

（4）学会使用 Word 软件。这是入门级的文字编辑软件，学会基本的操作以后就可以很方便地编写合同，编写自己的网站文档。文档编写的好坏对网上销售有很大的影响。

（5）学会基本的网站设计软件。至少可以知道网上商店的建设原理，并且还可以为企业的网店建几个漂亮的宣传广告页面。基本的网站设计软件主要是 Office 系列软件中的 Frontpage，还有 Dreamweaver，前者很适合初学者学习，后者则更专业。

（6）图片处理软件。网上开店一个非常重要的部分就是要有精美的产品图片或宣传图片，因为客户主要是通过图片来浏览公司产品的，很差劲的图片会流失客户。现在的制图软件有很多种，只要能熟练操作一种制图软件就可以了，如 Photoshop、Fireworks，以及微软的画图工具等，相比而言 Photoshop 更加专业、功能更强。要批量加工、修改图片，还需要掌握一些图片处理软件，如光影魔术手等。

（三）网上开店前的营销策划分析

在确定开设网上店铺之前，企业还需考虑以下几个问题。

1. 本公司产品销售对象是谁

要确定目标顾客，从他们的需求出发选择商品。目前主流网民有两大特征：一是年轻化，以游戏为主要上网目的，学生群体占相当的比重；二是上班族，代表了主流网民的另一大群体——白领或者准白领。了解了主流网民的基本特征，就可以根据自己的资源、条件甚至是爱好来确定是"撒下大网""打主流"，还是剑走偏锋、独辟蹊径。

2. 本公司的商品适宜网上零售吗

什么样的行业是最应该也最适合尽早介入电子商务在网络上展开营销活动呢？本公司的产品适合网上销售吗？这些问题要综合企业自身财力、商品属性及物流运输的便捷性后再对售卖商品加以定位。据拍拍网数据显示，2008年第一季度拍拍网最受网友欢迎的四大类商品分别为：女装、数码、化妆品、虚拟网游及手机充值卡商品。其中女装类商品最为旺销，比2007年全年的整体交易增长了300%，在实物类商品销售中占据首位。

（1）一般说来，适合网上销售的商品特征主要为：网下买不到或者不容易买到的商品（新、奇、特商品）；商品定价（包括邮费和包装费）比网下零售价便宜的商品；方便邮寄的商品。

（2）图3-24为中国网络购物市场卖家出售商品排行榜。从以往的消费者消费观念出发，服装鞋帽往往需要现场试穿才能决定是否购买，但随着买家购买经验的累积和商家对尺寸描述内容愈发详细和贴切，加上退换货制度的建立，服装鞋帽逐渐成为网络销售中的热门商品种类。而在出售数量最多的商品种类中，游戏点卡再次领先于第三位的IT产品，这也在一定程度上反映了网络游戏带来的巨大商机。

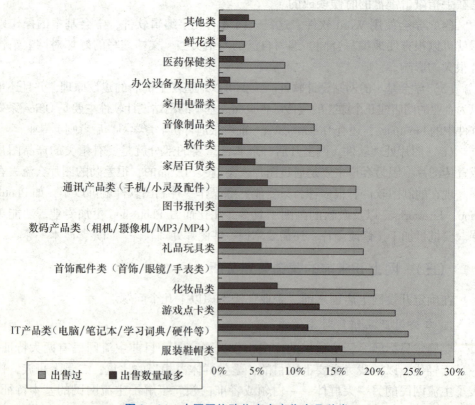

图3-24　中国网络购物卖家出售商品种类

(3) 中国网络购物市场买家购买排行榜，如图 3-25 所示。从买家网络购物商品种类可以看出，买家在 B2C 类购物网站购买的商品种类以音像制品为主，其次是软件类商品。相比之下，C2C 购物网站的商品种类较多，因此买家购买的选择相对较多，游戏点卡、数码产品和家居百货等产品都是买家在 C2C 类购物网站购买的重点。

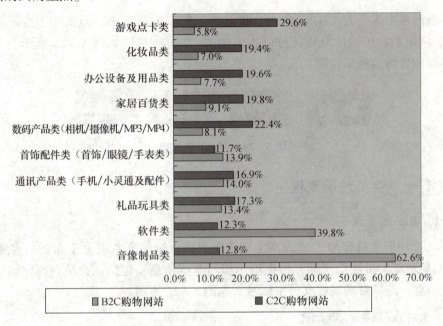

图 3-25 买家在两种购物平台购买商品种类的对比

3. 本公司与竞争对手相比的优势在哪里

如何在众多店铺中脱颖而出做出自己的特色，这是需要仔细考量的，想清楚你的优势在哪里？

(1) 确定本公司产品特色。与传统店铺一样，客户来到网店，是否能引起其购买的欲望就要靠产品来吸引人了。从大的方面来说，首先是店铺的定位，如网上的银饰店铺成百上千，你是走地方特色路线还是大众路线；是选择 925 银表面镀金的产品风格还是表面氧化处理的泰银风格都是需要考虑的问题。越是定位明确有特色，对网民的吸引就越大，胜出的机会也就大；其次是具体的产品款式把握一定要精益求精，质量上也一定要严格把关。

(2) 合理的价格定位。产品价格要形成优势，物美价廉才能赢得顾客的心。

(3) 提供优质服务的网上销售。只能看到产品图片相对来说比较虚，但服务却是实实在在的，一定要树立起"以客户为中心"服务理念。说到服务，它贯穿于整个网上销售的始终，从网站的信息提供、客户的售前咨询、售中服务、订单处理速度、客户邮件处理、网上支付、发货、投诉建议等方面，无一不是考

验服务的地方。虽然你跟顾客没有面对面，但透过文字，你说话的语气、你的服务态度客户完全能感觉得到。

三、网络购物店铺的开设流程

虽然各个第三方 C2C 平台都有自己的一整套申请程序，但是"万变不离其宗"，网络购物店铺的开设流程基本上需要"四步走"，如图 3 – 26 所示。下面主要以淘宝网为例来介绍。

图 3 – 26　网上开店流程

（一）会员注册流程

1. 淘宝账号注册

（1）注册会员账号。进入淘宝网主页后，点击淘宝首页右上角的"免费注册"，显示新会员注册页面，根据提示填写基本信息，包括：会员名、密码、邮箱等信息，选择自动创建支付宝账号。如图 3 – 27 所示。

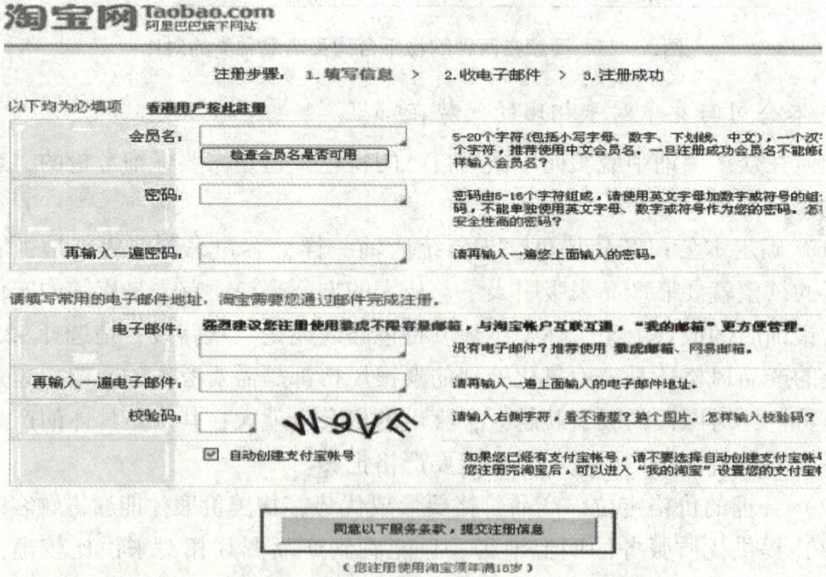

图 3 – 27　淘宝网注册会员账号

（2）会员注册成功后用电子邮件激活淘宝账户。接着，登录淘宝的注册邮箱，点击邮件中的激活链接，激活淘宝账户。如图 3 – 28 所示。

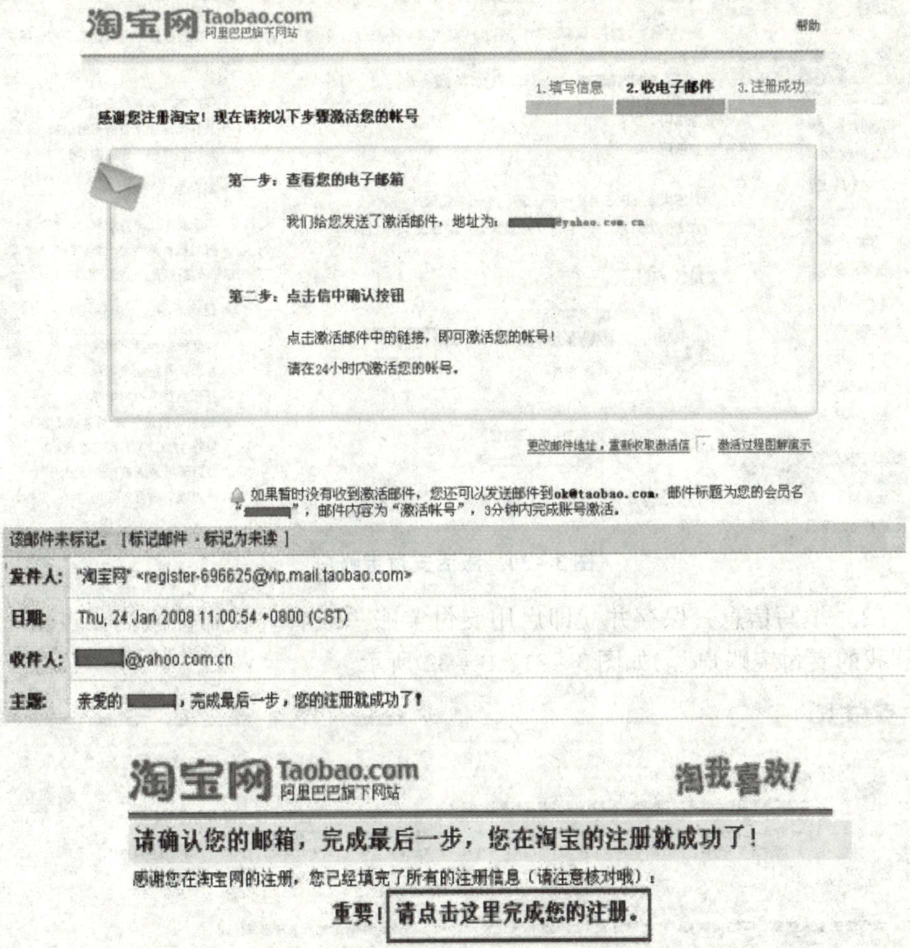

项目三 网络营销工具与方法的使用

图 3–28 激活淘宝账户

(3) 淘宝账户注册成功。如图 3–29 所示。

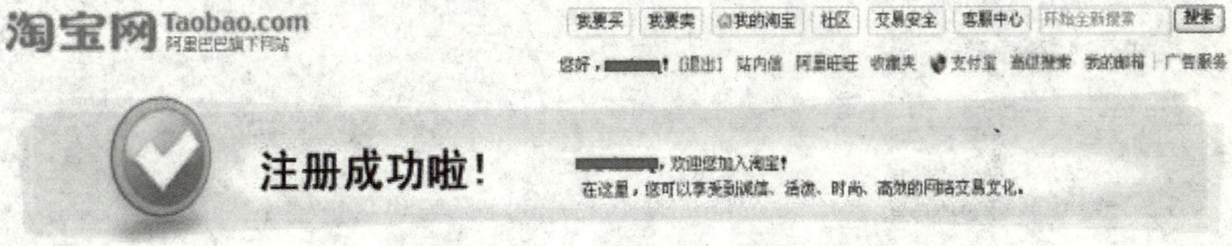

图 3–29 淘宝账户注册成功

2. 注册支付宝账号

(1) 激活支付宝账户。因淘宝会员名注册时选择了自动创建支付宝账号,所以只需激活支付宝账户就可以了。登录"淘宝网"→"我的淘宝"→"支付宝专区",点击"管理"。如图 3–30 所示。

··· 113

网络营销

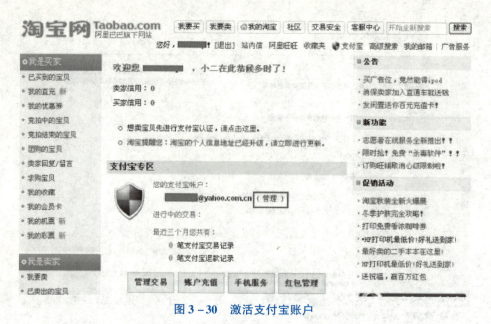

图 3-30 激活支付宝账户

（2）填写信息，保存并立即启用支付宝账户或者查收邮件激活，点击"去管理我的支付宝账户"。如图 3-31，3-32 所示。

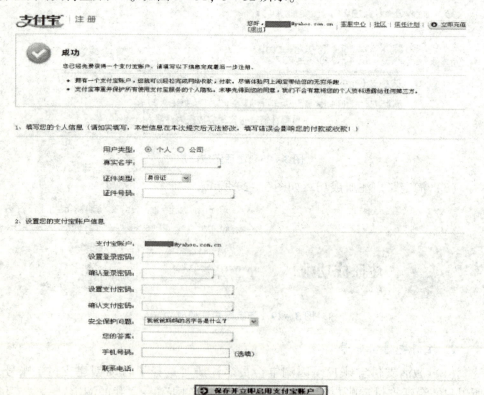

图 3-31 填写信息

114

项目三　网络营销工具与方法的使用

图 3-32　支付宝账户设置成功

（3）系统链接到支付宝，点击"我的账户"，页面提示登录支付宝账户。输入支付宝账户名、密码及校验码点击"登录"按钮，填写正确的信息，保存并立即启用支付宝账户就可以激活了。如图 3-33 所示。

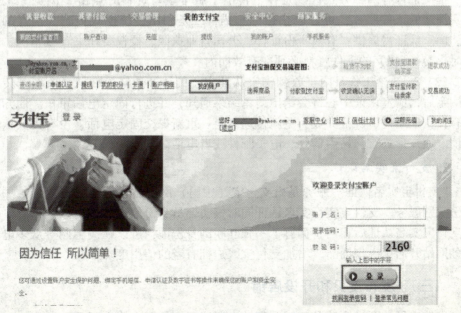

图 3-33　激活支付宝账户

(4) 支付宝会员注册成功。如图 3-34 所示。

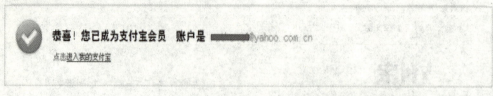

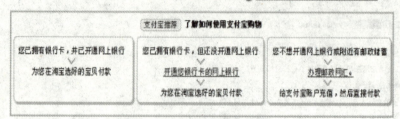

图 3-34　支付宝会员注册成功

（二）　申请认证

1. 企业认证

（1）提交认证资料。登录淘宝网，在"我的淘宝"上点击"实名认证"，进入认证申请页面，会出现选择框"免费个人认证"和"免费商家认证"，需要进行选择。真实完整填写所需资料，并提供证件和固定电话登记。

提交证件有两种方式：一是在上传电子版本填写资料时点击"浏览"上传真实清楚的证件照片，可数码拍摄和扫描；二是利用传统模式传真和信件的方式。商家认证需提供：有效身份证件、公司营业执照、授权委托书（视情况，需要时提交）。提交的证件资料必须在有效期内。

（2）2~3个工作日内将收到淘宝认证中心的认证通知。在认证资料都传送到淘宝后，淘宝认证中心将会给申请者结果通知，并进行固定电话审核。通知结果有：认证通过、认证失败、重新传递资料、重新提交固定电话、没有提交认证申请。通知形式有：站内信件、电子邮件或者电话。

2. 支付宝实名认证

"支付宝实名认证"服务是由支付宝（中国）网络技术有限公司提供的一项身份识别服务。支付宝实行实名认证同时核实会员身份信息和银行账户信息。通过支付宝实名认证后相当于拥有了一张互联网身份证，可以在淘宝网等众多电子商务网站开店、出售商品。增加支付宝账户拥有者的信用度。

（三）　发布宝贝和开设店铺

发布宝贝，开设店铺及店铺及店铺设置流程，如图 3-35 所示。

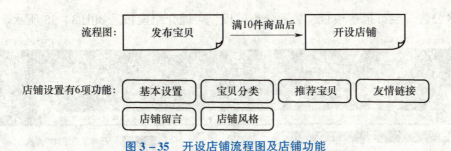

图 3－35　开设店铺流程图及店铺功能

（四）网上销售

（1）宝贝出售中，可做的两种操作，如图 3－36 所示。

图 3－36　宝贝出售操作

（2）宝贝成交后流程，如图 3－37 所示。

图 3－37　宝贝成交后流程图

四、网络购物店铺的经营管理技巧

　　一家成功的网络购物店铺应是产品的质量、价格、企业信誉、服务皆优的店铺，这当然离不开日常的经营管理。下面仍以淘宝网为例，从店铺装修、店铺推广、物流配送、顾客服务四个方面来介绍网络购物店铺的经营管理技巧。

（一）店铺装修

　　网上店铺装修主要包括商铺外观的装饰、招牌的设置、产品橱窗的摆设、友情链接的添加等，装修效果直接影响着商铺形象和企业的营销效果。

1. 淘宝店铺两种装修方式

淘宝店铺的两种装修方式包括普通店铺装修与旺铺装修。

（1）两种装修的主要内容。普通店铺装修内容有店标、店铺介绍模板、店铺分类模板、店铺公告模板、宝贝描述模板。旺铺店铺装修内容有店招模板、促销区公告、宝贝描述模板、店铺分类模板、店铺介绍模板。如图3-38所示。

图3-38 店铺装修的主要内容

（2）普通店铺和旺铺的区别。旺铺和普通店铺装修的最大区别就在于店铺首页。普通店铺首页只能对店铺类目及店铺公告处进行装修，而旺铺除了可以装饰店铺类目，还增加了店招及促销区。

2. 店铺装修的基本思路

（1）凸显个性和品牌，增进顾客交易信心。对能体现店铺风格的店招、促销区、宝贝分类区等内容用图文并茂的形式进行展示，使顾客看了眼睛一亮，充分体现个性与品位。网络营销是虚拟形式的销售，风格化的店铺页面是企业形象、品牌的展示，对增强顾客交易信心，增进企业销售的作用是显而易见的。

（2）从顾客需求角度展示产品。店铺装修不要太花哨，而要考虑顾客对产品、服务的需求是什么？通过图片、文字、表格的展示，让顾客了解到产品功能的诉求是什么样的。包括如何汇款、如何进行售后的保修及配送等，让企业的产品功能、优势充分体现，要让客户从心里感觉到你是真正卖产品的。

（3）用美观清晰的图片展示产品。商品图片有外包装、内包装、产品本身。外包装是啥样，内包装是什么原料，让客户看得一清二楚，加之产品信息的详细说明，包装、规格、生产能力等一目了然，美观清晰的图片配上文字处理，能清晰地告诉顾客产品的优势在哪里及功能有多强。当然，为防止图片被盗用，最好在图片上加上公司水印。

（4）从店铺推广的角度来装修店铺。店铺建成后面临的直接问题是如何提高人气、提高访问量，只有访问量提高了才有机会带来订单。因此，在店铺装修时要充分考虑之后的推广问题。具体做法有店铺信息发布要详细；要对百度等搜索引擎网站友好；与其他人气旺的店铺交换友情链接等。

3. 装修操作方法

登录淘宝，进入"管理我的店铺"，按提示操作即可。"柠檬绿茶"店铺装修效果如图3-39所示。

图3-39　"柠檬绿茶"店铺首页

（二）店铺的宣传推广

当网上店铺建好之后，最重要的问题就是如何让更多的顾客浏览并购买，但这种建立在第三方电子商务平台上的网上店铺与一般企业网站的推广有很大的不同。这是因为网上店铺并不是一个独立的网站，对于整个电子商务平台来说可能排列着数以千计的专卖店，一个网上专卖店只是其中很小的组成部分，通常被隐藏在二级甚至三级目录之后，用户可以直接发现的可能性比较小，何况同一个网站上还有很多竞争者的专卖店在争夺有限的潜在顾客资源。

网络购物店铺推广的方法有很多，比如为网上店铺申请一个独立域名，将网上店铺登记在搜索引擎中利用Web2.0技术进行口碑宣传，在其他相关网站进行介绍甚至投放一定的网络广告等。宣传推广的基本思路是利用一切可能的渠道发布信息，尽可能向更多的目标顾客传递企业网络营销信息。

（三）商品的物流配送

1. 选择性价比高的第三方物流公司

（1）看资费标准。从资费标准来看，EMS最贵，圆通最便宜。各个地区可能会略有差异，如一公斤物品圆通收费为6~10元；申通为6~15元；宅急送为9~15元；中铁快运5公斤35~40元。

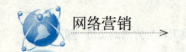

（2）看网点覆盖面。中国邮政是国营的，毫无疑问网点最多、覆盖面最广；中铁快运是铁路上的，只要铁路能到，基本可以送达；圆通、申通是民营的，覆盖面也较广；而宅急送稍少一些。

（3）看运输速度。中国邮政大中城市两天可达；圆通、申通在江浙沪一带次日可达，其他地区二日可达；宅急送稍慢一些。至于服务质量，差别不大。

（4）看正规程度。EMS是国营的，相对而言是最好的，其他民营的现在发展也不错。

2. 节省物流配送成本的两个简单方法

（1）争取快递公司价格上的优惠。一般快递公司会根据商品配送量有一定幅度的价格优惠，企业可据此与快递公司讨价还价，降低配送成本。

（2）自己动手做商品包装。包装费也是一笔不小的开支，为了节约成本，要尽量废物利用，自己动手做包装，如不用的旧布，最好是白色，重量轻，也好缝；旧纸箱适合装衣服等，能禁得住重量。

（四）顾客服务

无论从销售的过程来看还是从长远的销售利益来看，诚信都是立足之本。良好的顾客服务是企业网上店铺经营成功的关键。

1. 以顾客为上帝，充分尊重顾客

让顾客感觉享有贵宾般的礼遇和亲切轻松的感觉，对顾客还要有超强的耐心，有不少顾客都会有砍价的习惯，常常砍的让我们无法接受，在这个时候千万不要发脾气，要充分尊重顾客。

2. 对顾客的问题要积极解决、取得他的信任

面对顾客的问题及要求，要积极努力去解决。回复顾客的问题速度要快，在字里行间里体现出热情。满足不了顾客的要求时，千万别拒绝太直接，委婉一点，或者引导顾客换一种思维方式去淡化他原有的意识。

3. 业务人员用专业的产品知识，给出专业的意见

顾客总是希望自己买的东西是最好的，企业业务人员要做到对自己的产品了如指掌，面对顾客的问题对答如流，能给他专业的意见。

4. 避免顾客查询订单，主动把订单或流水号发给顾客

顾客的心一般都很急，下了订单后希望能够尽快收到商品。如果他们发现自己汇款后，过几天了还没收到货，很多顾客就会致电或E-mail向你投诉，质问你为什么货还没到？企业最好在发货后，将发货凭证扫描并以E-mail附件的形式发给顾客。若有条件的话还可以通过传真的方式把凭证发给顾客。

5. 对于货到付款，请尽量先致电给顾客确定付款细节

很多顾客会使用货到付款的发货方式，但是往往因为卖家和买家没有确定好

收货地址或时间而使快递公司白跑一趟，平白增加了配送费用。因此建议，对于货到付款的买家，企业应该在收到订单后第一时间给顾客打电话与其确定收货时间和地点及应付金额。

6. 认真处理顾客投诉，充分保证企业信誉

顾客打来投诉电话，一定是有原因的。不要试图在接到顾客投诉电话的第一时间就与顾客去争论，应给顾客作出服务承诺。待查明问题原因，及时处理，然后在第一时间给顾客投诉反馈。

任务六 网络会员制营销

创建于1853年的贝塔斯曼书友会是全球最大的书友会，它采用国际流行的"读书俱乐部"形式，由资深的编辑为会员遴选和推荐好书。专业的书友会覆盖全球56个国家，服务数千万会员。

曾经的中国贝塔斯曼书友会于1997年在上海成立，是国内第一个中外合资的图书俱乐部，定期向全国150万会员免费赠送产品目录，书友会每年推荐700多个品种。2000年年底成立的贝塔斯曼在线，作为书友会的有益补充，现已发展成为国内三大网上媒体产品商店之一，目前拥有超过16万种在线产品。贝塔斯曼正在努力成为中国文化娱乐产品直销领域内客户直接服务的先锋。通过网络会员制营销，贝塔斯曼在中国积累了相当的人气和知名度，这也为其后来在华的多元化发展打下了坚实的"群众基础"。

网络会员制计划是通过利益关系和电脑程序将无数个网站连接起来，将商家的分销渠道扩展到全球的各个角落，同时为会员网站提供了一条简易的盈利途径。一个网络会员制营销程序应该包含一个提供这种程序的商业网站和若干个会员网站，商业网站通过各种协议和电脑程序与各会员网站联系起来。最初的网络会员制营销是拓展网上销售渠道的一种方式，主要适用于有一定实力和品牌知名度的电子商务公司。会员制营销已经被证实为电子商务网站的有效营销手段，国外许多网上零售型网站都实施了会员制计划，几乎已经覆盖了所有行业。

一、网络会员制营销的渊源

网络会员制营销现在已经成为企业网站推广的主要手段，它的出现不是偶然的，而是关系着传统的网下营销。企业把传统渠道中的会员制营销理论移植到网络渠道，从而产生了网络会员制营销。

在传统的营销渠道，企业为了扩大经营规模、稳定销售渠道、团结分销成员

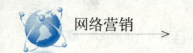

和服务分销成员，通常会采用会员制营销。会员制营销模式指的是采用系统的管理和长远的渠道规划，利用企业的产品、品牌、视觉标识、管理模式及利益机制来维系分销渠道，并组建相对固定的会员组织，实现利益共享、模式共享、信息沟通和经验交流的作用，它是深层的关系营销。

二、会员制营销的形式

（一）连锁经营会员制

连锁经营是一种商业组织形式和经营制度，是指经营同类商品或服务的若干个企业以一定的形式组成一个联合体，在整体规划下进行专业化分工，并在分工基础上实施集中化管理，把独立的经营活动组合成整体的规模经营，从而实现规模效益。

（二）零售会员制

零售会员制主要被零售商所采用，它是一种直接面对消费者的会员制。零售会员制的主要目的是为了留住老顾客。消费者向零售商店缴纳一定数额的会费或年费取得会员资格后便成为该店的会员，享受一定的价格优惠或折扣。

（三）网络会员制营销

网络会员制营销是指通过电脑程序和利益关系将无数个网站连接起来，将商家的分销渠道扩展到世界的各个角落，同时为会员网站提供了一个简易的盈利途径，最终达到商家和会员网站的利益共赢。一个网络会员制营销程序应该包含一个提供这种程序的商业网站和若干个会员网站，商业网站通过各种协议和电脑程序与各会员网站联系起来。

三、网络会员制营销的价值及功能

（一）网络会员制营销的价值

会员制营销的价值可以从两个方面来分析。一方面，从开展会员制计划的公司来看，会员制营销已经被证明是网上营销战略的成功模式，从理论到实践都已经比较完善，因此许多国际知名的公司都已经将会员制纳入营销计划之中。会员制营销对品牌推广的价值也是显而易见的，拥有大量的会员实际上也相当于把网络广告投放到所有会员网站上，也是一种节约在线广告支出的重要途径。

另一方面，对于加盟的会员网站来说，也许自身不具备直接开展电子商务的条件，通过参与会员制计划可以依附于一个或多个大型网站，能更方便地开展网上销售，虽然获得的不是全部销售利润，而只是一定比例的佣金，但相对于自行建设一个电子商务网站的巨大投入和复杂管理而言，无需面临很大的风险，这样的收入也是客观合理的。

（二）网络会员制营销的功能

（1）按效果付费，节约广告主的广告费用。广告主的广告投放在加盟会员网站上与投放在门户网站不同，一般并非按照广告显示量支付广告费用，而是根据用户浏览广告后所产生的实际效果付费，如点击、注册、直接购买等。这样不会为无效的广告浏览支付费用，因此网络广告费用更为低廉。

（2）为广告主投放和管理网络广告提供了极大的便利。网络联盟为广告主向众多网站同时投放广告提供了极大的便利。

（3）扩展了网络广告的投放范围，同时提高了网络广告投放的定位程度。相对于传统的大众媒体，定位性高一直是网络广告理论上的优势。

（4）扩展了商家的网上销售渠道。网络会员制最初就是因网上销售渠道的扩展取得成功而受到肯定，其应用向多个领域延伸并且都获得不同程度的成功。

（5）为加盟会员网站创造了流量转化为收益的机会。加盟的会员网站通过加盟网站会员制计划获得网络广告收入或者销售佣金，将网站访问量转化为直接收益。

（6）丰富了加盟会员网站的内容和功能。有时网站添加一些广告内容的点缀能发挥意想不到的作用，不仅让网页内容看起来更丰富了，也为用户获取更多信息提供了便利。

（7）利用了病毒性营销的思想，形成强有力的网络推广资源。病毒性营销的价值是巨大的，一个好的病毒性营销计划远远胜过投放大量广告所获得的效果。

四、我国网络会员制营销存在的问题

国内的网络会员制营销尽管取得了一定的发展，但总体来说仍然处于非常低级的水平，在实际应用中还有很多问题。

（一）关于会员的培训和服务

国内采用网络会员制营销计划的网站普遍比较缺乏对会员网站的培训和服务意识，没有意识到培训的补偿作用或不想去、不知道如何去培训，不对会员网站大力支持，只想坐享其成，这样一来，中心网站和会员网站之间纯粹是一种利益

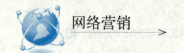

关系,毫无忠诚度可言。

(二) 关于商业网站的信用

有些商业网站并不按照协议中的承诺按时、按量支付会员佣金,尤其当商业网站发生某些变化时往往会损害会员应得的销售佣金;有些网站甚至不作任何说明就关闭会员管理程序,使得会员无从知道自己的销售业绩。这种只注重短期利益的行为严重地损害了商业网站的形象,对以后的商业网站发展造成了很坏的影响。

(三) 对会员网站的监督

为了获得更多的销售佣金,一些会员网站往往会采取不正当的方式进行推广,而作为商业网站,为了维护秩序、创造一个诚信的环境,首先应明确不正当推广方式为禁止的推广行为,一经发现则应受到严厉的处罚。因此,在实施网络会员制营销计划时应充分考虑到这一点,从监控到管理上尽量做到规范经营。

(四) 缺乏第三方解决方案

目前国内采用网络会员制计划的网站并不多,而且在管理和技术上都存在一定的问题,造成这种情况的一个原因在于外部环境的不成熟,也就是没有第三方提供会员制解决方案。这是因为第三方解决方案可以提供更加完善的技术,信用也更有保证。

此外,很多会员担心会员制营销计划中存在欺诈成分,比如用删除订单记录或者其他方式减少支付给用户的佣金,这也正是第三方解决方案的主要优势之一。正如网站流量统计一样,自己的统计数字没有足够的说服力,第三方提供的数据可信度更高一些,作为第三方的监测机构,其本身应该有一定的知名度和权威性。当然,第三方解决方案有时也存在种种问题,例如可能出现的技术服务提供商的转换问题就比较麻烦,既要保证新的系统稳定运行又要将原来的会员资料与新的系统实现无缝转移,如果处理不当就会影响原有的系统正常运行。而且不同公司提供的解决方案无论是功能、可靠性、还是在管理水平等方面都存在很大的差别,因此在选择合作伙伴时要从多个角度去分析评判。

五、如何成功地实施网络会员制营销

(1) 了解竞争对手。了解其他实施会员制的竞争对手网站,想办法让你的计划比他们更吸引人。例如给联盟会员提供比竞争对手更高的佣金。

(2) 回头客佣金制度(Residual Commissions)。如果某会员带来的购买者下次进行重复购买，该会员可以再次获得佣金，如此累计。这类服务适合每年续费的产品，如主机租赁。这种佣金制度无疑会使你的计划非常吸引人。

（3）提供终生佣金制度。长期有效的佣金政策使得会员将它作为一项长期事业来经营，也能减少短期内没有成效而被放弃的情况。

（4）为加盟会员提供销售支持，不要冷落加盟会员。提供最大支持帮助他们成功销售产品。以下是一些可以提供给会员的资料：为他们做电子杂志广告；提供促销信或促销广告；提供具有品牌宣传效果的电子书；会员案例推荐；E-mail相关课程；提供产品宣传文章。

（5）快速回复会员邮件。对会员邮件在第一时间作出反馈，不仅能提高工作效率，也让他们感到你对他们的重视。不能让会员产生被冷落感。

（6）提供销售技巧和建议。给他们提供一些促销技巧，让他们在销售过程中采纳你的建议以提高成交机会。

（7）用更高的佣金和红利奖励高级会员。建立坡度佣金制度，带来高销售额的会员将享受额外的高奖励。

（8）为加盟会员提供新闻邮件。通过E-mail会员通讯在邮件中与会员分享销售技巧，与会员保持良好、亲密的接触。新闻邮件内容可以包括以下主题：分享优秀会员挣高佣金的秘诀；展示优秀会员网站并分析成功销售的原因；列出当月佣金排行榜。

（9）准确跟踪会员销售情况。如果加盟网站带来了销售业绩而程序没有记录下来，你的口碑将极为糟糕，会员制程序迟早会被关闭。

（10）参与会员制论坛。加入会员制论坛讨论，与其他会员分享各种专业性体会。遵守论坛纪律和规则，在你的帖子中加上会员制签名。

知识拓展

一、以阿里博客为例来介绍博客营销的过程

阿里博客首页，如图3-40所示。

图3-40 阿里商人的博客首页

（1）注册博客。填写用户名、密码、笔名、联系方式等信息。

注意：用户名和笔名是商友辨别的主要标识，一旦注册成功将不能修改。为体现它们的营销价值，其命名最好遵循以下原则：简单明了、容易记忆；与产品、公司相关,能够体现商业价值。

(2) 登录博客。进入博客管理,设置博客信息和个性定制

博客信息主要是博客头像、博客描述,体现在博客左上角,相当于公司介绍,客户能够一目了然地认识公司;从网页构成原理而言,体现在 Meta 部分,便于搜索引擎检索发现。如图 3-41 所示。

图 3-41 阿里博客著名站点:鞋业时尚第一博

个性定制主要设定公司背景、色彩、标题图片,体现公司特点。尤其是标题图片,设置好了很能突出营销价值。

二、eBay 成功的会员制营销

现在几乎所有的大型电子商务网站都采取了网络会员制营销模式。亚马逊早在 1996 年 7 月就成功开始了网络会员制营销,eBay 的网络联盟开始于 2000 年 4 月,当时是与 ClickTrade 网站(http://www.clicktrade.com)合作开展的会员制营销与第三方解决方案,后来又与第三方网络会员制营销方案提供商 Commission Junction 进行合作。现在 eBay 是美国五大广告主之一,他们也非常重视发展自己的网络会员制联盟体系,因为联盟会员网站会为自己带来大量访问量和销售额。

eBay 的网络联盟高级经理在接受美国市场调研公司 MarketingSherpa 独家专访时对 eBay 成功实施网络会员制的经验进行了一些总结。eBay 的网络会员制营销成功经验要点包括:招募和管理最佳网络联盟经理;制定合理的广告投放规范;基于最佳转化类型改进佣金制度;针对全球各地的不同情况制定相应的市场拓展策略。图 3-42 所示为 eBay 的首页。

图 3-42　eBay 的首页

1. 招募管理最佳网络联盟经理

eBay 拥有五个全职的管理网络联盟的经理，负责美国 eBay 的网络会员制联盟，他们各自的职责如下。

(1) 与较大的 100 家联盟网站发展个人关系，如 Earthlink 等，他们经常在工作以外的时间进行私人接触，尤其在贸易展会等重要场合。

(2) 对部分细分行业的联盟会员网站进行不断改进和跟踪以获得改进会员制体系的新思路，将会员联盟制度提升到一个新的水平。

(3) 与技术开发团队一起工作，保证系统正常运作，完成系统升级，解决技术故障，并研究开发会员制系统的新工具、新应用。

(4) 面向所有联盟会员每月发送一次会员通信邮件。

(5) 鼓励新老会员发掘那些被 eBay 忽略的细分商品类目。如果 eBay 发现哪些特殊细分领域有很成功的联盟网站，他们会积极跟进。

2. 广告投放的限制与规范

eBay 对于联盟会员如何促销没有任何限制。不过 eBay 对使用 eBay 商标进行搜索引擎营销制定了一些规范。eBay 还积极推行反垃圾邮件法案。

eBay 会员制之所以赢得广大联盟会员的支持，原因在于它高质量的广告源输出系统。调查显示，17.78% 提供网络联盟的网站不会经常更新他们的广告输出源。但 eBay 是少数几家经常更新广告数据源并且广告源很容易整合到联盟网站的商家之一。他们采取的措施包括以下几方面。

(1) 开放系统 API。eBay 意识到人们可能首先通过搜索引擎作为购物入口而不是直接进入 eBay 平台进行购物，因此对开放数据持一种开放态度。联盟网站可以进入 API，因此几乎所有的 eBay 信息包括价格都能及时发布到联盟网站上。

（2）提供 API 编辑工具包。会员可以将它嵌入到自己的网站并以目录的形式体现，会员可以定制自己网站的商品目录。

（3）AdContext 产品可以根据会员网站上的不同内容展示相应的 eBay 广告。

3. 改进佣金制度

eBay 团队开发了一套等级佣金制度。一般会员制等级佣金是基于总收入提成，而 eBay 是基于最佳转化类型进行提成。这就鼓励联盟网站针对最佳转化类型来优化他们提供的商品和内容，以吸引更多高质量转化类型用户。这种特殊的佣金等级层次包括以下方面。

（1）最新注册用户。

（2）某段时间内实施了购买或销售的最新注册用户。

（3）基于交易量的等级。

4. 全球拓展经验

eBay 在全球都拥有网站联盟会员。其全球化市场拓展措施包括如下方面。

（1）从不使用翻译软件来翻译广告或站点内容，而是寻找本地专业人士进行本土化翻译。

（2）在每个国家都鼓励当地的顶级会员网站将业务拓展到其他国家。比如德国的联盟网站可能将业务拓展到美国，而很多美国的联盟站点都向全世界拓展。

（3）灵活的佣金政策。在一些新开发的市场上，eBay 为了发展更多注册用户而采取注册获取佣金的政策，而在一些更加成熟的市场上，eBay 采用交易后提取佣金的政策。

（4）管理集中与放权。eBay 授权每个国家的本地化团队管理当地的会员联盟，eBay 总部每个月召开远程电话会议，半年进行一次小组见面会议。

三、成功案例展示：PayPal 的许可 E-mail 营销

世界最大的在线安全支付系统 Paypal 的电子邮件营销可以用来做 E-mail 营销的经典案例，原因如下。图 3-43 所示为 Paypal 的 E-mail 营销页面。

（1）邮件中的每一个部分，从标题、定位到吸引用户购买都是紧紧围绕着优惠来展开。标题："2 weeks free plus $10 cash back from Blockbuster Online and PayPal"。

特点：最短的话概括了最多的信息，包括了优惠额度、优惠方式、优惠期限。

（2）Call To Action（用户刺激文案）包含了具体的收件人姓名，强调了时间限制和只有 PayPal 用户才能享受到这样的优惠。

项目三 网络营销工具与方法的使用

图 3-43 PayPal 的 E-mail 营销页面

基本训练

一、简答题

（1）分析并讨论许可 E-mail 营销的优缺点。

（2）简述许可 E-mail 营销的操作流程并举例设计操作方案。

（3）简述许可 E-mail 的主题与内容设计技巧。

二、论述题

（1）为博客申请一个流量统计服务，试述流量统计对博客营销的意义。

（2）什么是病毒式营销？举例说明病毒式营销在互联网中是以怎样的形式传播的。

（3）看看百度竞价和百度火爆地带收费有什么差别，分组讨论。

（4）分组讨论淘宝、易趣网站如何评价商家的信誉，如何控制交易风险。两者有何差别？

（5）分组讨论什么是网络会员制营销？并搜集互联网上会员制营销的企业案例。

知识应用

（1）在百度里面查找"艺术培训学校"关键字，查看有多少家企业参与了竞价，有哪些企业参加了火爆地带，同时查看"艺术培训学校"关键字第一名的综合排名指数是多少？点开"咸阳中艺博雅艺术培训学校"的网站，查看网站被搜索引擎收录的网页数量，对比百度、Google、雅虎中收录数量有什么差异？中艺博雅首页，如图3-44所示。

图3-44　咸阳中艺博雅艺术培训学校网站主页 http：//www.zeboya.com/

（2）请为中艺博雅艺术培训学校设计一封暑假培训班的E-mail营销邮件，发送目标为潜在家长客户群体。主要内容包括以下信息，如图3-45所示。

图3-45　中艺博雅艺术培训学校培训班E-mail营销中的信息要求

（3）站在一个"艺术培训学校"经营者的角度建立阿里商人博客，从用户名、笔名的命名到博客文章发表，仔细体会如何做好博客营销。

（4）在博客里面添加一个阿里妈妈广告、在线聊天室，试分析聊天室对博客营销有什么帮助。

（5）到企博网（bokee.net）申请博客服务，应用其职业博客、企业博客、博客都、博客圈，并学会灵活使用其后台各项功能，分析它与阿里博客的差异。

（6）为"中艺博雅艺术培训学校"设计一个"免费贺卡"式的病毒式营销传播方案。

（7）尝试在淘宝网开设个人网络店铺。

①进行个人会员注册，进行支付宝注册。

②发布十件以上商品。

③装修店铺并进行日常经营与管理。

④利用免费推广方法进行淘宝店铺的推广。

（8）为"咸阳中艺博雅艺术培训学校"设计一个网络会员交流平台建设策划书（可借鉴新东方会员制平台的功能设置），并在小组讨论会上和大家分享自己的策划文案。

项目四　网络营销组合策略

任务描述

通过对下述案例进行分析，完成案例后面的相关任务。案例如下。

门企：网络营销要成功，四大法则要遵循

无论是针对产品的推广，还是针对企业、品牌的宣传，门都是适合网络营销的，这一点已经由一些门类企业的实际行动作了生动地回答。只不过这些门类企业还没有大规模、组合化地使用网络营销，或者是采用的手段还比较基础，没有进一步扩大战果。

对于如何确保门类网络营销真正地落地，切实地渗透到门类产品的市场推广、品牌传播、终端销售拉动等业务环节中去，行业专家认为，还需要如下条件。

一是门类网络营销策略体系与执行套路的完善。

在网络营销大家族里，品牌广告、关键词竞价、软文、网站等工具与策略已经比较成熟，但在两个方面还比较初级，一是论坛、博客、电子发行物、邮件、SNS等新工具的使用还不到位，营销价值还有待发现与挖掘；二是各种营销工具、各种营销策略的组合应用，各种媒体的组合投放，网络创意的设计等，都还需要指引。而这种策略体系与执行套路的完善，需要理论体系的建立与完善，首先要在思想上说服自己、说服客户，同时需要逐步落地到行业中去，在具体产品、品牌的推广中校正与改进策略体系与执行套路，从而走出一条成型的道路。

二是门类网络营销案例需要进一步发掘与创造。

网络营销的一个败笔在于，还没有哪家企业站出来旗帜鲜明地讲他们是通过某种网络营销手段把自己做到行业皆知、大众皆知的，也没见到有能够公开表示网络营销帮助自己实现了销售量增长200%的。也即网络营销还没有能够承担起一个企业核心的市场推广工作，这也难怪网络营销在落地时会遇到障碍。

这方面既需要门类企业中的新锐派能够大胆地走出第二步,也需要专业的营销机构,尤其是新营销公司拿出可行的办法,与客户一起来完成。

三是门类网络营销团队的建立,或从事门类等建材网络营销的专业机构走向成熟。

传统的肩负市场推广、品牌传播、招商加盟职责的部门,如果不做更新,已经不适应于网络营销策略的创意设计与实施。一些新的岗位与人员需要引入,比如设计师、程序员、撰稿人、发帖手、网络推手、网络策划人等。如果一个企业不停地扩员,补充更多人手,添设更多岗位,并不是一个最佳策略,最好是把可以外包的部分都转移到外部的专业机构中去。要营销别人,先营销自己;要帮别人创造知名度,首先要将自身的知名度做起来。

一方面,需要专业的营销机构把理论高度建立起来,站在客户需求的层面说服客户,与客户合作,把网络整合营销传播做起来,积累经验,找到导火线,引爆网络整合营销传播;另一方面,要横跨营销传播与互联网、媒体、广告、公关等多个领域,寻找黄金平衡点,组合成最佳力量。

四是门类厂商与营销经理人革新思路、扩大视野。

门类行业从业者需要与互联网、媒体、网络营销方面的从业者相互协调,多切磋,发现问题,找到办法,实现共鸣,产生合作。门类企业要敢于尝试,在原有营销策略框架里找不到突破点、找不到破局招数,那就跳出原有的套路,到新的天地里寻找新的手段,想出新的策略,站在新视野的高度、新思路的高度去做门类产品的市场推广与品牌传播。

(案例来源:百度)

通过对以上案例进行分析,然后完成以下任务。

(1) 讨论分析门类企业网站上应该摆放哪些门类不同的产品,应该如何组合搭配?

(2) 如何在网站上制定更有新意的定价方法?

(3) 如何通过网络建立通畅的销售渠道?

(4) 如何借助网络制定新颖的网络促销措施?

任务分析

将案例引入后,针对以上问题,组织学生浏览各类产品营销网站,了解这些网站上产品的设置情况、定价情况、订购流程、促销措施。通过浏览相关网站,组织分组讨论,探讨门类企业应该如何制定出合适的网络营销组合策略。本项目的任务就是学习、认识、掌握产品或服务网络营销组合的基本方法,完成本项目的学习后,应该达到以下的学习目标。

知识目标: 了解网络产品的基本特征及产品组合销售的方法;掌握利用网络

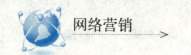

开发新产品的方法;熟悉各类定价方法;掌握网络促销的手段。

能力目标:学会在网站上正确摆放产品;能够针对某一产品或某类产品制定出吸引消费者的价格;学会如何在网上采购商品;能够制定网络促销方案。

概念点击

网络营销产品整体概念:在网络营销中,产品整体概念可分为五个层次。

(1) 核心利益层次。是指产品能够提供给消费者的基本效用或益处,是消费者真正想要购买的基本效用或益处。

(2) 有形产品层次。是产品在市场上出现时的具体物质形态。

(3) 期望产品层次。即购买者在购买产品时期望得到的与产品密切相关的一整套属性和条件。

(4) 延伸产品层次。是指由产品的生产者或经营者提供给购买者的,主要是帮助用户更好地使用核心利益的服务。在网络营销中,对于物质产品来说,延伸产品层次要注意提供满意的售后服务、送货、质量保证等。

(5) 潜在产品层次。是在延伸产品层次之外,由企业提供的能满足顾客潜在需求的产品层次,它主要是产品的一种增值服务。它与延伸产品的主要区别是顾客没有潜在产品层次仍然可以很好地使用顾客需要的产品的核心利益和服务。

网络分销渠道:具备实现产品或服务转移过程中的物流、资金流、信息流传递功能。消费者可浏览网上商品目录,比较、选择满意的商品或服务,在网上下订单,并通过网上付款或离线付款;卖方处理订单;最后送出商品,从而完成整个网上购物过程。

网络促销:指利用计算机及网络技术向虚拟市场传递有关商品和劳务的信息,以引发消费者需求,唤起购买欲望和促成购买行为的各种活动。

任务实施

首先,学习网络营销组合的基本知识,在此基础上浏览相关网站,学习其网络营销组合的各种方法,针对某一产品或服务尝试制定其网络营销组合措施,并形成一份规划报告。

任务一 网络营销产品策略

惠普、戴尔、联想产品多样化的在线营销组合方案分析

信息网络化的浪潮正在席卷全球,企业的生存竞争空间正逐步从传统市场转

向网络空间市场。以 Internet 为核心支撑的网络营销正在发展成为现代市场的主流。企业的营销方式也从传统的市场营销转向网络营销。而作为企业对其产品的商业化进行资源配置，在目标市场实现营销目标的一整套营销工具——网络营销组合策略则是网络营销中的关键性概念。计算机产品作为网络营销的必备工具，其本身的网络营销又是如何，有何特点？下文就对全球三大计算机产品制造商惠普、戴尔、联想计算机产品的网络营销作简要分析。

一、搜索引擎注册与排名

在百度搜索"电脑"关键词，惠普、戴尔均在首页，而无联想。搜索关键词"计算机"，戴尔在首页，而无惠普、联想。由此可见，在搜索引擎注册与排名方面戴尔做得最好、最全面，惠普其次，而国产第一大品牌联想在这方面则无所作为。

二、网络广告

因为计算机是比较专业的产品，所以选择国内比较专业的计算机综合类网站，如中关村在线、太平洋电脑、天极三家网站做比较分析。

在中关村在线首页：戴尔对其促销产品分别在首页的上部及中部做有横幅式画面广告，联想在页面上部做有文字广告及在边上做有小块的画面广告，惠普在页面上部做有文字广告。

在太平洋电脑首页：戴尔做有小幅画面广告，惠普做有小幅游动式广告，联想做有一些文字广告。

在天极首页：戴尔对其促销产品做有条幅画面广告，联想在页面中部有大条横幅画面广告，中间有对其产品的相关文字链接广告，惠普有多条文字广告。

从比较中可以看出，戴尔做的广告最多而且都基本是其产品的时时促销广告，这也与其直销模式中占很大一部分的网络直销相吻合；联想做的广告也相对比较多，与戴尔不同的是联想做的广告多是对其品牌、产品功能的推广与介绍；惠普是三家公司中网络广告最少的一家，多以一些文字广告为主。

三、公司主页分析

作为戴尔网络直销依附的平台，在戴尔公司中文网站首页上可以看到一个非常简洁的界面，除了公司介绍、技术支持和联系信息之外，最醒目的就是针对中国市场四类不同用户（家庭、小型企业、中型企业、大型企业）的产品目录简介和链接了，所有详细的产品介绍和在线订单处理程序都恰到好处安排在应该出现的地方。打开"小型企业"网页，可以看到主要内容是针对小型企业用户的产品目录和重点介绍。戴尔公司网站和一般的网上购物网站有所不同，与产品不相关的内容很少，也没有太复杂的网页设计，基本是针对相关产品的促销、订购和帮助信息。针对其他类别用户设计的网页从表现形式上来看和"小型企业"基本类似。从网站表面上看，像戴尔这样的网上直销型网站内容并不复杂，真正复杂的是网站背后的高效管理模式。网上支付、网上订货和网络售后服务是其最

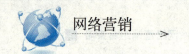

重要的三项功能。

网站应用模式特点分析如下。

戴尔中国：戴尔的电子商务应用模式集B2B、B2C和B2G为一体，即企业对企业、企业对消费者和企业对政府，具有更强的综合性。这是属于产品主导型的模式，以销售实体产品和核心技术为主。

惠普中国：惠普中国的首页把客户主要分为家庭及居家办公、中小企业在线、大型企业和图形艺术几类。网站主要以产品介绍为主，辅以信息发布，相关资源下载和售后服务等。与另两个网站相比，图形艺术及打印耗材是其突出特点和重点介绍的产品。

联想中国：联想的主页从上到下主要分为三大块，最上面主要是联想的企业标志及产品与购买、服务与支持、联想与奥运、关于联想、加入联想、网上商城和购物车。中间一块是大型的幻灯片广告。下面一块主要分为：选择适合你的产品、产品与购买、服务与支持、新闻四类信息，旁边还有奥运倒计时、Thinkpad和小幅广告。可以看出联想与奥运的结合是重点宣传的对象，另外从网上商城及购物车可以看出联想也在尝试网络销售。

从三家公司的部分比较可以看出，作为以直销为主的戴尔在网络营销组合方面是最全面的，在搜索引擎注册与排名、网络广告、个性化营销、网上商店等方面均比联想、惠普做得全面与完善。联想在搜索引擎注册与排名这块投入较少，在网络销售方面仍须加大力度向戴尔学习。惠普在网络营销方面特别是网络广告方面相比戴尔、联想较少，可能是由于本身知名度较高的缘故。从网络营销的特色方面来说，三家企业都有自己突出的重点，戴尔主要以产品优惠、网络直销、产品个性化定制为特色；联想则大打奥运牌，突出与奥运的联系；惠普则突出了自己在图形艺术、打印耗材方面的优势。

（资料来源 http：//www. bokee. net/dailymodule/blog_view. do？id＝119537）

从理论上讲，网络只是人们从事商务与社会活动的一种工具，在互联网上进行市场营销的产品可以是任何产品或者任何服务项目。但是，就像不同的产品适合采用不同的销售渠道一样，在市场实践中，不同产品的网络营销模式也不尽相同。这涉及市场环境的发育程度、商品用户的消费心理与消费习惯、产品的性质、科技含量，以及产品的目标市场与交易方式等方面的因素。

一、网络营销产品具有的特征

一般而言，目前适合在互联网上销售的产品通常具有以下特性。

（1）产品性质。由于网上用户在初期对技术有一定要求，用户上网大多与网络等技术相关，因此网上销售的产品最好是与高技术或与电脑、网络有关。一些信息类产品如图书等也比较适合网上销售。还有一些无形产品，如服务，也可以借助网络的作用实现远程销售，如远程医疗。

（2）产品质量。网络的虚拟性使得顾客可以突破时间和空间的限制实现远程购物和在网上直接订购，这使得网络购买者在购买前无法尝试或只能通过网络来尝试产品，所以产品质量一定要过关。

（3）产品式样。通过互联网在全世界国家和地区营销的产品要符合该国家或地区的风俗习惯、宗教信仰和教育水平。同时，由于网上消费者的个性化需求，网络营销产品的式样还必须满足购买者的个性化需求。

（4）产品品牌。在网络营销中，生产商与经营商的品牌同样重要，一方面要在网络浩如烟海的信息中获得浏览者的注意，必须拥有明确、醒目的品牌；另一方面由于网上购买者可以面对很多选择，同时网上的销售无法进行购物体验，因此，购买者对品牌比较关注。

（5）产品包装。作为通过互联网经营的针对全球市场的产品，其包装必须适合网络营销的要求。

（6）目标市场。网上市场是以网络用户为主要目标的市场，在网上销售的产品要覆盖到广大的地理范围。如果产品的目标市场比较狭窄，可以采用传统营销策略。

（7）产品价格。互联网作为信息传递工具，在发展初期采用共享和免费策略发展，网上用户比较认同网上产品的低廉特性。由于通过互联网络进行销售的成本低于其他渠道的产品，在网上销售产品一般采用低价位定价。

二、选择合适的网络营销产品及营销方式

（一）选择适合在网络上销售的产品的标准

（1）产品是否适合在网站上销售。例如卖摩托罗拉手机，产品销售的难度直接与网站的知名度挂钩。

（2）是否有实体运营。线下有实体店铺或者实体运营经验的公司比那些完全虚拟的网站更容易获得信任。

（3）产品是否容易标准化。书籍、IT产品等容易标准化，较适合在网络上销售。衡量产品标准化的流程越少，越容易比较和被客户理解，也越容易在网上销售。

（4）产品的质量问题。如果产品质量可以在网上得到基本确认，就可以让客人放心在网上下单（比如虚拟游戏点卡、杯子等容易让顾客确定其质量的产品），但是如果商品质量难以在网上比较和确定，那销售就比较困难了。

(5) 售后保障。如果售后承诺保修或者有实体设施作为售后保证,也会更加利于网上销售。

(6) 购买流程比较。如果线下购买非常复杂与网上购买形成鲜明对比的产品,可以促使客人在网络上下单。例如家装材料团购,线下跑遍装饰城也难以抉择,网上团购就节省精力多了。

(二) 不同产品的网络营销方式

网络自身的特性决定了在网络上销售的产品的特性。网络营销商品按其商品形态的不同,可以分为三大类:实体商品,软体商品和在线服务,其营销方式和销售品种有很大差别,如表4-1所示。

表4-1 适合网络营销的产品种类

商品形态	营销方式	销售品种
实体商品	在线浏览购物选择送货上门	日用品、工业品、农产品
软体商品	咨询提供	资料库检索、电子新闻、电子图书、电子报刊研究报、论文
	软件销售	电子游戏、套装软件
在线服务	情报服务	法律查询、医药咨询、股市行情分析、银行、金融咨询服务
	互动式服务	网络交友、电脑游戏、远程医疗、法律救助
	网络预约服务	航空、火车订票、餐馆预约、电影票、音乐会、体育赛事入场券、旅游预约服务、医院预约挂号

确定自己的网络营销产品及营销方式后,接下来的工作便是进行域名注册、开通网站、实施产品网络推广工作。进行网络营销工作时需要具体分析产品的特点,有针对地做网站优化,避免走弯路。另外,网络从业者要不断提高自己的工作水准,增加行业背景知识,真正为客户提供更多的附加价值。

三、网络营销新产品开发

网络时代,由于信息和知识的共享,科学技术扩散速度加快,企业的竞争从原来简单依靠产品的竞争转为拥有不断开发新产品能力的竞争。新产品开发是许多企业的市场取胜法宝。

（一）开辟网上对话区，建立网络营销数据库

网络营销新产品开发的首要前提是新产品构思和概念形成。新产品的构思可以有多种来源，可以是顾客、科学家、竞争者、公司销售人员、中间商和高层管理者，但最主要的来源还是依靠顾客来引导产品的构思。网络营销的一个最重要特性是与顾客的交互性，它通过信息技术和网络技术来记录、评价和控制营销活动来掌握市场需求情况。网络营销通过其网络数据库系统处理营销活动中的数据，并用来指导企业营销策略的制定和营销活动的开展。利用网络营销数据库，企业可以很快发现顾客的现实需求和潜在需求，从而形成产品构思。通过对数据库的分析，可以对产品构思进行筛选，并形成产品的概念。

（二）网络营销新产品研制

与过去新产品研制与试销不一样，顾客可以全程参加概念形成后的产品研制和开发工作。顾客参与新产品研制与开发不再是简单的被动接收测试和表达感受，而是主动参与和协助产品的研制开发工作。与此同时，与企业关联的供应商和经销商也可以直接参与新产品的研制与开发，因为在网络时代，企业之间的关系主流是合作，只有通过合作才可能增强企业竞争能力，才能在激烈的市场竞争中站稳脚跟。通过互联网，企业可以与供应商、经销商和顾客进行双向沟通和交流，可以最大限度提高新产品研制与开发速度。

借助于计算机技术与互联网，可以在虚拟原型设计环境下对产品与服务进行原型设计、测试。波音飞机公司采用虚拟原型技术在计算机上建立了波音777飞机的最终模型，整机设计、部件测试、整机装配及各种环境下的试飞都是在计算机上模拟进行的，这样使开发周期从过去的8年缩短到了5年，从而抓住了宝贵的市场先机。

（三）网络营销新产品试销与上市

网络市场作为新兴市场，消费群体一般具有很强的好奇心和消费领导性，比较愿意尝试新的产品。因此，通过网络营销来推动新产品试销与上市是比较好的策略和方式。但需注意的是，网上市场群体还有一定的局限性，目前的消费意向比较单一，所以并不是任何一种新产品都适合在网上试销和推广。一般对于与技术相关的新产品，在网上试销和推广效果比较理想，这种方式一方面可以比较有效地覆盖目标市场，另一方面可以利用网络与顾客直接进行沟通和交互，有利于顾客了解新产品的性能，还可以帮助企业对新产品进行改进。

将互联网作为新产品营销渠道时要注意新产品能满足顾客的个性化需求的特性，即同一产品能针对网上市场不同顾客需求生产出功能相同但又能满足个性需求的产品，这要求新产品在开发和设计时就要考虑到产品式样和顾客需求的差异

性。如戴尔电脑公司在推出电脑新产品时允许顾客根据自己的需要自行设计和挑选配件来组装自己满意的产品。戴尔公司可以通过互联网直接将顾客订单送给生产部门，生产部门根据个性化需求组装电脑。因此，网络营销产品的设计和开发要能体现产品的个性化特征，适合进行柔性化的大规模生产，否则再好概念的产品也很难在市场让消费者满意。

四、实施网络营销品牌策略

网上的信息就是企业的产品，对这个产品要进行品牌经营。网上的品牌经营要从两个方面考虑：一个是信息本身，包括产品（有形和无形产品）、服务和交互机制几个方面；另一个是视觉形象。两个方面集成在一起，形成的就是具有一定品牌效应的网上形象。塑造良好的品牌形象从域名命名开始。目前国内很多网站的域名只是公司名称的缩写，没有从品牌的角度来设计域名。如果网上推广的产品或服务在传统市场中已经拥有一定的知名度和品牌，那么在网络上就要对其进行有机的延伸。此时，仅仅从公司名称的缩写角度考虑问题显然是不够的。如果销售的是无形产品而且属于新创项目，就要为它起个新的名字。这个新的名字可以明确地标识公司的无形产品，也可以没有任何具体的含义，像雅虎之类，然后靠日常的经营来给这个名字赋予品牌的含义。

建立网络品牌和维护网络品牌，可以采取以下策略。

（一）先入为主策略

品牌知名度是网络品牌形成的基础，首先要快速提升网络品牌的知名度，使消费者即使并没有使用该产品或服务，在遇到要购买此类产品或服务时能第一时间在脑海中反映出该品牌。主要通过以下方式来实现。

1. 网站品牌策略

网站是电子商务的基础，是网络营销的主体。网络营销企业推出自己的品牌，有以下选择。

（1）利用传统广告媒介做广告，让浏览者知道自己的网站，从而顺利提高知名度。

（2）利用公共关系活动向浏览者传递网站信息。创造和利用新闻资源，参与各类型的社会活动来提升影响力，开展各项有意义的活动来提高美誉度。

（3）利用提供免费邮箱吸引浏览者前来注册、浏览，向浏览者推出企业网站品牌，同时能提高网站的点击率和使用率，并能获取消费者的基本资料，进行消费者研究。

（4）利用人员推销向市场的目标顾客推出企业的营销网站。

(5)利用特种营销手段向顾客推广企业网站,主要是指营业推广手段,即企业用来刺激早期需求或强烈的市场反应的各种短期性促销方式的总称。

2. 网页品牌战略

网页是进行网络营销的基础,浏览者搜索网络营销企业的网址时呈现在浏览者面前的是企业网页的内容。因此,正确的网页品牌策略是十分重要的。

3. 网页内容设计

用户只关心对他们有用的内容,有了这些内容他们才会关注并留下,从而为网站创造更多的商业价值。没有发现这些内容,他们会悄悄地离开,正如他们悄悄地来。某种程度上网站只是内容的一个承载体,而需求解决的过程就是内容和使用者之间交互的过程。用户是谁?他们为了什么来这里?他们需要哪些内容?用什么样的方式呈现这些内容最合适?

从网站诞生的那一刻开始,对于要给用户提供什么样的内容,网站从业者们都在不停地分析、探索。而且几乎所有的网站设计者都很关注内容产生的过程。从直接复制传统媒体的内容到各种由用户产生内容的产品模式,这些内容产生过程的改进也正是让内容本身更符合用户需求的重要手段。与此同时,大家还在不断改进更加科学准确的技术算法,试图分析出用户对内容更深层次的喜好,为他们提供更加准确有效的内容。在关注内容本身的同时,更需要关注内容最终如何呈现出来。很多网站忽略了内容呈现的技巧,只是单纯的让"人和机器在对话"。这样过于冰冷、很不友好,导致用户对于内容的获取不准确、不完整,甚至出现了偏差。

(二) 打造信任策略

信任是消费者忠诚的基础,从绪论中知道网络用户对网络的信任度很高,但是网络购买却只占了网络用途的一小部分。因此,在进行网络品牌塑造的过程中,要积极投入培养网络消费者对网络的信任感。进行消费者信任的培养需要我们做到以下几个方面。

1. 提供完善的产品或服务资讯

全面、有效、真实的信息发布是网站赢得顾客的首要因素,先让消费者觉得有用,从而进行消费行为,把握住消费者的心理,第一步是吸引顾客。

2. 提供在线帮助和交流

在购买或浏览的过程中,如何消除消费者心中的逆向选择是网站实现交易的关键。由于消费者把在线购买看成是消费者一个人的事情,随意性很大,同时也增加了交易的不确定性。经营者要主动出击,提供在线交流和服务,如在线QQ、社区论坛,同时可以增加在线产品信息总汇,这样可以减少由于信息不对称而造成逆向选择加剧。

3. 售后服务要做到位

网络市场交易与实体交易不同之处是售后维护缺乏,同时也无法了解消费者

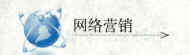

在使用产品后对产品以及网站的意见，无法进行持续的服务。因此经营者要注重消费者数据库的建立和维护，尤其是对已经产生购买行为的消费者的持续服务就显得至关重要了。可以通过建立数据库和社区服务中心，以及完善的物流系统来完善售后服务，实现使消费者重复购买的目的。

（三） 实施战略联盟策略

要实现网络品牌，网站除了依靠自己本身的软件与硬件条件之外也要充分利用已有的市场资源，提高自己的声誉。因此，经营者可根据自身状况选择合理的战略联盟，成功的例子有盛大与可口可乐，双方通过联盟壮大了自己的声势，也提高了自己的品牌价值。战略联盟有两个方面的内容：销售同盟和内容同盟。

1. 销售同盟

它是指双方通过两方的销售渠道进行联盟销售，扩大市场影响力和知名度，从而达到事半功倍的效果。进行联盟的双方可以是线下企业也可以是线上企业。双方可以利用各自的资源建立更强大的品牌效应。

2. 内容同盟

它是指双方在内容上进行合作宣传，如手机专业网站可以通过和专业的手机通信杂志进行内容上的合作，充分扩大自己的资讯内容，并且实现线下的广告宣传，提升自己的专业地位，从而赢得顾客的信任和支持。

（四） 声誉和市场反应策略

1. 声誉运用策略

声誉是网络品牌发展的根本。在线企业应该认清自己的"声誉链"，实施"声誉转移"和"品牌延伸"的策略，利用租赁信誉和联合品牌等办法来提高和建立企业的声誉。通过"声誉策略"来实现网络品牌，需要充分利用网络技术优势。在网络中可以如下开展一些活动。

（1）在线免费产品的提供，利用捆绑式销售，提供有价值的销售策略来吸引顾客。

（2）注意力转移，即发布能吸引消费者的信息和广告。

（3）租赁信誉，即借助别人的平台来发展自己的声誉。

（4）网页设计技术，设计符合自己网站特色的网页，增强印象。

（5）联合品牌，这是目前网络运用最多的手段，通过联合可以节约资源和发布更多的信息，从而增强自己网站的实力和推广平台。

2. 市场反应策略

经营者除了运用策略来达到实现良好声誉的目的外，还需要对声誉进行维护和保持。因此就需要经营者对市场的突变情况保持快速、敏锐的反应能力。它要求经营者要做到以下几点。

(1) 行动要早，要迅速。现在电子商务比创新，但是更比速度，速度是网络市场成功的关键。因此要实行某项活动或投资时，要快速、及时作出决策。好产品或服务的推出更能吸引消费者的眼球，刺激消费者的感知。

(2) 危机事件的快速反应。网络市场也时时存在着危机，市场诚信机制不完善更加剧了危机事件的产生，经营者要快速对事件进行反应处理，维护自己的品牌形象。

任务二　网络营销定价策略

在网络上有许多产品，特别是许多数字产品的价格定为零。例如，在美国，购买一本《时代周刊》杂志需花费 4 美元，但是读者进入它的网站"http://www.time.com"浏览相关内容时却是免费的。有许多网站专门为读者提供免费的服务，从免费电子邮件服务到免费的软件，可以说是包罗万象。免费价格策略的类型一般有四种：第一种是产品和服务完全免费，例如《人民日报》电子版网上浏览是完全免费的；第二种是对产品和服务限制免费，例如金山公司的 WPS2000 软件，可免费使用 99 次，若继续使用，需注册付款；第三种是产品和服务部分免费，例如有些网上杂志，只允许看其目录及个别文章，其他内容需付款后才能浏览，当然，产品和服务免费的这一部分是永久免费的；第四种是捆绑式免费，即购买产品或服务时，免费赠送其他产品和服务，例如在网上购买某商品，免费邮寄服务。

那么，如此多的免费服务和产品如何实现企业盈利呢？其实，当企业向用户提供免费服务和产品时，用户是需要用一些企业需要的东西作交换的，通常是消费者的个人信息。利用这种营销资源出售以换取利润，同时，企业可用此种方法来吸引用户使用产品和服务，先占领市场，从而在市场上获得收益。

(资料来源：中国论文下载中心)

定价是一把双刃剑，企业只有熟悉网络营销定价的过程及其影响因素才可能制定出科学合理的网络营销价格，企业的竞争力和赢利能力才能得到提升。为了形成科学的定价策略，可以按照下面的五个步骤进行。

一、确定定价目标

在选定了目标市场和进行了市场定位后，考虑产品或服务应该达到什么样的定价目标，定价目标要同整个经营和营销目标紧密联系起来。对于任何一家公司

而言，目标越清楚，制定价格就越容易。定价追求的目标主要有以下几点。

（1）生存。如果公司遇上生产力过剩或激烈竞争或要改变客户的需求时，此时要把维持生存作为其首要目标。为了保持工厂继续开工和存货能出手，必须制定一个较低的价格，只要价格能够弥补可变成本和一些固定成本，就能够维持住公司。

（2）最大当期利润。许多公司想制定一个能达到最大当期利润的价格。他们估计市场需求和成本，以此选择出一种价格，这个价格将能产生最大的当期利润、现金流量或投资报酬率。

（3）最高当期收入。公司将建立一个最高销售收入的价格，因为这将导致利润的最大化和市场份额的成长。

（4）最高销售成长。公司希望达到销售额最大增长。销售额越高，单位成本就越低，长期利润就越高。他们采用市场渗透定价策略，即认为市场对价格十分敏感，从而将价格定得很低。

（5）高价来"撇脂"市场。该种定价策略要求客户数量足以构成当前的需求，小批量生产的单位成本不至高到无法从交易中获得好处的程度，开始的高价未能吸引更多的竞争者，高价有助于树立优质产品的形象。

（6）产品质量领先。公司可以在市场上处于产品质量领先的地位。

二、确定价格范围

首先，确定收支平衡点在哪里，如表4-2所示，这是确定可接受范围的最低点及定价范围的下限。在获得利润之前至少得弥补日常花费，即所谓的收支平衡。公司可以根据销售预测和当前价格估算一下能否达到收支平衡点，或者能比平衡点高出多少。

表4-2 收支平衡分析

收支平衡公式：
$$BE = F/(S - V)$$
其中，BE：指按货币计的收支平衡销售额
    F：指按货币计的固定成本
    S：表示为100%的销售额
    V：指可变成本占销售额的百分比
假定 F = 10 000元，S = 100%，V = 50%，
则 BE = 10 000元/50% = 20 000元。
即直到销售额达到20 000元，才能做到收支平衡。

收支平衡分析指出收入与总成本相等之处。为了计算收支平衡点，从公司的最新收入报告中识别出每项成本或是固定成本或是可变成本，见表4-3。固定

成本与销售水平无关而可变成本随销售量而升降。大多数成本会打入固定或可变成本。

表4-3 成本分析

固定成本	可变成本
薪金	销售酬金
薪金税	销售税
津贴	装配产品的成本
公用事业费	包装
执照与各种行业收费	运输成本
保险费	差旅费
广告费	延时费
法律与会计服务费	呆账及延期付款
折旧与贬值	电话费
利息	邮资
维修与保养	

其次，目标利润是多少？假若在给定的预测销售量和可接受的价格下达不到利润目标，就要重新考虑战略或市场。此外，目标市场对产品或服务的感受如何？这包含着价格弹性及产品差异性等问题，它们决定了市场最终的承受价是多少，即定价范围的上限，如图4-1所示。

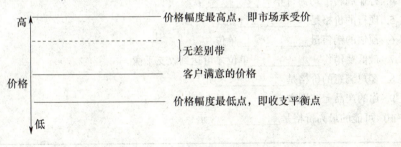

图4-1 价格范围

在上图中，客户满意的价格指客户赞同的价格，客户满意的价格并不是价格的上限。如果客户的价格敏感度不高，即使拟定的价格高于他们满意的价格，他们对此也不一定介意。了解客户满意的价格可以直接征求客户的意见，做各种调研，也可以分析一下市场当前的价格结构。这样做会大体知道客户对产品的不同定价将会做出何种反应，也可以知道把价格定得多高才不会引起客户反对，此时已大概确定了价格幅度的最高点。

只要价格幅度高于下限，定价就是成功的。表4-4可以帮助公司将有关的

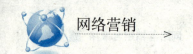

信息汇集起来,便于公司做定价决策。其中,库存周转速度可能会影响到获利能力,如果周转速度快,则可以允许制定较低的价格。

表 4-4 定价范围指南

产品或服务：_____
定价范围：_____
1. 价格底线
    (1) 出厂价占领售价的_____%。
    (2) 制造商的建议价格_____%。
    (3) 固定成本是_____元,可变成本是_____元。
    (4) 收支平衡点是_____元。
2. 对产品的价格需要特别考虑的是
    □ 服务
    □ 声誉
    □ 竞争地位
    □ 质量
    □ 需求量
    □ 产品生命周期
    □ 竞争
    □ 市场渗透成本
    □ 其他
3. 周转速度为每年_____次
4. 行业周转平均为每年_____次
5. 现行的价格是_____元
6. 预估的销售量_____单位
7. 最低要销售_____单位才可达到收支平衡
8. 客户满意的价格是_____元
9. 你的产品无差别带有
10. 可能的最高价格是_____元

三、确定竞争性的定价策略

由于所有的定价战略都是竞争性的,所以竞争者的成本、价格和可能的价格是要考虑的主要因素。要将本公司产品或服务的成本和竞争者的成本进行比较以了解是否具有竞争优势。同时,竞争者产品的质量也是要了解的重点,与购买者进行交谈,看看他们如何评价竞争者的产品质量。定价中的竞价因素,如表4-5所示。

表 4-5　定价中的竞争因素分析

如果下列情况出现，考虑定价高于你的竞争对手。
1. 市场对价格变化不敏感
2. 你的市场主要由成长着的客户组成
3. 你的产品是已建成系统的整体部件
4. 你的地位、服务、声誉和市场的正面感受提高你的产品感受价值
5. 你的客户能很容易地把你的价格计入他们的销售价格中
6. 你的产品仅占客户总成本中很微小的比例

如果下列情况出现，考虑定价略低于你的竞争对手。
1. 你的市场对价格变动非常敏感
2. 你试图进入一个新市场
3. 你的客户需要重新定购或进行储存
4. 你的公司很小，低价也不会导致大的竞争者发起价格战
5. 你有办法降低成本使你可制定较低价格
6. 你还没有发挥全部生产力

在了解了竞争者的价格和产品的差异性之后，就可以利用它们作为制定自己价格的一个起点。那么，到底应把价格定得高于竞争者还是低于竞争者，这取决于本公司提供的利益和质量比竞争对手是好还是差。如果差或者基本相同，则价格就应降低，使产品看起来物美价廉；如果提供的利益多，则价格可以略高一点，以表明这一事实。但也不要定得太高，因为必须确保本公司的产品比竞争者的产品看起来更值这个价格。

四、考虑产品结构、储存成本和销售成本的影响

有时公司不得不创造一种产品结构以应付另外的竞争压力，而不是让产品保持老样子，即使有损失也得改过来。储存成本和销售成本对于任何公司来说都是一个很大的负担，而且会增加短期贷款需求。所以定价战略必须反映本公司的产品结构、储存成本和销售成本。

五、选择定价方法

每个行业有它最喜欢用的定价战略，参考这些战略因素对制定合适的价格非常有帮助，在制定定价策略时，需对表 4-6 中列出的问题给予真实的回答。在综合考虑了这些因素后，结合一定的定价策略即可制定出合适的价格，可供选择的定价策略有如下几种。

表4-6 定价清单

评估市场需求
（1）客户购买你的哪些产品或服务？
（2）哪种产品或服务即使在高价位仍有较大需求？
（3）某种产品或服务在一年中某段时间有较大需求？需求持续时间多长？
（4）你的客户期望一定的定价范围吗？
（5）在你的市场上价格与质量怎样权衡？
竞争
（1）你的竞争者的定价战略是什么？
（2）你基于一种平均总盈余的定价与你的竞争者是否一致？
（3）你的销售策略同你的竞争者相比是定高价、低价还是相同价格？为什么？
（4）竞争者对你的定价做何反应？
定价与市场份额
（1）你当前市场份额有多大？
（2）你的市场份额目标是多大？是想增加还是维持现状？
（3）价格变化将会对你的市场份额有什么影响？
（4）你的生产能力与你的市场份额目标是否相适应？
战略
（1）你已经确定了的定价怎样影响你的销售额或销售目标？
（2）定价怎么帮助你得到新公司？
（3）你检查过定价战略对你市场的作用吗？
（4）你的定价战略同总体的经济区相吻合吗？
策略
（1）你的产品或服务性质怎样影响它的价格？
（2）你的分配方法怎样影响价格？
（3）你的促销策略影响价格吗？

1. **低价定价策略**

（1）直接低价定价策略。直接低价定价策略就是定价时大多采用成本加一定利润，有的甚至是零利润。这种定价在公开价格时就比同类产品要低。它一般是制造业企业在网上进行直销时采用的定价方式。

（2）折扣定价策略。另外一种低价定价策略是折扣策略，它是以在原价基础上进行折扣来定价的。这种定价方式可以让顾客直接了解产品的降价幅度以促进顾客的购买。这类价格策略主要用于一些网上店铺，它通过对购买产品按照市面上流行价格进行折扣定价。

（3）促销定价策略。如果企业是为拓展网上市场，但产品价格又不具有竞争优势时，则可以采用网上促销定价策略。由于网上的消费者层面广泛而且具有很大购买能力，许多企业为打开网上销售局面和推广新产品而采用临时促销定价策略。促销定价除了前面提到的折扣策略外,比较常用的是有奖销售和附带赠品销售。

2. 定制生产定价策略

定制定价策略是在企业能实行定制生产的基础上利用网络技术和辅助设计软件帮助消费者选择配置,或者自行设计能满足需求的个性化产品,同时承担自己愿意付出的价格成本。

在戴尔公司专门针对中国市场设计的可进行定制定购的主页中,用户可以了解所有型号产品的基本配置和基本功能。如果用户对配置还不满意,想增加功能或者提高产品性能,比如想将硬盘从6.4GB扩充到13.6GB的容量,订货时只需要在图中右下角的方框中打上钩,然后在页面上方的框内显示出当前配置的电脑价格。通过这些对电脑配件的选择,消费者可以根据实际需要和能承担的价格配置出自己最满意的产品,使消费者能够一次性买到自己中意的产品。在配置电脑的同时,消费者也相应选择了自己认为合适的价格产品,因此对产品价格有比较透明的认识,增加了企业在消费者面前的信誉度。如图4-2所示。

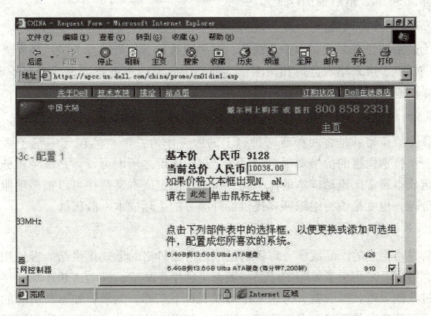

图4-2 戴尔公司专门针对中国市场设计的可进行定制定购的主页

3. 使用定价策略

所谓使用定价策略,就是顾客通过互联网注册后可以直接使用某公司产品,顾客只需要根据使用次数进行付费,而不需要将产品完全购买。这一方面减少了企业为完全出售产品进行不必要的大量生产和包装浪费,同时还可以吸引过去那些有顾虑的顾客使用产品,扩大市场份额。顾客每次只是根据使用次数付款,减

少了购买产品、安装产品、处置产品的麻烦,还可以节省不必要的开销。如微软公司计划在 2000 年将其产品 Office2000 放置到网站,用户通过互联网注册使用,按使用次数付钱。采用按使用次数定价,一般要考虑产品是否适合通过互联网传输,是否可以实现远程调用。目前比较适合的产品有软件、音乐、电影等产品。

4. 拍卖竞价策略

网上拍卖竞价方式有下面几种。

(1) 竞价拍卖。最大量的是 C2C 的交易,包括二手货、收藏品,也可是普通商品以拍卖方式进行出售,HP 公司也将公司的一些库存积压产品放到网上拍卖。

(2) 竞价拍买。是竞价拍卖的反向过程,消费者提出一个价格范围求购某一商品,由商家出价,出价可以是公开的或隐蔽的,消费者将与出价最低或最接近的商家成交。

(3) 集体议价。集合竞价模式,是一种由消费者集体议价的交易方式。如在雅宝的拍卖竞价网站上,500 多个网民联合起来集体竞价,《没完没了》电影票价原价 30 元,最后他们以 5 元购得。

5. 折扣定价策略

为鼓励消费者多购买本企业商品,可采用数量折扣策略;为鼓励消费者按期或提前付款,可采用现金折扣策略;为鼓励中间商淡季进货或消费者淡季购买,也可采用季节折扣策略等。

6. 捆绑式定价

该定价策略就是将两种或两种以上的服务作为一个整体包(一揽子服务),给予一个特别优惠的价格卖给组织顾客。打包定价之所以可行,是因为服务组织的固定成本通常比流动成本的比率高,而一项固定成本又往往可以被多项服务业务所分摊,也就是说为组织顾客提供额外服务的边际成本一般很低。

7. 免费价格策略

就是将企业的产品或服务以零价格或近乎零价格的形式提供给顾客使用,满足顾客需求。采用免费策略的产品一般都是利用产品成长推动占领市场,帮助企业通过其他渠道获取收益,为未来市场发展打下基础。但是,并不是所有的产品都适合于免费定价策略。受企业成本影响,如果产品开发成功后只需要通过简单复制就可以实现无限制的生产,使免费商品的边际成本趋近于零或通过海量的用户使其沉没成本摊薄,这就是最适合免费定价策略的产品。免费价格常见的形式有如下几种。

(1) 完全免费。即产品(服务)在购买、使用和售后服务等所有环节都实行免费服务,如美国在线公司在成立之初,在商业展览会场、杂志封面、广告邮件甚至飞机上,都提供免费的美国在线软件,连续 5 年后,吸收到 100 万名用户。

（2）限制免费。即产品（服务）可以被有限次使用，超过一定期限或者次数后取消这种免费服务。

（3）部分免费。指对产品整体的某一部分或服务全过程的某一环节的消费享受免费。如一些著名研究公司的网站公布部分研究成果，如果要获取全部成果必须付款；免费播放一些电影或 VCD 片断，而要想观看全部内容则需要付费。

（4）捆绑式免费。即在购买某产品或者服务时可以享受免费赠送的其他产品和服务的待遇。如国内的一些 ISP 为了吸引接入用户推出了上网免费送 PC 的市场活动。实际上，从另一面来看，这种商业模型就相当于分期付款买 PC 附赠上网账号的传统营销模式。

任务三　网络营销渠道策略

凡客诚品的二合一网络渠道策略

凡客诚品成立不到一年，但是每天接到的订单高达 6000 多单，每天的服装销售更是高达 1.5 万件，2008 年销售额接近 5 亿。目前在新浪、腾讯、网易、搜狐等各大网站及迅雷等网络常用工具资讯条上处处可见凡客诚品的销售踪影，其接触点之多超乎想象。如果这些接触点全部需要支付广告费，那一定是一笔庞大的开支。凡客真的需要支付这么多的广告费？他们的网络销售又是怎么开展的呢？

在传统的营销传播环境下，品牌营销传播活动仅仅作为 4P 营销组合中的一个环节，因此品牌消费行为的达成还受到渠道、价格、包装、促销等多重因素的影响。而通过运用网络平台能实现品牌传播和销售渠道的完美整合。网络平台在 4C 营销组合中的消费者（Consumer）、成本（Cost）、便利（Convenience）和沟通（Communication）四个环节全面发力。通过网络平台不仅能有效降低营销传播成本，而且便于消费者卷入品牌互动，实现消费者与品牌之间的沟通及达成品牌购买行为。

今天我们来看看网络渠道部分。渠道的作用就在于产品的接触和产品销售。如果只有接触而没有销售就是广告，广告效果会因为时间延迟而不能及时转化。如果能做到完整接触并且及时销售，这就是一条完美的渠道。按照这个标准，传统渠道中的电视直销起到了这样的作用，问题的关键在于电视时间长度的限制、高昂的费用、过高的折扣率使得能利用电视广告的企业非常有限。

凡客诚品的负责人陈年说："凡客注重互联网上的推广，在网络投放的广告占所有广告投放的 60% 以上。"同时，凡客诚品利用网络的展示、接触和直接销售能力，实现了超过 PPG 的销售。陈年说："发展到目前的规模，凡客诚品在广告方面的投入不及 PPG 的十分之一，互联网推广以最佳的性价比让凡客诚品取

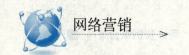

胜，PPG 有 95% 的销售来自平面广告，这些平面媒体的店租太贵，而凡客是一家 24 小时不打烊的商店，店租很便宜"。

更重要的是，广告的"卖点明确、制作精美"抓住了消费者的眼球，让其产品销售与品牌同步得到提升，如有一款制作清新自然的翻卷广告，符合了夏季服装季节特性。隐藏在凡客诚品网络营销深层次的推广策略则是"以 ROI 为核心"，即广告与销售投入产出比要合理。假如巨额广告投入没有得到应有的销售收入回报，凡客诚品就会沦为第二个"PPG"。PPG 花费了巨额的广告费，作为一家电子商务网站却过多地依靠高昂的平面媒体推广，广告并没有带来应有的销售收入，最终因广告资金链断裂而失败。因此电子商务网站的网络广告推广，必须要坚持以"广告与销售投入产出比（ROI）"为基本评估标准。

凡客诚品在多家网络广告联盟上投放 CPS 广告，CPS 是指按销售提成的广告费用，许多个人站长在网站上投放了他们的广告。成立自己的网站联盟，让广大站长和店长加入，根据销售额进行提成费用，这个形式也是属于 CPS。在媒体选择上不仅注重带来的流量，更要注重广告与销售的投入产出比。凡客发展出一套以 ROI 为考核标准，对门户、社区、CPS 联盟等实行优胜劣汰，量身定制出一套完全符合凡客的整体营销策略，保证了凡客诚品平稳快速成长。而且用销售的回报来支付广告的投入，这种方式在网络的平台上把产品的输出和广告完美的结合起来，把每一家网站的接触点都作为自己的渠道去看待，这就是凡客成功之道，也是我们所要借鉴的借助于网络进行渠道建设非常有用的经验。

（资料来源：和讯网）

一、认识网络营销渠道

（一）网络营销渠道组成

完整的网络分销系统应该包括三个部分：网络前台系统、网络后台系统和外部接口系统。

1. 网络前台系统

网络前台系统是指消费者通过网络浏览器可以直接看到的部分，包括如下几方面。

（1）会员注册。网站提供会员注册功能，可收集消费者的个人信息以便向其提供有针对性的商品及服务信息；会员制方式也被网站用来作为促销的手段，购物时给会员一定比例的优惠，如当当网上书店就根据会员购物的经历将会员分成普通会员、黄金会员和白金会员，每个级别的会员享受不同比例的商品折扣。图 4-3 所示为淘宝会员注册页面。

项目四　网络营销组合策略

图4-3　淘宝网会员注册

（2）购物区。购物区是网上出售商品的核心区域，一般按商品类别分成不同的区域。当当网上书店的商品分成图书、VCD、DVD、音碟、游戏、软件等主要大类。在购物区采购的一个主要工具就是"购物车"，消费者可以随时把满意的产品放到里面，消费者可以在"购物车"里修改商品的数量或删除不想要的商品。图4-4所示为当当网的首页。

图4-4　当当网首页

···153

（3）收银台。该功能为消费者提供了付款的方便。目前支持的付款方式一般有货到付款、邮局汇款、银行电汇、支票汇款、网上付款。提供在线支付业务的银行有招商银行、工商银行和建设银行等。如图4-5所示。

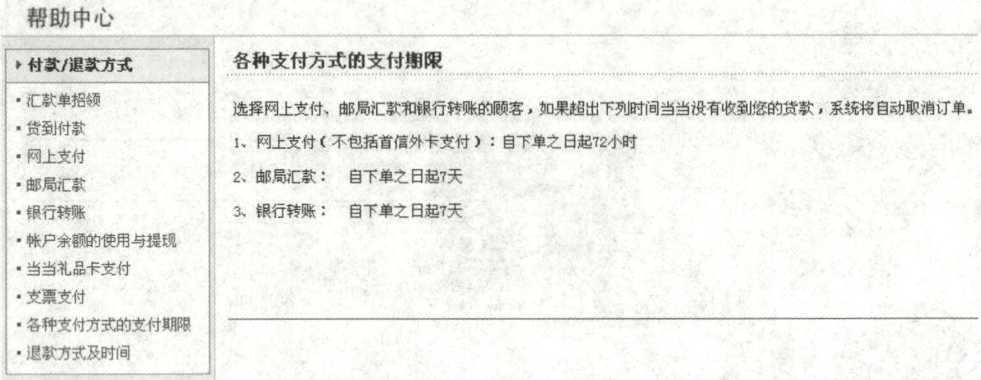

图4-5 各种支付方式

（4）下订单。消费者填写个人联系信息，如姓名、地址、邮编、电话后，提交订单，并产生一个订单号，供购物者查询。如图4-6所示。

图4-6 下订单

（5）送货方式。消费者可供选择的方式有送货上门，但这种方式往往集中在一些大城市或中心城市；对大件或量大的物品采购可使用公路、铁路运输等方式。

2. 网络后台系统

网络后台系统是指消费者通过网络浏览器不能直接看到的部分，包括：客户管理、网站维护、订单处理、款项查寻、库存管理、售后服务等内容。可使用一些信息管理系统，如客户关系管理，但更多是使用一些中间产品做二次开发，从而可做到与 Web 的集成，如 BEA 公司的 WebLogic Platform 平台。

3. 外部接口系统

外部接口系统是指在线分销方、消费者之外的独立的第三方，包括网络安全认证中心提供的 CA 接口，用于提供安全性保证及身份确认；银行提供的支付网关接口，用于满足在线支付的需要；物流企业提供的物流配送服务，用于实现分销过程的物流配送。

这三个系统是一个有机的整体，可以实现分销渠道的商流、信息流、物流、资金流等功能。消费者通过网络前台的登录注册、购物区购物、提交订单、网上支付、选择送货方式等操作，不但传递了信息、支付了货款，也同时实现了商品所有权的转移。企业的后台管理系统在消费者购物的过程中自动回应，向消费者反馈信息，接受订单、资金，并销售产品。同时消费者与企业在这一交互过程中第三方的参与必不可少，银行的参与使网上支付成为可能，CA 认证机构保证了网上交易的安全性和可信赖性，而物流配送，如企业自身的配送部门、邮局、快递公司、运输企业则促使商品实体的转移，即最终将商品送到消费者手中，实现分销渠道的物流功能。

（二）网络营销渠道分类

网络营销渠道可以分为两大类。

一类是通过互联网实现的从生产者到消费（使用）者的网络直接营销渠道（简称网上直销）。这时传统中间商的职能发生了改变，由过去环节的中间力量变成为直销渠道提供服务的中介机构，如提供货物运输配送服务的专业配送公司、提供货款网上结算服务的网上银行及提供产品信息发布和网站建设的 ISP 和电子商务服务商。网上直销渠道的建立使得生产者和最终消费者实现直接连接和沟通。

另一类是通过融入互联网技术后的中间商机构提供网络间接营销渠道。传统中间商由于融合了互联网技术而大大提高了中间商的交易效率、专门化程度和规模经济效益。同时，新兴的中间商也对传统中间商产生了冲击，如美国零售业巨头 Wal-Mart 为抵抗互联网对其零售市场的侵占，在 2000 年 1 月开始在互联网上开设网上店铺。基于互联网的新型网络间接营销渠道与传统间接分销渠道有着很大不同，传统间接分销渠道可能有多个中间环节，如一级批发商、二级批发商、零售商，而网络间接营销渠道只需要一个中间环节。

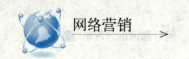

二、进货渠道设计

在确定了经营商品范围之后,就要去寻找物美价廉的货源,当然网上开店因为手续简单,也可以随时根据自己发现的货源情况确定经营方向。网上开店,大致可以从以下几个渠道找到货源。

1. 批发市场进货

这是最常见的进货渠道,如果你的小店是经营服装,那么可以去周围一些大型的服装批发市场进货,在批发市场进货需要有强大的议价能力,力争将批发价压到最低。同时要与批发商建立好关系,在调换货的问题上要与批发商说清楚,以免日后起纠纷。

2. 厂家进货

厂家进货也是一个常见的渠道,去厂家进货可以拿到更低的进货价,但是一次进货金额通常会比较高,增加了经营风险。经营网店,最好认识在厂家工作的朋友或者自己直接就是在厂家工作的,这样进货就没有任何问题了。

3. 关注外贸产品或 OEM 产品

目前许多工厂在外贸订单之外有剩余产品,或者有为一些知名品牌的贴牌生产之外的剩余产品,这就成为了一个有力的进货渠道。

4. 买入库存积压或清仓处理产品

因为急于处理,这类商品价格通常是极低的,如果你有足够的砍价能力,可以用一个极低的价格"吃下",然后转到网上销售,利用网上销售的优势及地域或时空差价获得足够利润。所以,要经常去市场上转转,密切关注市场变化。

网上开店,进货是一个很重要的环节。不管是通过何种渠道寻找货源,低廉的价格是关键因素,找到了物美价廉的货源,网上店铺就有了成功的基石。

三、订货系统设计

网上企业在设计订单时要尽可能地减少顾客的劳动,尽可能地方便、易于操作。主要应该考虑以下几方面。

1. 设计方便操作的订单页面

注册界面的问题要简单明了,不要让消费者填写太多信息。另外,最好采用现在流行的"购物车"(Shopping Cart)方式模拟超市,让消费者边看边选择商品,在购物结束后一次性结算。为了使顾客更详细地了解商品,可以设置产品页面链接以便向顾客导航详细信息。

2. 明确告知顾客交货时间和范围

产品页面上不仅提供产品性能及使用方面的信息，而且给出产品的价格、库存总订货量和交货时间等相关信息，一般能够链接到公司的数据库上，可以随时查看货物库存情况。

3. 订货系统应提供商品分类查找功能

此功能便于使消费者在最短的时间内找到所需要的商品，同时，订货系统还要提供如性能、外观、品牌等重要信息。如图4－7所示。

图4－7 在淘宝商城购买canon相机

4. 能够提供给顾客自主选择的货物运输方式

通过物流信息系统向顾客提供相关货物运费、税收等信息，并在网上设置一个专门的免费电话方便顾客随时咨询。

5. 订单管理中特别注意客户机密的安全

为了取信于顾客，必须采取维护客户机密的措施，如要公布，需请求，经准许后再公布客户信息，而且也只能把数据发布给合理使用的第三方。

四、结算方式设计

在设计选择结算方式时，应考虑到目前实际发展的状况，应尽量提供多种方式方便消费者选择。同时还要考虑网上结算的安全性，将不安全的直接结算方式换成间接的安全方式，如8848网站将其信用卡号和账号公开，消费者可以通过信用卡终端自行转账，避免了网上输入账号和密码导致信息泄露。

1. 网上支付系统

网上支付系统包括四个主要部分：①电子钱包（e-Wallet），负责客户端数据处理，包括客户开户信息、货币信息及购买交易的历史记录；②电子通道（e-Pos），这里主要指从客户端电子钱包到收款银行网关之间的交易部分，包括商家业务操作处理（负责商家与客户的交流及订购信息的发出）、银行业务操作处理（负责把交易信息直接发给银行）、来往信息的保密；③电子银行（e-Bank），这里的电子银行不是完整意义上的电子银行，而是在网上交易过程中完成银行业务的银行网关，包括接受转账卡、信用卡、电子现金、微电子支付等支付方式；保护银行内部主机系统；实现银行内部统计管理功能；④认证机构（Certificate Authority），负责对网上商家、客户、收款银行和发卡银行进行身份证明，以保证交易的合法性。

网上支付系统是一个系统工程，它需要银行、商家、消费者和信息技术企业的共同参与，系统中缺少任何一个环节都无法正常运行。由于网上商店面对的是千千万万的个体消费者，要将这些消费者纳入电子支付系统是比较困难的，一方面它要求个体消费者必须有良好的信用，另一方面消费者对网上支付的隐私安全存在顾虑。

2. 网上支付方式

网上支付是指电子交易的当事人包括消费者、厂商和金融机构，使用安全电子支付手段通过网络进行的货币支付或资金流转，主要有三类。一类是电子货币类，如电子现金、电子钱包等。其中，电子现金是一种以数据形式流通的货币，它把现金数值转换成一系列加密数据序列，通过这些序列数来表示现实中各种交易金额的币值。用户在开展现金业务的银行设立账户并在账户内存钱就可以使用电子现金进行购物。另一类是电子信用卡类，包括智能卡、借记卡、电话卡等。其中，智能卡在卡片内安装了嵌入式微型控制芯片，可以存储数据，卡上的价值受个人识别码（PIN）保护，只有用户能够访问。在电子商务交易中，智能卡的应用类似于实际交易过程，网上交易时通过发卡银行完成。还有一类是电子支票类，如电子支票、电子汇款（EFT）、电子划款等。其中，电子支票借鉴纸张支票的转移支付，利用数字传递将钱款从一个账户转移到另一个账户。电子支票的支付是在商户与银行相连的网络上以密文的方式传递的，多数使用公用关键字加密签名或个人身份证号码（PIN）代替手写签名。

3. 网上支付的安全控制

在网上商店进行网上购物时，消费者面对的是虚拟商店，对产品的了解只能通过网上介绍完成，交易时消费者需要将个人重要信息，如信用卡号、密码和个人身份信息通过网络传送。由于因特网的开放性，网上信息存在被非法截取和非法利用的可能，存在一定的安全隐患。同时，在购买时消费者将个人身份信息传送给商家，有时这些隐私信息会被商家非法利用，因此网上交易还存在个人隐私被侵犯的危险。

随着技术的发展和网上交易的规范，现在出台了一系列的网上交易安全规范，如 SET 协议，它通过加密技术和个人数字签字技术保证交易过程信息传递的安全合法，可以有效防止信息被第三方非法截取和利用。为防止个人隐私受到侵犯，避免交易中泄露个人身份信息，而出现了电子现金。这是一种有效的匿名电子支付手段，它的原理很简单，就是用银行加密签字后的序列数字作为现金符号，这种电子现金使用时无须消费者签名，因此在交易过程中消费者的个人身份信息可以不被泄露，从而保护了个人隐私。

五、建立完善的配送系统

完善的配送系统，既要注重运货也要重视库存和订单跟踪。

1. 网上运货

当客户在网上完成订货（包括下订单、付款等手续），企业只是完成了网上交易的一部分工作，另外的工作就是把商品递送给客户。这是网络营销的关键。从货物运送的形式来看，有两种情况。一是对于那些可以直接在网络上传送的产品，如软件、图像、咨询服务等，可以通过网络直接发送给顾客；二是对于不可用网络传送的实体性商品必须要采用传统的送货方式，公司与网络商务中心根据订单客户的地区范围及时准确地将产品递送到客户手中。对于开展网上直销的生产企业而言，可以有两种途径管理和控制物流。

一种是利用自己的力量建设自己的物流系统，如 IBM 公司的"蓝色快车"，它拥有自己的"e 物流"。在物流方面充足的准备，靠的是严密的管理和组织，包括新的运作方法、新的经营观念。从货物的管理、货物的分发、货物的跟踪，"蓝色快车"有一套完整的信息系统，可以确定货物上的是第几次列车、什么时候可以到达这个城市、谁可以签收、是否签收等。

另一种方式是通过选择合作伙伴，利用专业的物流公司为网上直销提供物流服务，这是大多数企业的发展趋势。美国的戴尔电脑公司就与美国的联邦快递公司合作，利用联邦快递的物流系统为戴尔公司配送电脑给客户，戴尔公司只需将要配送电脑的客户地址和电脑的装备厂址通过互联网传输给联邦快递，联邦快递直接根据送货单将货物从生产地送到客户家里。作为专业的物流服务公司，联邦快递拥有自己最先进的 InterNetShip 物流管理系统，客户可以通过互联网直接送货、查货、收货。

2. 库存与订单追踪

为确保订单的按时兑现，及时处理可能出现的问题，必须做好库存跟踪和订

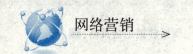

单跟踪两项主要的工作。

第一，库存跟踪。为避免当销售者收到大量的订单而库存不足导致这些订单无法兑现这种状况的发生，企业必须事先做好记录表，跟踪与分析库存的维护和管理。将数据库与站点直接连接，这样订单信息就可以不断地更新数据库，使数据库信息同步显示市场状况。该程序可以及时地检查库存水平、运行报表，并列出更新进货后已满足需求和仍未满足需求的商品及在必要时应补充或减少的库存货物。

第二，订单跟踪。为了确保订单能尽快得到处理和发货，最好的办法就是创建追踪订单信息的数据库，以便快速提供有关订单及其状态的信息。

任务四　网络促销策略

兴平市 2006 年农产品网络营销促销典型案例

一、网上辣椒分外红

2006 年 7 月 3 日，是一个不平常的日子，陕西省兴平市汤坊乡果菜脱水厂的副厂长彭海云登上了飞往马来西亚的航班。这个首次出国的辣椒经销商带上了新买的录像机，边走边拍。到达马来西亚后，他发现来自陕西省兴平市的辣椒在马来西亚的市场上销量非常好，很受消费者欢迎，每 500 克的售价在 4.5 马币。在吉隆坡街头，看着宽阔的街道，他感慨地对马来西亚的辣椒出入口商荣盛有限公司的许建源经理说："兴平辣椒能卖到马来西亚，这多亏了中国农业部的'一站通'，是它让我们网上相识、网上成交，今年的成交额就有 380 万元人民币。"

二、兴平大蒜出口韩国

2006 年 6 月 16 日下午，兴平市赵村镇小田村的村民正在忙着整理田中收获的大蒜，两位韩国客商的到来让这个关中小村充满着新奇气氛。陪同韩国客商考察的是兴平市雅虎酱菜厂的厂长何为，经过两天的考察，韩国客商在村民家中采取了大蒜样品和雅虎酱菜厂生产的盐渍蒜米样品。

一个星期后，韩国客商发来传真，要采购小田村的盐渍蒜米 200 吨，价格每吨达 4 500 元，成交额达 70 万元，直发韩国釜山和仁川。喜讯传来，村民奔走相告，这多亏了网络促销。原来兴平市雅虎酱菜厂内设了一个农村信息服务站，群众查询信息方便了。厂子设专人在农业部的"一站通"、省农业厅的网上展厅发布信息，终于引来了韩国客商，使兴平这一传统大蒜加工产业上了一个新的台阶，提高了兴平农产品的知名度和美誉度。

2007 年 6 月 25 日，兴平市农业信息中心通过查询中国大蒜网、山东农业信息网等网站，发现大蒜的市场价格呈逐步上扬的趋势。信息中心在报送主管领导审签后，立即将此信息编写成短信通过兴平联通和兴平移动发布给兴平市农产品保鲜贮藏协会的成员。成员得知这一信息后，增加了收购网点，收购数量稳步上升，使兴平的大蒜价格由上市初期的每斤0.8元上升到1.2元，为大蒜种植户增收1440万元。同时收购大蒜的成员也取得了可观的经济效益，达到了广大种植户与经营户成员的双赢。

三、兴平市正东村小蘑菇创出了大市场

自从兴平市农业信息中心把正东村年产蘑菇1万吨的信息在农业部网站"一站通"上发布后，咸阳新阳光蔬菜批发市场、西安人人乐超市、胡家庙蔬菜批发市场的销售商纷纷打电话订购蘑菇。每到下午3~5点，拉运蘑菇的车就接二连三来到了正东村，仅西安胡家庙蔬菜批发市场的订购量一天就达50吨。

四、网络促销使企业进入e时代

西安味巧食品有限公司的采购经理张小利在网上看到兴平盛产辣椒的信息后打电话到兴平农业信息中心核实，希望推荐厂家进行合作。兴平农业信息中心在第二天就与兴平市汤坊果菜脱水厂厂长彭武云一起把企业的营业执照等相关手续和辣椒样品送到西安。经过面对面的洽谈，双方达成合作意向，现供货额已达10余万元。

面对农业信息需求的复杂化趋势，兴平市农业信息中心及时调整思路，积极与锦丰集团、宝鸡建忠集团、顶新集团、三太子集团等知名企业联系，鼓励兴平企业参与招投标，终于使兴平市的辣椒、大蒜、面粉等成为食品加工企业的合格供应商。其中兴平市百富面粉有限责任公司为三太子集团供应面粉，成交额达240万元；兴平市宝航微生物工程有限责任公司为顶新集团供应辣椒酱、豆瓣酱，成交额达360万元，农业信息的综合应用产生了良好的经济效益和社会效益。

（资料来源：兴平市农林局农业信息中心）

如何实施网络促销，对于绝大多数企业来说都是一个新问题。网络促销人员必须深入了解产品信息在网络上的传播特点，分析自己产品信息的接收对象，确定合适的网络促销目标，制定切实可行的实施步骤，打开网络促销的新局面。根据国内外网络促销的大量实践经验进行总结，网络促销的实施过程包括以下六个步骤。

一、确定网络促销的对象

网络促销对象主要是那些可能在网上实施消费行为的潜在顾客群体。随着Internet的日益普及，这一群体也在不断壮大。他们主要包括三部分人员。

1. 产品的使用者

产品的使用者即实际使用或消费产品的人。实际的需求是这些人实施消费的直接动因。抓住了这一部分消费者，网上销售就有了稳定的市场。

2. 产品购买的决策者

产品购买的决策者即实际决定购买产品的人。多数情况下产品使用者和购买决策者是一致的，尤其在虚拟市场上更是如此。因为大部分的网上消费者都有独立的决策能力，也有一定的经济收入，但是也有许多产品的购买决策者与使用者相分离的情况，例如一位中学生在网上某个光盘站点发现了自己非常想要的游戏光盘，但购买决策往往需要他的父母做出。因此，网络促销也应把购买决策者放在重要的位置上。

3. 产品购买的影响者

产品购买的影响者即看法或建议上可以对最终购买决策产生一定影响的人。通常在低值、易耗的日用品购买决策上，这部分人的影响力较小，而在高档耐用消费品的购买决策上，他（她）们的影响力可能会起决定性的作用。这是因为对高价耐用品的购买，购买者往往比较谨慎，一般会在广泛征求意见的基础上再做决定。

二、设计网络促销的内容

网络促销的最终目标是希望引起购买，这是要通过设计具体的信息内容来实现的。做促销前一定要考虑我们为什么要做促销？促销的理由是什么？促销的目标是什么？促销目标是对行动的召唤，是可以从购买者那里得到的立即反应，每一种促销手段都会在客户心中产生一种特定的反应，但并不是所有的促销手段都可以创造销售。

首先，产品品牌成熟度对促销工具的选择有很大影响，比如新品上市，在大多数消费者对该品牌根本没形成价格概念的时候选择特价的促销形式纯粹是自杀行为，而采取现场演示等方式效果就很好。

其次，选择促销工具时应当考虑消费者心理。根据对产品的使用的不同，我们对消费者进行几种分类：忠诚品牌使用者、竞争性品牌忠诚者、游离者、价格敏感的消费者、非使用者，如对于忠诚品牌使用者可以考虑以会员制方式向消费者进行促销，对于竞争性品牌忠诚者可以以客户体验的方式（试用、品尝等）进行影响，对游离者类型的顾客我们可以采取提高消费者注目度的促销方式等。

再次，产品的生命周期的不同阶段，促销工具的选择也不同。在新产品刚刚投入市场的阶段，消费者对该产品还非常陌生，促销活动的内容应侧重于宣传产品的特点以引起消费者的注意。当产品在市场上已有了一定的影响力即进入了成长期阶段，促销活动的内容则应偏重于唤起消费者的购买欲望，同时还需要创造品牌的知名度。当产品进入成熟阶段后，市场竞争变得十分激烈，促销的内容除了针对产品本身的宣传外还需要对企业形象做大量的宣传工作，树立消费者对企业产品的信心。当产品进入饱和期及衰退期时，促销活动的重点在于密切与消费者之间的感情沟通，通过各种让利促销延长产品的生命周期。

最后，产品的定位。产品定位为低溢价产品还是高溢价产品同样影响促销组合的选择。产品定位的不同决定着不同层次的消费群，同样促销组合也相应地改变。低溢价产品多采取全面渗透的方式进行促销，高溢价产品则采取"高举高打"的战术。

三、决定网络促销的组合方式

网络营销的形式也有四种，分别是网络广告、销售促进、站点推广和关系营销，其中网络广告和站点推广是网络营销促销的主要形式。但由于每个企业的产品种类、销售对象不同，促销方法与产品、销售对象之间将会产生多种网络促销的组合方式。通常的日用消费品，如食品饮料、化妆品、医药制品、家用电器等，网络广告促销效果比较好，而计算机、专用及大型机电产品等采用站点推广的方法比较有效。在产品的成长期应侧重于网络广告促销，宣传产品的新性能、新特点。在产品的成熟期和饱和期则应加强自身站点的建设，树立企业形象，巩固已有市场。当前，主要的促销方式如表4-7所示。

表4-7 促销方法展示

广告	销售促进	公关宣传	站点推广
报刊、广播、电视广告	销售竞赛	记者招待会	搜索引擎注册
包装广告	奖金和礼品	演讲	建立链接
直接邮寄	样品试用试尝	年度报告	发送电子邮件
产品目录	交易会与商品展览会	慈善捐款	发布新闻
电影广告	商品特架陈列	制造新闻	提供免费服务
家庭杂志	表演性展示会	公司知名度推广活动	发布网络广告
小册子	价格优待	网络实时互动营销和服务	使用传统促销媒介
海报和传单	回扣	网络直销营销	
说明单	延期付额		
广告单行本	招待会		
售点广告（POP）	以旧换新折扣		
路牌广告	附赠品积分票		
售货现场陈列	编配商品		
视听材料	咨询		
标志与标语			

···163

网络营销

四、制定网络促销的预算方案

网络促销实施过程中,企业感到最困难的是预算方案的制订。在 Internet 上,促销对于任何人来说都是一个新问题。所有的价格、条件都需要在实践中不断学习、比较和体会,不断地总结经验。只有这样,才可能用有限的精力和有限的资金收到尽可能好的效果,做到事半功倍。

首先,需要确定开展网上促销活动的方式。网络促销活动的开展可以是在企业自己的网站上进行,其费用最低,但因知名度的原因,其覆盖范围可能有限。因此,可以借助一些信息服务商进行,但不同的信息服务商的价格差距可能很大悬殊。所以,企业应当认真比较投放站点的服务质量和价格,从中筛选适合本企业促销活动开展、价格匹配的服务站点。

其次,要确定网络促销的目标。是树立企业形象、宣传产品,还是宣传服务?围绕这些目标来策划投放内容的多少,包括文案的数量、图形的多少、色彩的复杂程度;投放时间的长短、频率和密度;广告宣传的位置、内容更换的周期及效果检测的方法等。这些细节确定了,对整体的投资数额就有了预算的依据,与信息服务商谈判就有了一定的把握。

最后,要确定希望影响的是哪个群体。不同网站的服务对象有较大的差别,有的网站侧重于消费者,有的侧重于学术界,有的侧重于青少年。一般来说,侧重于学术交流的网站其服务费用较低,专门的商务网站的服务费用较高,而那些搜索引擎之类的综合性网站费用最高。在使用语言上,纯中文的费用较低,同时使用中英两种语言的费用较高。

五、评价网络促销的效果

网络促销实施到一定阶段,应对已执行的促销内容进行评价,看实际效果是否达到了预期的促销目标。对促销效果的评价主要从两个方面进行。一方面,要充分利用 Internet 上的统计软件,对开展促销活动以来站点或网页的访问人数、点击次数、千人印象成本等数字进行统计。通过这些数据,促销者可以看出自己的优势与不足及与其他促销者的差距,从而及时对促销活动的好坏作出基本的判断。另一方面,评价要建立在对实际效果全面调查分析的基础上。通过调查市场占有率的变化情况、销售量的变化情况、利润的增减情况、促销成本的升降情况,判断促销决策是否正确。同时还应注意促销对象、促销内容、促销组合等方面与促销目标的因果关系的分析,从中对整个促销工作作出正确的判断。

六、注重网络促销过程的综合管理

网络促销是一项崭新的事业,要在这个领域中取得成功,科学的管理起着极为重要的作用。在对网络促销效果正确评价的基础上,对偏离预期促销目标的活动进行调整是保证促销取得最佳效果必不可少的一环。同时,在促销实施过程中,加强各方面的信息沟通、协调与综合管理也是提高企业促销效果所必需的。

知识拓展

新手开网店如何装修店铺

据有关部门统计,中国网购市场超过 2 500 亿,网商突破 6 300 万,充分说明了中国电子商务的快速发展,开网店已经成为越来越多的年轻人就业的选择方向。虽然网购市场巨大,但是竞争也非常激烈,现在在网上出售东西,客户决定是否购买在很大程度上首先是靠视觉判断的。因为在网上购物客户不能像在真的实体店购物一样可以亲眼看到、亲手摸到这个商品,所以网商除了选择好货源外,网店装修非常关键。

上过淘宝网的人都知道,除了质量和网店的信誉以外,网店的装修也是一个关键问题。有特色的页面装饰总是会吸引买家的眼球,从而增加点击率和销售量,有的甚至直接影响卖家冲钻的速度。记者访问了几家皇冠级别的网店,所有的卖家都建议一定要把店铺装修好。商品图片要漂亮,这样客户到网店里来就会有一个非常感性的认识,觉得是好东西。如果进到网店里面给人的第一感觉很简陋,肯定会没有几个人想买。

相信大多数的网店店主都为网店的装修花费了不少精力,在网上也有专门为别人装修网店的店铺,很多店主为了装修网店也在毫不吝啬地花钱。但是网店装修是否真的迎合了用户的体验呢?实际上,网店装修也是有所讲究的。

网店的装修,其实也就是用一些专业的美工软件,如 Photoshop 和 Flash 动画制作软件,再加上几段 Html 语言代码,也没什么技巧可言,只要自己稍微懂一点,也不必去花大价钱请别人装修了。网上的素材跟代码一大堆,比如鱼摆摆网店装修网(www.yubaibai.com.cn)就是一个淘宝网店装修的素材、模板、代码的资源网站。网站提供装修淘宝店铺的各种丰富免费的资源及网店装修的一些实用小工具(收藏代码在线生成、背景音乐代码在线生成等)。该网站还有一个最大的好处就是不需要注册会员即可享受免费下载服务并且可以长期使用,是淘宝网店及电子商务人士实用的网店装修资源、装修工具网站,我们只需要直接调用就可以了。

(资料来源:IT世界)

基本训练

一、简答题

（1）在网络环境中，企业如何实施新产品的开发策略？

（2）请上网找出几个可提供技术转让的国内外新产品资料（包括产品名称、功能、市场前景、开发或生产的手段、技术条件及转让或合作生产的条件、费用等，越详尽越好）。

（3）网上市场中产品的基本定价依据是什么？

二、论述题

（1）简述网络促销的流程。

知识应用

（1）请在网上找出几个可以发布商业广告的商务网站、邮件组或新闻组，了解它们的有关使用方法和条件并帮助某个企业在这些地方发布几条免费广告。

（2）请以你的个人网站或者你身边的某一商业性质的企业网站为例，分析该网站的网络营销策略组合实施的情况并作出简要的评价，提出改进意见。

项目五　网络广告设计与策划

任务描述

通过对松下手机案例进行分析,完成案例后面的相关任务。案例如下。
松下手机广告页面,如图5-1所示。

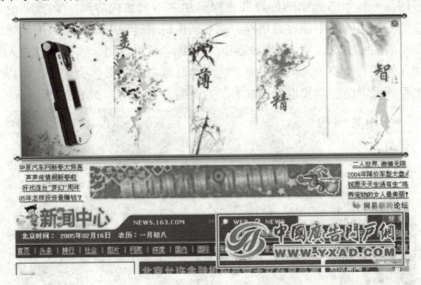

图5-1　松下手机网络广告页面

本广告运用富媒体 Eyeblaster 广告技术,设计上采用产品网站的设计元素和色调,沿用了中国画的水墨风格,以画轴为载体,用画轴展开表现内容,充分体现了 Push Down Banner 广告形式的特点,视觉冲击力比较强。

首先用画轴的关闭引发想象,引发人的好奇心。当用户鼠标划过时,画轴展开,水墨梅花朵朵绽放、飘落,带出幽雅精致的意境,出现文案"美薄精智"和品牌 Logo,但是并没有出现任何产品,这样避免了商业化推销对浏览者生硬打扰而产生的反感心理。

之后,鼠标触发 Banner 产生突然的画面展开,给浏览者一个豁然开朗的感觉。大片留白处出现梅花图案，然后才发现是手机上的面板图案，产品这时出现，既在情理之中，又出乎意料，使得水墨梅花和新机型在物理和心理上连接并融为一体。左方出现的最能体现本机特点的手机右侧面产品图及整幅出现的中国画的竹子、山水，点出该产品主推的文案"美薄精智"四个字。以此引发浏览者的好奇心想去点击广告，了解产品网站里产品相关的信息。

通过对以上松下手机网络广告案例进行分析，完成以下任务。

(1) 讨论分析网络广告有哪些主要形式和特点？
(2) 网络广告具有哪些优势与劣势？
(3) 网络广告与传统广告有什么区别？

任务分析

将案例引入后，进行分组讨论，通过分析，可看出在纷繁多样的营销模式、"营销组合拳"的影响下，网络广告作为网络营销的又一"杀手锏"，赢得了越来越多的商家和业内人士的好评和青睐。加之本项目内容除了侧重理论学习之外，更侧重于实际动手能力的培养，故在理论讲解过程中结合咸阳中艺博雅艺术培训学校的实际情况，使同学们做到边学边练、学以致用。该学校以成人播音主持、少儿阅读写作、少儿模特表演、艺术类高考考前培训、少儿播音主持影视表演为主要授课方向。学校也设计发布了自己的官方网站，如图 5-2 所示。

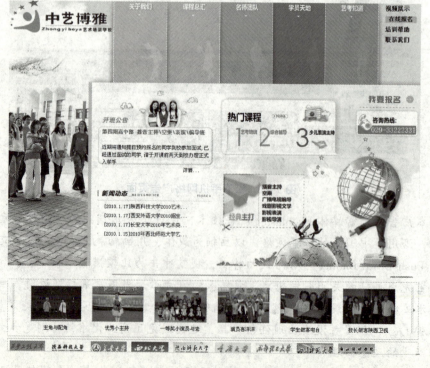

图 5-2 中艺博雅学校官方网络

通过学习本部分内容，为这所学校策划、设计一则或多则以招生宣传为主的网络广告，选择在合适的网络媒体平台发布，随后监测评估其效果。通过对上述任务的介绍、描述和分析，学生应掌握的知识目标和能力目标有如下几方面。

知识目标：①理解网络广告的概念和起源，了解网络广告的特点及其主要形式，使学生在思想上对本项目有整体、初步的认识，在此基础上对任务描述中咸阳中艺博雅艺术培训学校网站首页中的网络广告作进一步地认识；②学习并主动完成网络广告的相关调研工作，使学生对网络广告对营销的作用、意义、关系等有更深层次的理解，结合任务从网站和产品两个角度对咸阳中艺博雅艺术培训学校的招生宣传网络广告作分析研究，得出其适合的网络广告发布类型、可选择的媒体等相关结论；③学习并掌握网络广告策划与设计中涵盖的知识点，先从网络广告的策划过程谈起，具体到网络广告策划的原则、网络广告创意的原则、方法及案例解析、学习并掌握网络广告的制作要素与工具及常见的网络广告的制作流程，结合任务为咸阳中艺博雅培训学校策划并设计一款或多款招生宣传网络广告；④学习并掌握网络广告发布与效果评估的相关内容，其中需重点掌握网络广告发布形式的比较和选择及网络广告发布渠道的比较和选择。在具体应用方面着重掌握网络广告的投放媒体选择及选择网络广告媒体的主要步骤，结合任务为设计好的招生宣传网络广告选择网络媒体平台进行发布并评估其效果。

能力目标：①能够识别网络广告和掌握基本概念，并能从营销的角度对其进行分析；②锻炼学生的网络广告营销技能，在分析企业成功案例的基础上能针对性地提出创意；③了解网络广告从制作到发布的基本操作流程，建议学生制作简单网络广告，并在自己的网络空间中尝试发布。

概念点击

网络广告：指在因特网站点上发布的以数字代码为载体的经营性广告。简单地说，网络广告就是在网络上做的广告。利用网站上的广告横幅、文本链接、多媒体的方法在互联网刊登或发布广告，通过网络传递到互联网用户的一种高科技广告运作方式。

网幅广告：是以 GIF、JPG、Flash 等格式建立的图像文件，大多定位在网页中用来表现广告内容，同时还可使用 Java 等语言使其产生交互，用 Shockwave 等插件工具增强表现力。

文本链接广告：是以一排文字作为一个网络广告，点击文字可以进入相应的广告页面。这是一种对浏览者干扰最少，但却较有效果的网络广告形式。

插播式广告：即弹出式广告，访客在请求登录网页时强制插入一个广告页面

或弹出广告窗口。

Rich Media：是指使用浏览器插件或其他脚本语言、Java 语言等编写的具有复杂视觉效果和交互功能的网络广告。

电子邮件广告：是指通过互联网将广告发到用户电子邮箱的网络广告形式。

任务实施

任务一 认识网络广告

一、了解网络广告概况

网络广告可以分为广义和狭义两种，广义的网络广告指企业在互联网上发布的一切信息。包括企业的互联网域名、网站、网页等。狭义的网络广告一般指建立一个含广告内容的 WWW 节点，目前多为标题广告，用户通过点击这一含超链接的标题，将被带至广告主的 WWW 节点。

（一）网络广告的起源

追本溯源，网络广告发源于美国。1994 年 10 月 14 日，美国著名的《Wired》杂志推出了网络版 Hotwired，其主页上开始有 AT&T 等 14 位客户的广告 Banner，这是互联网广告里程碑式的一个标志。

中国的第一个商业性的网络广告出现在 1997 年 3 月，传播网站是 Chinabyte，广告表现形式为 468×60 像素的动画旗帜广告。Intel 和 IBM 是国内最早在互联网上投放广告的广告主。我国网络广告一直到 1999 年初才稍有规模。历经多年的发展，网络广告行业经过数次洗礼已经慢慢走向成熟。

（二）网络广告的发展

与传统的四大传播媒体（报纸、杂志、电视、广播）广告及近来备受垂青的户外广告相比，网络广告具有得天独厚的优势，是实施现代营销媒体战略的重要部分。Internet 是一个全新的广告媒体，速度最快、效果很理想，是中小企业发展壮大的良好途径，对于广泛开展国际业务的公司来说更是如此。图 5-3 为 2001-2006 年主要行业的网络广告费用的支出，可以看出呈明显上升的趋势，可见网络广告这一新兴事物已经受到了来自各方的关注。

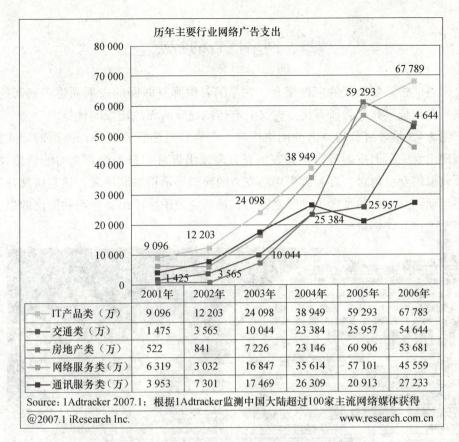

图 5-3 2001-2006 年主要行业网络广告支出

目前网络广告市场正在以惊人的速度增长，网络广告发挥的效用越来越重要，以致广告界甚至认为互联网络将超越路牌成为传统四大媒体（电视、广播、报纸、杂志）之后的第五大媒体。因而众多国际级的广告公司都成立了专门的"网络媒体分部"，以开拓网络广告的巨大市场。图 5-4 为网络广告与传统媒体的类比。

	到达率	准确性	创意执行品质	资讯量	受众细分	反馈时效性	可评估性
Internet	★★★★	★★★★★	★★★★	★★★★	★★★★★	★★★★★	★★★★★
TV	★★★★	★★★	★★★★	★★★	★	★	★★★★★
Newspaper	★★★★	★★★	★★	★★★★	★★	★★★	★★★
Magazine	★★	★★★	★★★	★★★	★★★	★★	★★
Radio	★★	★★	★	★★	★	★★★	★★
DM	★★	★★★★	★★★	★★★	★★★★	★★★★	★★★★

图 5-4 网络广告与传统媒体的类比

二、网络广告的特点

网络广告是新生代的广告媒介，它是随着国际互联网的发展而逐步兴起的，它既具有传统媒介广告所有优点，又具有传统媒介所无法比拟的优势。

图5-5是吉百利巧克力的网络广告。广告自页面打开开始以撕页的形式慢慢展现出女主角俏皮的身影，其表情充分表现出吉百利鲜牛奶巧克力的诱惑性。撕页效果将女主角对吉百利鲜牛奶巧克力的渴望展示得淋漓尽致，比直接展现广告更生动；女主角的身影也是呼之欲出，被巧克力诱惑而出；牛奶的溢出效果明显暗示了产品含奶量丰富。

图5-5 吉百利巧克力的网络广告

又如咸阳中艺博雅艺术培训学校的网站里的招生网络广告。键入 http：//www.zeboya.com/，即进入了该学校的官方网站。在首页的右边会看到如图5-6所示的三幅滚动播出的网络招生广告，可以说这是该学校首页当中最为醒目也最具代表性的网络广告了。通过滚动播出的 Flash 版本的网络广告，我们不但能第一时间了解到该学校提供的培训科目、热门课程还有咨询热线，并且通过人物图片的变换为求知的学生们描绘了清新、健康的学习氛围及美好光明的前途。

图 5-6　咸阳中艺博雅学校官网上的网络广告

通过以上两则案例的引入，不难看出电子网络广告主要有以下特点。

（一）传播对象面广

网络广告对象是与互联网相连的所有计算机终端客户，通过互联网将产品、服务等信息传送到世界各地，其世界性广告覆盖范围是其他广告媒介望尘莫及的。

（二）表现手段丰富多彩

网络广告凭借集文字介绍、声音、影像、图像、颜色、音乐等于一体的丰富表现手段吸引受众。网络广告制作成本低、时效长，其高科技形象将使越来越多的工商企业选择网络广告作为重要国际广告媒体之一。

（三）内容种类繁多，信息面广

大到飞机小到口香糖均可上网做广告，庞大的互联网网络广告能够容纳难以计量的内容和信息，它的广告信息面之广、量之大是报纸、电视无法比拟的。随着我国计算机的普及和发展，越来越多的国内工商企业和个人在国际互联网上建立站点或主页打出广告，推销自己、推销产品，使网络广告信息量激增。据报道，仅在求职方面，欧洲现在每天约有 400 万人上网查看招聘信息和在网上发布自己的求职信息。1998 年网上招聘的广告费用为 1.05 亿美元，2003 年网上招聘广告费用达到 17.4 亿美元。

（四）多对多的传播过程

报纸广告基本是一对一的传播过程，电视传媒则是一对多，而互联网上的广告则是多对多的传播过程。之所以这样，是因为在互联网上有众多的信息提供者和信息接受者，他们既在互联网上发布广告信息也从网上获取自己所需产品和服务的广告信息。

（五）具有互动性

所谓网络广告的互动性是指工商企业或个人将广告信息内容准备好放置于站点上，所有网络用户都可以通过上网及时查看获取广告信息，即人－机－人模式。例如一家公司通过网络广告将公司产品信息传播给世界各地的互联网计算机终端客户，当受众之一的个人收到该信息后如对该公司的产品产生了兴趣，便会开始在网上交互查找该产品信息以期获得更多的有关信息。进一步而言，此人可通过电子邮件、网络电话、网络传真等向该公司询问各类相关问题，得到满意答复后，可通过电子商务手段实现商品购买。由于信息时代信息播出和查询功能的空前提高，商业企业所拥有的无形资产不是拥有多少客户，而是客户和营销人员之间的高度信任。利用网络广告，可将产品信息在被生产的同时，就可同步传递到用户网中，等于在同一时间对无数受众做了广告宣传，如山东省的许多乡镇企业将自己的农、副、土、特加工品在互联网上发布广告后，获得了国外大量订单，开拓了国际市场，为国家赢得了外汇，而这在过去几乎是不可能的。

三、网络广告的主要形式

（一）网幅广告（包含 Banner、Button、通栏、竖边、巨幅等）

如图 5－7 所示，网幅广告是以 GIF、JPG、Flash 等格式建立的图像文件，定位在网页中大多用来表现广告内容，同时还可使用 Java 等语言使其产生交互性，用 Shockwave 等插件工具增强表现力。

图 5－7　网幅广告

（二） 文本链接广告

文本链接广告是以一排文字作为一个广告，点击文字可以进入相应的广告页面，如图5-8所示。这是一种对浏览者干扰最少，但却较有效果的网络广告形式。有时候最简单的广告形式效果却最好。

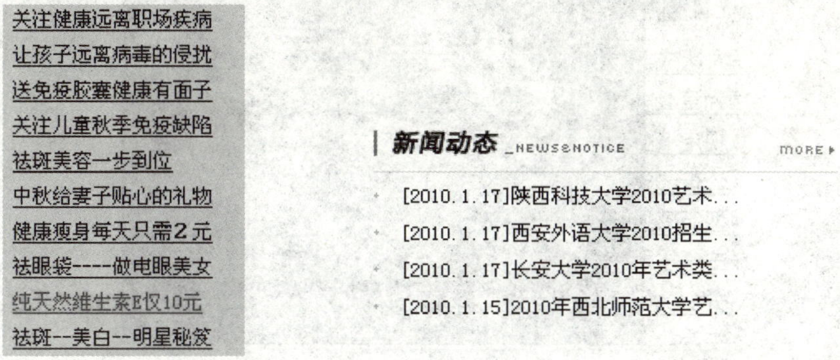

图5-8 文本链接广告

（三） 电子邮件广告

电子邮件广告具有针对性强、费用低廉的特点，且广告内容不受限制。它可以针对具体某一个人发送特定的广告，为其他网上广告方式所不及。

（四） 赞助

赞助式广告多种多样，比起传统的广告，能给予广告主更多的选择。

（五） 与内容相结合的广告

广告与内容的结合可以说是赞助式广告的一种，从表面上看它们更像网页上的内容而并非广告。在传统的印刷媒体上，这类广告都会有明显的标示指出这是广告，而在网页上通常没有清楚的界限。

（六） 插播式广告 （弹出式广告）

插播式广告（弹出式广告）即为访客在请求登录网页时强制插入一个广告页面或弹出广告窗口，如图5-9所示。它们有点类似电视广告，都是打断正常节目播放，强迫观看。插播式广告有各种尺寸，有全屏也有小窗口的，而且互动的程度也不同，从静态的到全部动态的都有。浏览者可以通过关闭窗口不看广告（电视广告是无法做到的），但是它们的出现没有任何征兆，而且肯定会被浏览者看到。

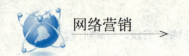

图 5-9 插播式广告

(七) Rich Media

一般指使用浏览器插件或其他脚本语言、Java 语言等编写的具有复杂视觉效果和交互功能的网络广告。这些效果的使用是否有效,一方面取决于站点的服务器设置,另一方面取决于访问者浏览器是否能查看。一般来说,Rich Media 能表现更多、更精彩的广告内容。

(八) 其他新型广告

包括视频广告、路演广告、巨幅连播广告、翻页广告、祝贺广告等。

任务二 网络广告的调研方法

在这一任务中,分两方面来介绍调研方法。目的是使同学们在已熟知网络广告概念的基础上,通过各大网站深入了解网络广告的实际营销意义。

一、从网站的角度分析

从网站角度分析,一般情况下,网络广告的调研步骤如下。

（一）搜集信息

调研、收集、整理中国十大门户网站里出现的所有网络广告（仅首页中出现的）。

（二）进行分析对比，写出总结报告

比如，在新浪网的首页当中共出现了多少则网络广告，其中按类别的分类情况如何，即服装类多少则、食品类多少则等，从营销学的角度，在数据分析的基础上写出总结报告。

（三）得出结论，并深入研究

得出各大门户网站首页中网络广告分布情况并可在此基础上就各自感兴趣的方面进一步研究探索。

下面提供中国十大门户网站供调研参考。

(1) 新浪网 http：//www.sina.com.cn
(2) 搜狐 http：//www.sohu.com
(3) 网易 http：//www.163.com
(4) 263在线 http：//www.263.com
(5) 雅虎中国 http：//cn.yahoo.com
(6) TOM.COM http：//www.163.net
(7) 21CN.COM http：//www.21cn.com
(8) 中华网 http：//www.china.com
(9) ChinaRen http：//www.chinaren.com
(10) 天极 Yesky http：//www.yesky.com

二、从产品的角度分析

从产品的角度分析，一般情况下，网络广告的调研分析步骤如下。

（一）搜集、归纳、整理、统计

通过指定一些特定商品，如化妆品、服装、食品、房产、数码产品、保健品等，可就感兴趣的方面选择1、2种，调研单一产品在网站（可以是综合类网站、论坛、个性类网站，但必须为合法网站）中出现的类型。比如选取化妆品为调研目标，可以选取网易和搜狐两大综合类商业网站及爱丽女性网、YOKA时尚网这两大个性类网站，将以上四大网站中关于化妆品的网络广告按出现的类型进行统计，即视频类出现了多少则、横幅类多少则、文字链接类多少则等。

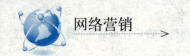

(二) 分析、总结

从营销学的角度分析其产品特性与调研网站之间及所选择发布的类型之间的关系，当然也可衍射分析其他感兴趣的问题。

在分别从上述两个角度进行网络广告调研分析后，引入咸阳中艺博雅培训学校的"招生宣传"这一特定目的网络广告的分析，可参考如"新东方培训学校""西安环球雅思学校"等较成功的培训机构网站招生宣传类网络广告的成功经验，从网站和产品两个角度对咸阳中艺博雅培训学校的"招生宣传"这类网络广告作分析研究，得出与其相适合的网络广告发布类型、可选择的媒体等相关结论。

任务三　网络广告策划与设计

一、网络广告的策划过程

网络媒体的特点决定了网络广告策划的特定要求，如网络的高度互动性使网络广告不再只是单纯的创意表现与信息发布，广告主对广告回应度的要求会更高。网络的时效性非常重要，网络广告的制作时间短、上线时间快、受众的回应也是迅速的，广告效果的评估与广告策略的调整也都必须是即时的。因此，传统广告的策划步骤与网络广告的策划可以说有很大的不同，但在本质上仍然属于广告策划的一种，具体可以将网络广告策划分成准备阶段、制作阶段、检测阶段、实施阶段。

（一）准备阶段

1. 将前期的调查信息加以分析综合形成正式的研究报告

前一期调查的信息是广告策划的基础，是广告实施中的依据，在相当程度上决定着广告策划及广告实施的效果和成败。广告信息的调查包括产品、顾客、市场甚至媒介的方方面面，比如企业状况、消费偏好、顾客收入、宗教文化等。

2. 要充分利用已有信息对下一阶段的实施提供一个成型的计划

广告学本身是一门基于实践的应用性学问，广告策划更多的是实践的总结而不是学术的演绎。因此，广告的每一个环节充分考虑到实践的因素是比理论更重要的。在现代企业，尤其是跨国企业，广告的操作更是体现实际商业活动的特色，也几乎没有任何广告学能涵盖所有广告中的每一个环节。所以说，在广告策划准备阶段，也许其他学问和知识更能起作用，比如美术、摄影、色彩、心理学等知识。因此，在策划的准备阶段，对知识的准备也是必要的。很难想象一个没有一定艺术天赋和心理学基础的人会在广告设计中取得成功。

（二） 制作阶段

1. 对成型的资料经过汇总、综合、分析、整合，从而得出初步结果

这一阶段的首要工作仍然是整合资料，是对上一阶段整合的继续，其中关键的环节是对人员及分析工具的选取。因为这是一个创造性的分析过程，在不同人手中、在不同的分析工具下有可能得出不同的结论，甚至有些会是互相矛盾的。初步结果对下一阶段的实施具有指导意义。

2. 慎重选择人员及分析工具

一般来说，有多年广告经验，对企业情况包括产品、企业文化等有较多了解的人会更好一些，同时，制作主体应该非常熟悉广告信息，并有一定的分析综合、去伪存真的能力。在分析工具上更多的是使用电脑技术和互联网。但是，电脑决不会进行创造性思考，它充其量在信息加工上有一定的作用。因此，这一阶段的工作更多的是依靠人脑来完成。

3. 将零散的信息汇编成一个较具体的纲要

广告信息是为广告实施服务的，广告的实施依赖于这些信息，但又不是这些信息的简单复制。在分析整合的基础上，要对广告目标、广告媒介、广告载体、广告语言、广告时间、广告地域、广告对象等问题形成初步的书面材料。这一过程既是前一阶段分析的结论，又是下一步行动的开始，因此，每一点的形成都不能有任何失误，否则将影响后来的一系列计划。在这一计划的形成过程中，不仅广告设计的全体人员应参与其中，企业的产品设计者、生产者、企业经营者、企业决策层都应参与其中，群策群力才能形成统领企业整体战略的广告计划。这一计划一旦形成，任何个人都不应轻易改动，即使有明显的商业环境改变，也应请示决策层，集体做出决定。

4. 对不足之处反复修正

在修正过程中，既要考虑到产品的时间性、企业的发展重点、企业战略的方向这些自身因素，而且更多地应看到商业环境的变化，比如竞争对手的异军突起、广告地域的自然灾害、广告对象的政治环境改变、新产品的问世等外在的商业环境因素。这些因素的改变有可能使整个广告计划面临全线改组的命运，但真要是有了变化，这种改变是必需的。否则，一项无效的广告计划不仅耗费时间、金钱，而且会给企业形象带来消极影响。在网络广告中，这一点尤其如此。网络本来就多变化，这一媒介有传统媒介不能比拟的时效性和新颖性，在网络上发布

广告也必须适应网络本身的特点。因此，对网络广告来说，计划的随时修改更正可能更频繁一些。

5. 进入实施阶段

在这一阶段，首先要由某个设计人员写出一份具体的执行计划，这项计划不仅体现操作过程的内容，而且对具体实施中的细节也要考虑周到，力求做到具体、翔实、可靠、全面。比如网站的选择、投入费用、费用计算、播放时间、播放频率、图形设计、语言选择、误差纠正、广告更新、版面调整、经济周期、产品季节性等非常具体的方面。具体的执行计划并不需要太多的人参与其中，只要对广告全过程及公司运作有一定了解的人都可以胜任此工作。这项计划是广告实施前的最后蓝本。

（三）检测阶段

1. 检测阶段是对最后出台的广告实施计划的审定和测评

在这一阶段要将上一阶段拟制的稿件送给广告主或企业主。呈送过程中有必要把更加具体详细的实施计划向企业主进行解释说明，解释者应该是这项计划自始至终的参与者和制定者，只有他才能从实质和核心上去把握这则广告。解释者应该以公正坦诚的心态和企业主进行沟通，以便二者真正达成一致，这直接关系到广告设计与实施者和企业的合作状况，从而影响广告的整体效果。这一过程是一个沟通协调的过程，通过这一过程能使广告与产品真正浑然一体。

2. 评议者提出修改意见

这时的修改与广告设计人员和执行人员没有关系，主要是企业主的意见反馈，是非设计人员对稿件的审定，也是整个广告计划的最后审定工作，其目的是更加有效地提高广告效果。一般来说，企业主的修正与广告设计人员的设计不会有根本性的冲突，因为二者在总体目标上没有利益冲突，但是也会有一些不合的地方。这时广告制作者应充分听取企业主的意见，因为企业主对该种产品的商业环境有更充分、更深刻、更准确的把握。广告设计者毕竟只是从某些方面出发去把握产品，很难做到全面。当然，在明显的失误面前，广告设计者应坦诚地提出来并讲明道理，使企业主理解。在实践中，许多广告人埋怨企业主专横武断，这也许是二者在沟通上存在困难。这一阶段的沟通是很重要的，它不仅关系到广告的实施，而且对双方敬业精神也是一个考验。只有坦诚的合作，双方才会更加敬业，才会带来广告的成功。

（四）实施阶段

网络广告操作的最后一个阶段是实施阶段。经过设计人员的测评与修正，再经由企业主的测评和修改，整个计划就确定下来。确定好的策划方案呈送到广告主手中，广告主再与网站沟通进入实施阶段。这几方的权利义务关系在实施阶段也需要从书面上以合同的形式加以确认，合同一经签订，整个网络广告的策划工作可谓大功告成，签约方可以根据合同中的权利义务具体行事。只要在上述过程中不出现大的问题，设计者、执行者能坦诚相待，广告的实施只需按部就班，并不复杂。关键的环节在实施之前，如果有某个环节出现问题则有可能导致整个计划失败，因此有人说"网络广告的成功在文字背后"就是指网络广告策划的操作过程是至关重要的。

二、网络广告策划的原则

（一） 确定网络广告的目标

广告目标的作用是通过信息沟通使消费者产生对品牌的认识、情感、态度和行为的变化，从而实现企业的营销目标。在公司的不同发展时期有不同的广告目标，比如形象广告和产品广告。产品广告在产品的不同发展阶段其目标可分为提供信息、说服购买和提醒使用等。AIDA法则是网络广告在确定广告目标过程中的基本规则。

（1）第一个字母A是"注意"（Attention）。在网络广告中意味着消费者在电脑屏幕上通过对广告的阅读逐渐对广告主的产品或品牌产生认识和了解。

（2）第二个字母I是"兴趣"（Interest）。网络广告受众注意到广告主所传达的信息之后，对产品或品牌发生了兴趣，想要进一步了解广告信息，可以点击广告进入广告主在网上的营销站点或网页中。

（3）第三个字母D是"欲望"（Desire）。感兴趣的广告浏览者对广告主通过商品或服务提供的利益产生"占为己有"的企图，他们必定会仔细阅读广告主的网页内容，这时就会在广告主的服务器上留下网页阅读的记录。

（4）第四个字母A是"行动"（Action）。最后，广告受众把浏览网页的动作转换为符合广告目标的行动，可能是填写问卷参加抽奖或者是在线购买等。

（二） 确定网络广告的目标群体

简单来说就是确定网络广告希望让哪些人来看，确定他们是哪个群体、哪个阶层、哪个区域。只有让合适的用户参与广告信息活动，才能使广告有效地实现其目标。

（三） 要有明确有力的标题

广告标题是一句吸引消费者的带有概括性、观念性和主导性的语言。明确有

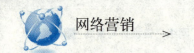

力的广告标题作用很大,特别是在网络广告中。根据统计,上网者在一个网络广告版面上投入的注意力和耐性不会超过 5 秒钟。因此,一定要在这短短的时间内吸引人潮进入目标网页并树立良好的品牌形象,这时广告标题的设计就显得十分重要。

(四) 简洁的广告信息

在网络上,强烈清晰的文案比制作复杂的影音文件更能吸引上网者点选。这是由于带宽限制,图像过多的广告(如动画设计)传输速度较慢,上网者往往会放弃观看。网络广告应该确保出现的速度足够快,通常在 10~20 KB 大小(依不同媒体和版面而异),这是一般网络媒体接受的图像大小,也是上网者能够接受的传输速度。所以,网络广告信息在目前互联网上发布时应力求简洁,并多采用文字信息。

(五) 发展互动性

随着网络技术的开发,今后网络广告必定朝着互动性的方向发展,这是体现网络广告优势的必由之路,如在网络广告上增加游戏活动功能,这将大大提高上网者对广告的阅读兴趣。

(六) 合理安排网络广告发布的时间因素

网络广告的时间策划是其策略决策的重要方面,它包括对网络广告时限、频率、时序及发布时间的考虑。时限是广告从开始到结束的时间长度,即企业的广告打算持续多久,这是广告稳定性和新颖性的综合反映。频率即在一定时间内广告的播放次数,网络广告的频率主要体现在 E-mail 这种广告形式上。时序是指各种广告形式在投放顺序上的安排。发布时间是指广告发布是在产品投放市场之前还是之后。根据调查,消费者上网活动的时间多在晚上和节假日,针对这一特点,可以更好地进行投放广告的时间安排。网络广告的时间策略形式可分为持续式、间断式和实时式。网络广告时间策略的确定除了结合目标受众群体的特点外,还要结合企业的产品策略和企业在传统媒体上的广告策略。

(七) 正确确定网络广告费用预算

对大部分上网企业而言,Internet 仅仅是其整体营销沟通计划的一部分。公司首先要确定整体促销预算,再确定用于网络广告的预算。整体促销预算可以运用财务能力法、销售百分比法、竞争对等法或目标任务法来确定。而用于网络广告的预算则可依据目标群体情况及企业所要达到的广告目标来确定,既要有足够的力度,也要以够用为度。

（八）设计好网络广告的测试方案

在网络广告策略策划中，根据广告活动所要选择的形式、内容、表现、创意、具体投放网站、受众终端机等方面的情况，设计一个全方位的测试方案是至关重要的。在广告发布前，要先测试广告在客户终端机上的显示效果，测试广告信息容量是否太大而影响其在网络中的传输速度，测试广告设计所用的语言、格式在服务器上能否正常处理，以避免最后的广告效果受到影响。

三、网络广告创意的原则、方法及案例解析

（一）网络广告创意的原则、方法

网络广告创意是广告人员对确定的广告主题进行的整体构思活动。为了让网络广告达到最佳的宣传效果，应根据网络媒体的特点，充分发挥想象力和创造力，提出有利于创造优秀甚至杰出广告作品的构思。创意策略以研究产品概念、目标消费者、广告信息和传播媒介为前提，是广告活动的灵魂，也是决定一则广告是否成功的关键。现在，网络广告的形式越来越丰富，如何在网络广告设计中保持独特创意的同时能够很好地达到广告应有的效果是非常重要的。网络广告创意有一些方法，也要遵循一定的原则。

网络广告的创意原则与一般广告创意原则基本相同，主要有目标性原则、关注性原则、简洁性原则、互动性原则、多样性原则、精确性原则等。而网络广告的创意方法主要有提炼主题、进行有针对性的诉求、品牌亲和力、营造浓郁的文化氛围、利益诱惑等。

（二）网络广告创意案例分析

1. 如图5-10所示的瑞星杀毒软件网络广告

图5-10 瑞星杀毒软件网络广告

（1）广告类型：Banner广告。
（2）创意原则：互动性原则、简洁性原则。
（3）创意方法：品牌亲和力、利益诱人、震撼词汇、针对性诉求。
（4）分析：瑞星公司运用由"藏独事件"引出的中国心标志，吸引人们的

眼球,打着送的旗号让大量有需求的用户愿意来体验。半年后,那些体验用户也许可能因为习惯了瑞星这款杀毒软件,今后很有可能会愿意付费使用瑞星的产品!

2. 如图5-11所示的王老吉饮料网络广告

图5-11 王老吉饮料网络广告

(1)广告类型:Flash广告。
(2)创意原则:互动性原则、关注性原则。
(3)创意方法:利益诱人、直接展示法。
(4)分析:王老吉公司应用征集祝福北京吉语的方式,以丰厚的奖品吸引受众去点击甚至参加活动。

3. 如图5-12所示的联想电脑网络广告

图5-12 联想电脑网络广告

(1)广告类型:Banner广告。
(2)创意原则:精确性原则、目标性。
(3)创意方法:直接展示法、提炼主题、品牌亲和力。
(4)分析:联想电脑把新款电脑的配置、外观都直接展示出来,让购买者直接了解到电脑配置的Intel芯片,从而具有毋庸置疑的信服力。

4. 如图5-13所示的数码相机网络广告

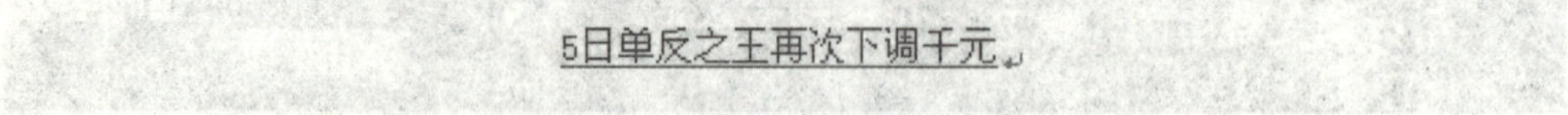

5日单反之王再次下调千元

图5-13 数码相机网络广告

(1)广告类型:文字广告。
(2)创意原则:关注性原则、简洁性原则。
(3)创意方法:针对性诉求、利益诱人。
(4)分析:点明消息发布时间,对于渴望买某样东西且之前明确知道价格的人,看到"下调千元"可能会好奇点下去查看。

5. 如图 5-14 所示的天龙八部网游广告

图 5-14　天龙八部网游广告

（1）广告类型：Flash 广告。
（2）创意原则：互动性原则、精确性原则。
（3）创意方法：利益诱人、凸显特征法。
（4）分析：正在玩天龙八部游戏的玩家会非常乐意去点击参与；对没接触过天龙八部游戏的玩家而言也是比较有吸引力的，通过点击拿到免费的账号等资料，进一步促使玩家对天龙八部产生兴趣，甚至会加入到天龙八部游戏中去。

四、网络广告的制作要素与工具

（一）电脑图像

GIF 和 JPG 文件是在网络上运用较为广泛的格式。GIF 文件是 8 位 256 色，支持连续动画格式。JPG 是一种压缩图像格式，压缩比可任选。为提高图像在网上的上传和下载速度，此类格式在网页中被广泛采用。

（二）电脑数字影（声）像

随着电脑多媒体技术的普及应用，在电脑设计特别是网络广告的设计中，将越来越多地用到电脑数字影（声）像。目前由于网络传输速率的限制，这类数字影（声）像一般都需经过高倍压缩。电脑数字影（声）像通过 MPEG 格式，其文件大小可以压缩数十倍；最新的 MP3（MP4）格式和 Real Player 的 RM 格式对影（声）像的压缩倍数最大，且还原效果还不错。压缩会使影（声）像的精度有一定损失，但目前只能采取这种方法来提高网上传输速率。

（三）电脑动画

电脑动画是一种表现力极强的电脑设计手段。在形式上分二维、三维两种。二维动画就是类似于平面卡通的动画，典型的软件有 Animator、CorelMovie 等，常用于网页设计的二维动画软件有 Gif Animator。三维空间的图形在网络广告设计当中恰当应用能增强画面的视觉效果和层次感，这时就需要用三维绘图软件制

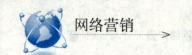

作一些立体形象，比如三维的标题字。针对网页设计的动画设计软件有 Cool3D、Web3D 等。Flash 是一个专门的网页动画编辑软件，通过 Flash 制作的动画文件字节小、调用速度快，且能实现链接功能。

（四） 电脑文字和超文本

随着电脑的普及，电脑文字的使用已成为家常便饭。在网络广告设计中，标题字和内文的设计、编排都要用到电脑文字。设计师需要不同的字体风格去传播不同的形象，表达不同的视觉语义。网络广告设计的内文必须使用一般 Windows 系统自带的字体格式，许多文字处理软件都具有强大的编辑、编排和效果处理功能，且支持超文本格式的文字输出，比如常用的文字处理软件 Word 等。

网页设计中还要用到超文本（Hypertext），是指包含与其他文件链接的文本。在 Internet 上，超文本通常指用 Html 语言（超文本链接标记语言）创建的 WWW 页。这些文件包括可选择的加亮的词条或短语（文本热字），点击这些词条和短语将调出并显示另一个文件。超文本文字也可制作成网页表格形式，层层展开，专门的网页制作软件一般都直接生成 Html 格式。

五、常见的网络广告制作流程

在网站中添加一些网页广告，一来可以增加收入，二来也能为网站做宣传，增添几分生气。目前网页中的广告类型繁多，各式各样的广告给网页带来不同的效果。因此在网页中添加广告时不仅要考虑到是否能让浏览者一目了然，还要考虑网页的美观。综合以上几点，下面列出了网页中常见的几种广告方式及各种广告的制作方法，对于制作方法只作简单了解即可。

（一） 横幅广告

横幅式广告又叫"旗帜广告"，这是在网页中最常见的网页广告。该广告最常用的尺寸是"486×60"（或 80）像素，一般插入到网页的固定位置，如页眉、页尾等部分，如图 5-15 所示。通常情况下整个图片和 Flash 动画都可以制作出广告内容，这样可以加大广告信息量。

(1) 采用站点。经常被新浪、搜狐、电脑报、天空软件站、天极网等一些国内著名的网站采用。

(2) 广告特点。该广告通常放在网页开头位置，用图片或动画的方式显示广告信息让浏览者一目了然，使其快速了解广告的内容。普通页面结构的网站都可使用。

图 5–15 横幅广告案例

（3）制作方法。通常情况下横幅式广告分为图片横幅（包括 GIF 动画）广告和 Flash 动画横幅广告两种。把两种广告插入到页面中的方法也有一定的差别。

①图片横幅广告：直接插入法。直接插入横幅式广告的制作非常简单，可以使用 Dreamweaver 或 Frontpage 等网页编辑工具轻松完成。首先制作出表示广告内容的图片或 GIF 动画，随后将这些图片插入到网页相应的位置即可。

如图 5–16 所示，插入广告图片时，首先用网页编辑工具打开需要插入广告的网页，随后找到需要插入广告的部分，选择"插入"→"图片"→"来自文件"，并选择需要的图片即可，这样就可以将该广告图片插入到网页中。随后在该图片上单击右键在弹出的快捷菜单中选择"超链接"命令，在打开的"插入超链接"对话框地址栏中输入该广告图片链接的网址即可。

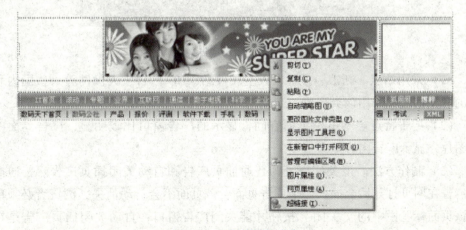

图 5–16 图片横幅广告

②Flash 横幅广告：插入 Flash 广告的方法和插入图片、GIF 广告的方法不太一样，由于在制作 Flash 动画时已经将超链接制作在动画中了，因此只要将 Flash 文件插入到网页中即可。

首先确定广告放置的位置，选择"插入"→"图片"→"Flash 电影"，随后打开一个选择文件对话框，这时选择需加入的 Flash 广告，这样即可插入到网页中。随后双击该插入的文件，弹出一个"Flash 电影属性"对话框，在此对电影质量、背景颜色、文件大小等进行相应设置即可。

（二）插入插页广告

插页广告（InterstitialAds）又叫"弹出广告"，如图 5－17 所示，广告商将自己的广告产品放入某一个特定的网页中，当用户打开该网页时，在该网页出现之前会弹出一个新的窗口，该窗口为广告显示内容。

图 5－17　插页广告案例

（1）采用站点。新浪、搜狐、天空软件站、QQ 广告、天极网等一些国内著名的网站都经常采用该类广告。

（2）广告特点。不占用页面空间，显示的广告窗口比较明显，广告界面中的图片先显示广告内容。

（3）制作方法。该类广告分为普通插页广告和自动关闭插页广告。普通插页广告在网页打开后会插入一个广告页面，该页面不会自动消失，浏览者必须单击该页面标题栏中的"关闭"按钮才能关闭广告窗口；自动关闭插页广告是在该广告弹出几秒钟后自动关闭广告窗口。

①普通插页广告。插页式广告是用 Javascript 语言编写的，在相关网页中插入相关的 Javascript 语言即可。

②自动关闭插页广告。如图 5-18 所示，现在很多插入广告在屏幕右下角显示一段时间后会自动消失，就像 QQ、MSN 等登录信息一样。

图 5-18　自动关闭插页广告案例

（三）　框架广告

框架广告是网页中一种常见的广告类型，该类广告都是由一组广告组成的。站长将这一组广告用 Javascript 插入到一个网页中并让该组广告定时显示不同的广告内容，随后将该网页放在页面的框架中，这样页面会根据浏览次数自动显示不同的广告内容，页面的横幅广告使用的就是框架式广告。

（1）采用站点。框架式广告是一种特殊的广告，如搜狐、新浪、IT168 等著名网站经常使用该类广告。

（2）广告特点。有横幅式广告明显的特点，此外该类广告能自动切换广告内容。

（3）制作方法。首先准备好需要插入的广告图片，这些广告图片的尺寸要保持一致。制作广告页面，首先要在 DM 中新建一个网页，将"框架式广告.txt"中的源代码复制到该网页。广告网页制作后，接下来就要将其插入到框架中，需要说明的是，该框架并不是我们创建的框架网页，而是在某一网页中插入的一个镶嵌式框架。我们可以在 FrontPage 中轻松插入这样的框架。

首先打开需要插入框架广告的网页，在合适的位置创建一个表格，然后在表格中插入一个"嵌入式框架",插入时用鼠标单击"插入"菜单中的"嵌入框架"命令,这时在网页中插入一个框架,用鼠标拖动该框架的边框即可调整框架的尺寸。现在单击"设置起始网页"按钮,打开"插入超链接"对话框,在此选择刚刚创建的广告网页,单击"确定"按钮即可将该网页导入到框架中。最后双击该框架边框,弹出一个"框架属性"对话框,在此将"显示边框"前面的钩去掉,这样以后在该网页中只会显示框架中的图片,不显示框架的边框。将"对齐方式"设置为"顶部对齐",将"滚动条"设置为"不滚动",至此,嵌入式广告创建成功。

(四) 飘浮广告

飘浮广告就是在网页上面的一个浮动的小图片,该图片在网页中不停地飘动,用鼠标点击该图片可以查看详细内容。

(1) 采用站点。飘浮广告的使用率非常高,搜狐、新浪、雅虎、华军下载园、天极等网站相关页面都有飘浮广告。

(2) 广告特点。广告采用浮动窗口形式,可以引起浏览者的注意。

(3) 制作方法。飘浮广告一般分为图片飘浮和 Flash 飘浮两种格式。制作漂浮广告需要比较专业的方法,在此不做详细讲述,了解概况即可。

第一步:首先准备好制作飘浮广告的素材图片。

第二步:下载一个 JS 脚本文件。

第三步:用网页编辑工具打开需要添加飘浮广告的网页并切换到代码窗口,再通过简单的设置,即可插入图片和广告链接。

(五) 滚动广告

经常在网上看到一些滚动的图片或文字,单击这些图片或文字就可以进入指定链接的网页,很多网站将这些滚动的图片或文字制作成广告,放入到某些网址的相应页面中,单击图片或文字上的链接即可访问该广告的内容。

(1) 采用站点。滚动广告的利用非常普遍,几乎每个门户网站都使用该类广告。像国内的新浪、搜狐、网易、搜房网等网站出现该类广告的次数更是频繁。

(2) 广告特点。该类广告一般作为提示信息出现在网站比较醒目的位置或是一个栏目比较明显的位置,如大家常见的公告栏就是用滚动广告做成的。

(3) 制作方法。该类广告分为图片滚动广告和文字滚动广告两种。滚动方向可以向上、向下、向左、向右。制作方法在此不做详细讲述。

任务四 网络广告发布与效果评估

一、网络广告的发布

（一）网络广告发布形式的比较和选择

1. 图形类广告

图形类广告主要是指在网站上以静态或动态的图片或 Flash 形式表达广告内容的形式。图形类广告目前是网络广告的主流，其优点是对用户有一定吸引力，广告位较标准和丰富；缺点为表现形式太单一、内容较简单。其主要表现形式有按钮广告、画中画、摩天柱广告、通栏广告、全屏广告、对联广告、导航条广告、焦点图广告、弹出窗口和背投广告等。现按广告效果分别介绍。

（1）焦点图片广告。据中国互联网协会发布的《Netguide2008 中国网络广告市场调查研究报告》数据显示，互联网用户对焦点图片广告接触度最高，比例为35.2%。其发布价格相对也较高，如图 5-19 所示。2007 年第四季度新浪汽车频道焦点图片广告价格为 21.6 万/天。

图 5-19 2007 年第四季度新浪汽车频道上的网络广告

（2）弹出窗口广告。访问者在打开网站首页或频道首页的同时弹出一个窗口广告。在浏览主要页面的同时即可让访问者注意到企业的网络广告信息。据中国互联网协会发布的统计，互联网用户对弹出窗口接触度名列第二，目前发布价格较高,如图 5-20 所示。2007 年第四季度新浪首页价格为 15 万/天。因其为强制弹出窗口,故被称为"恶意流氓文件",访问者可通过卡卡助手等工具来拦截。

图 5-20 2007 年第四季度新浪首页上的弹出窗口广告

(3)通栏广告(Full Column)。通栏广告以横贯页面的形式出现,该广告形式尺寸较大,视觉冲击力强,能给网络访客留下深刻印象,由 GIF 或 Flash 动画制作。通栏广告由于效果较好,在网上很流行,价格也较高。如图 5-21 所示,2007 年第四季度新浪首页(顶部通栏)价格为四轮播 20 万/天。

图 5-21 2007 年第四季度新浪首页上的通栏广告

(4)按钮广告。按钮广告发布的位置通常位于主页面左栏,首屏、频道和次页、最终页左栏,由 GIF 或 Flash 动画制作广告牌,动态显示公司或产品的图标,非常引人注意。如图 5-22 所示,2007 年第四季度新浪首页报价:100×100 像素按钮 7 万/天。

图 5-22　2007 年第四季度新浪首页上的按钮广告

（5）全屏广告。全屏广告即在浏览者浏览网页的第一时间以全屏方式展现的广告，5~10 秒后自动关闭。全屏广告以绝对的视觉冲击保证每个访问者均看到本广告，故其报价很高，如图 5-23 所示。2007 年第四季度新浪首页价格为 20 万/小时。

图 5-23　2007 年第四季度新浪首页上的全屏广告

2. 搜索引擎广告

搜索引擎广告分为付费搜索广告（关键字广告）与联盟广告两种，2007年付费搜索广告收入占搜索引擎广告收入的 81%，联盟广告为 19%。付费搜索广告如图 5-24 所示，2007 年第三季度广告收入占整个收入比重达 27.2%，仅次于图形类广告，详见搜索引擎营销项目。

图 5-24　搜索引擎广告

3. 固定文字链接广告

固定文字链接广告是以一排文字作为一个广告，点击文字进入相应的广告页面，主要的投放文件格式为纯文字广告形式。如图 5-25 所示，2007 年第四季度新浪首页报价（新浪首页通栏上下）价格为 2.5 万/天。其优点是对用户阅读网站造成影响较小，能达到软性宣传目的；缺点是很难对用户造成强烈的直观吸引力。

图 5-25　固定文字链接广告

4. 富媒体类广告

富媒体广告是指能实现 2D、3D 动画和 Video、Audio 等具有丰富视觉效果和交互功能效果的网络广告形式。分为非视频类广告与视频类广告。优点是广告表现形式新颖、独特，有较强的视觉冲击力；缺点是广告文件较大且伴有声音，容易被屏蔽，带宽要求较高。

（1）富媒体（Rich Media）广告的主要特征。

①容量大于 100K 的网络广告。
②多媒体运用，表现力丰富。
③独特的智能后台下载技术，最大程度减少对用户浏览网页的影响。
④强互动性。
⑤可以自定义追踪用户行为，易于统计广告。
⑥更多增值功能有效结合，满足不同广告需求。
（2）富媒体广告的主要形式。
①浮动标识/流媒体广告。当用户打开网页时，流媒体广告以不规则动画形式突然出现在网页上，动态的形式很容易吸引人们的注意并且可以融入与用户的互动，更好地表现广告内容。动画播放完毕后将自动消失并变成小图标回到网页的左侧或右侧，小图标随着鼠标移动在屏幕左右侧上下移动。如图 5-26 所示，2007 年第四季度新浪首页价格：左侧移动图标+流媒体 28 万/天；右侧移动图标 10 万/天。

图 5-26　浮动标识/流媒体广告实例

②扩展（响应）类广告。当用户将鼠标滑过或点击此类广告时，扩展广告即被触发，广告基于原广告位进行扩展而不会离开原广告位。当鼠标移开后扩展部分自动消失。广告带有互动功能，更易引发用户兴趣。2007 年第四季度新浪首页报价：如图 5-27 所示，顶部三条轮播为 27 万/天；两轮播通栏类为 21.6 万/天。

网络营销

图 5-27 扩展（响应）类广告

③普通视窗。普通视窗是指播放器内嵌在新开窗口中并从屏幕下角浮出，有浏览器边框。如图 5-28 所示，2007 年第四季度新浪新闻频道报价：12 万/天。

5. 分类信息广告

分类信息广告依托于报纸媒介或互联网将不同广告客户的各种需求按地区、内容分门别类，并将信息聚集起来进行发布的一种广告形式。常见的分类广告栏目如图 5-29 所示。包括招聘求职、求偶征友、房屋租赁买卖、小商品出售等，内容涉及社会生活的各个方面。

分类信息广告又可再分为门户网站的分类信息频道及专业分类信息网站。门户网站的分类信息频道主要吸引的广告主为企业用户，分类信息因此也建立在广告主付费的基础上。目前专业分类信息网站以私营广告主为主，主要为个人用户提供信息发布、信息交流的平台。

项目五 网络广告设计与策划

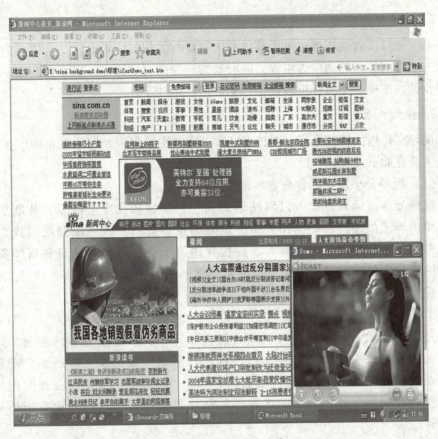

图 5-28 普通视窗广告

图 5-29 分类信息广告

6. 电子邮件广告

电子邮件广告是指通过电子邮件的内容进行展现的广告形式。其优点为用户可以主动订阅感兴趣的广告内容，能展现的广告内容更详尽；缺点为到达率和打开率较低。本项目不再详细叙述，详见许可 E-mail 营销。

7. 视频广告

视频广告指由视频分享、P2P 流媒体、宽频影视等视频网站发布的广告。其形式主要有如下几种。

（1）视频分享网站广告与宽频影视广告。

视频分享在运营方式上以网站形式为主，在视频长度上以短片片断居多，在视频内容上以用户自创制作为主。宽频影视在运营方式上以网站形式为主，在视频长度上长片短片内容都有，在视频内容上有影视剧、动漫和新闻资讯。两者的视频广告形式基本一致，仅网站运营的内容不同而已，其表现形式有如下几种。

①视频贴片广告。视频贴片广告是一种视频区域内的广告形式，与视频内容是不同步的，播放广告时视频内容就要停下，在播放视频内容时，广告就不会出现，一般分为前、中、后三种贴片形式。如图 5-30 所示，前贴片是指在视频内容播放前的缓冲时间内播放的广告；中贴片是指在视频内容播放过程中在缓冲等待中播放的广告；后贴片是指在视频内容播放完毕后播放的广告。

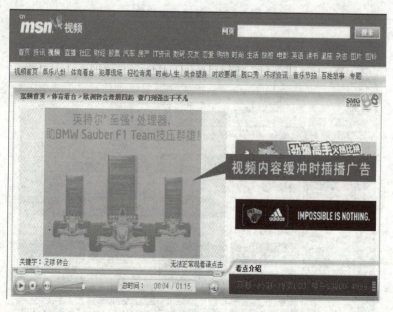

图 5-30　视频贴片广告

②视频区外的图文广告。如图 5-31 所示,视频区外的图文广告与视频内容是同步、不冲突的,播放视频内容时广告会在视频周围继续展示。

图 5-31　视频区外的图文广告

③视频植入式广告。如图 5-32 所示,视频植入式广告是一种视频区域内的广告形式,视频内容本身可以就是个广告,也可以是视频内容中自然夹杂着广告元素。

图 5-32　视频植入式广告

④视频浮层广告。视频浮层广告是一种视频区域内的广告形式,广告与视频内容可以同步进行,其形式为通过技术手段在播放视频内容的同时加上一层视频浮层来同步播放广告。如图 5-33 所示。

图 5-33 视频浮层广告

⑤视频广告各类形式的广告效果比较,如表 5-1 所示。

表 5-1 视频广告各类形式的广告效果比较

广告效果 \ 广告种类	视频贴片广告	视频区外图文广告	视频植入式广告	视频浮层广告
用户针对性	较高	一般	较高	较低
广告时间回避可能性	低	较高	低	低
广告重复播放后的用户反感度	较低	较高	低	一般
用户之间对广告的传播便捷性	较高	低	高	较高
广告冲击力	高	低	较高	高

(2) P2P 流媒体广告。

如图 5-34 所示,P2P 流媒体在运营方式上以软件形式为主,在视频长度上以完整长片居多,在视频内容上以影视剧、体育、综艺为主。

8. 其他媒体广告

其他形式网络广告主要指游戏嵌入广告、IM 即时通信广告、数字杂志类广告、互动营销类广告等形式。

(1) IM 即时通信广告。

如图 5-35 所示,IM 即时通信广告即通过 IM 即时通信软件的客户端展现的广告形式,如发布于在线交流工具如 QQ、MSN 等上的网络广告。其优点为广告的播放不会影响使用进度，能覆盖所有的软件使用用户；缺点为用户除了要能联上互联网，还需要先下载该软件的安装程序并进行安装后才能正常使用。

图 5-34 P2P 流媒体广告

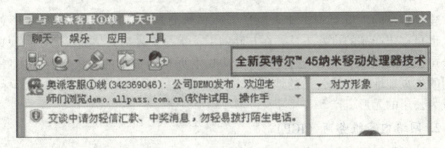

图 5-35 IM 即时通信广告

(2) 游戏嵌入式广告。

如图 5-36 所示，置入式广告将电子游戏与广告这两个看似毫不相关的事物联系了起来。人们可以在一个接近真实世界的环境里看到真实的产品和品牌，而且这也会极大地加深他们的印象。

通栏广告、弹出窗口广告、按钮广告、文字链广告为目前网上最常见的广告形式，在网络广告收入中所占的比重也较高，但富媒体广告、视频广告、游戏嵌入式广告等新兴广告形式发展势头强劲，成为未来推动品牌广告市场快速增长的新动力。

图 5-36　游戏嵌入式广告

（二）网络广告发布渠道的比较和选择

网上发布广告的渠道和形式众多，各有长短，企业应根据自身情况及网络广告的目标选择网络广告发布渠道及方式。网络广告的发布渠道和方式主要有以下几类。

1. 建站形式

建立自己的主页对于企业来说是一种必然的趋势。这不但可以树立企业形象，也是宣传产品的良好工具。在互联网上，很多广告都只是提供了一种快速链接公司主页的途径，所以建立公司的 Web 主页是最根本的。从今后的发展看，公司的主页地址也会像公司的地址、名称、电话一样是独有的，是公司的标识，将成为公司的无形资产。

2. 网络内容服务商（ICP）

它们提供了大量的互联网用户感兴趣并需要的免费信息服务，包括新闻、评论、生活、财经等内容，因此，这些网站的访问量非常大，是网上最引人注目的站点，也是发布网络广告的主要站点。

3. 专类销售网

这是一种专业类产品直接在互联网上进行销售的方式。进入这样的网站，消费者只要在一张表中填上自己所需商品的类型、型号、制造商、价位等信息，然后按一下搜索键就可以得到所需要商品的各种细节资料。

4. 搜索引擎

这些站点就如同电话黄页一样按类别划分，便于用户进行站点的查询。采用

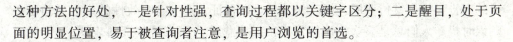

这种方法的好处，一是针对性强，查询过程都以关键字区分；二是醒目，处于页面的明显位置，易于被查询者注意，是用户浏览的首选。

5. E-mail 直投广告

E-mail 已是互联网用户进行沟通联系的重要工具，同时可以提供准确的读者数据，企业可以选择最符合产品消费要求的用户直接将广告发到其 E-mail 中。

6. 网络报纸或网络杂志

随着互联网的发展，国内外一些著名的报纸和杂志纷纷在 Internet 上建立了自己的主页；更有一些新兴的报纸或杂志放弃了传统的"纸"媒体，完完全全地成为一种"网络报纸"或"网络杂志"，其影响非常大，访问的人数不断上升。对于注重广告宣传的企业来说，在这些网络报纸或杂志上做广告也是一个较好的传播渠道。

7. 新闻组

新闻组是人人都可以订阅的一种互联网服务形式，阅读者可成为新闻组的一员。成员可以在新闻组上阅读大量的公告，也可以发表自己的公告或者回复他人的公告。新闻组是一种很好的讨论和分享信息的方式。广告主可以选择与本企业产品相关的新闻组发布公告，这将是一种非常有效的网络广告传播渠道。

8. 企业名录

一些 Internet 服务商或政府机构将一部分企业信息融入他们的主页中，形成了企业名录。如中国香港商业发展委员会的主页中就包括汽车代理商、汽车配件商的名录，只要用户感兴趣就可以通过链接进入选中企业的主页。

（三） 网络广告的投放媒体选择

选择合适的网络媒体可以从以下 7 个方面考虑：①目标受众；②内容配合；③创意表现；④绿色环境；⑤技术力量；⑥营销策划服务；⑦第三方的广告监测系统。

为了获得最佳的营销效果，除了免费的网络广告之外，通常还需要在其他访问量大的网站或者潜在顾客集中的网站购买广告空间，这时就需要选择合适的网络媒体，用尽可能少的投入获得尽可能大的效果。

（四） 选择网络广告媒体的主要原则

确定所期望的送达率、频率与效率，选择需要的媒体种类，决定媒体的使用时机及特殊的地理区域等。那么，什么样的网站才能满足这样的要求呢？这个问题没有准确的答案，有些指标很难量化，不过仍然有一些可以遵循的规律，可根据某些重要参数来进行判断，这些参数包括下列几个方面。

1. 网站访问量

广告站点必须有比较高的流量，在 CPM 计价方式下，虽然客户并不会为过少的广告显示多支付费用,但广告效果难以保证,对于有时效性的广告活动还会贻误时机。人们总是喜欢在访问量高的站点做广告,有统计资料表明,1% 的大型网站控制了 90% 以上的网络广告市场。网站访问量统计,如图 5 – 37 所示。

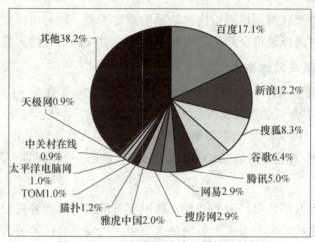

图 5 – 37　2008 年网站访问量调查统计

2. 目标定位

门户网站、娱乐网站、新闻网站等通常有较高的访问量,但广告效果未必好。而且这些高访问量的网站,CPM 的价格也比较高,对一些专业性比较强的公司来说不见得是最好的选择。

3. 价格因素

最好对比几家类似的网站,在同等情况下选择价格低一些的网站刊登广告。另外网站首页的广告价格通常比次级页面要高,可根据自己的情况做出选择。

4. 广告效果监测

网站是否可以出具中立的第三方提供的详细的广告监测报告,这一点也很重要。如果刊登广告的网站可以提供实时、详尽的统计报告,并以表格、图标等方式提供资料,将给市场人员带来极大便利。市场调查人员可以根据监测报告分析许多有关的信息,如重复访问者是否过于集中?网站的访问者主要来自什么地方?因为网站不重复的访问者越多,广告可以送达的受众也越多,而访问者的地域分布则对某些服务范围有一定限制的公司有重要影响。根据实时检测效果的反馈可以对网络广告及时做出调整,这对提高网络广告的最终效果具有重要作用。

5. 方便广告管理

因为要在一定时期内不断更换广告内容,故广告发布管理接口应便于日常进行上传、查看、调整、确认等操作,并对重要操作过程作记录,甚至应该考虑在多操作者情况下实现权限的分配和协作。另外,客户服务接口应使客户看到的查询和统计报表简明、清晰、易懂,但又必须能在各种层次上满足多样化的广告投放方法。

6. 网站服务

网站服务包括网站设备、带宽、人员服务等几个方面的内容。用户希望网页能够尽快下载，这需要提供广告服务的网站设备稳定运行并能保证在高访问量时的带宽需求。同时应该有方便的人工服务措施，便于在发现广告出现异常情况时及时联系并尽快解决。

二、网络广告的监测与效果评估

（一）网络广告监测

网络广告监测是通过对互联网发布广告的统计分析，了解广告投放的状况、广告投放策略的分析、广告的效果评估；是广告主了解广告市场动态、媒介构成、竞争品牌的广告投放量多少最直接、有效、客观的手段。

从行业的角度，网络广告监测可以分析网络广告市场的规模、结构及发展趋势；竞争对手的广告投放策略和竞争态势；广告受众的人口统计学特征和行为分析等。网络广告效果的监测方式一般分为三大类：广告的显示和点击监测、广告的后继行为追踪监测、持续效果分析。

1. 广告显示和点击监测

网络广告监测的基本指标有 PV、UV、浏览（量）、显示（量）、唯一显示、广告投放量、播放量、完整播放量、完整播放率、创意决策时间、点击（量）、唯一点击（量）、点击率、唯一点击率、CPM、CPC、广告频次、地域等常用指标。需要特别指出的是，网站的 PV 和 UV 不可以等同于广告的显示（被观看和调用数），使用广告的投放量（广告代码的调用数）和播放量（广告文件的播放数）是更加精确的表述。

2. 广告点击后继行为追踪监测

这里的追踪监测主要指网络广告点击后的行为追踪分析，（需要注意的是，它和普通的网站流量分析统计系统的侧重点是不同的，广告监测系统主要着重于广告点击后行为分析，网站流量统计分析注重的是分析的全面性）主要分析广告带来的受众的质量效果，技术统计上一般称为营销点，由受众的网站访问时长（访问网站的停留时长）、访问深度（到达的页面属性、引导页、产品页、销售购买页，即一跳、二跳、三跳的概念）、访问广度（访问网站页面的不同频道属性）三大营销点指标参数构成，辅助显示到达（率）、访问轨迹、跳出率、目标转化率、黏着度等指标。

3. 广告持续效果分析

广告持续效果分析是指网络广告投播后的一段时间（一般统计分析为四周）的持续效果统计分析。(广告的持续效果一般是由定性的调研机构来调查分析的，互联网广告的易监测特性决定了网络广告持续效果分析是可以通过定量的分析达成) 基于点击后行为的分析和显示到达（率），追踪看过广告但没有点击广告的上网者，在广告投播后的四周时间内通过搜索或主动输入网址对到达客户目标网站的持续效果进行统计分析。参数指标有：显示到达（率）、持续拜访量、广告覆盖度、广告重合度、绝对唯一访客等。

（二）网络广告效果评估

1. 网络广告效果评估指标

中国网络广告营销效果数据分析指标包括广告展示量、广告点击量、广告到达率、广告二跳率、广告转化率 5 个，统计周期通常有小时、天、周和月等，也可以按需设定。被统计对象为 Flash 广告、图片广告、文字链广告、软文、邮件广告、视频广告、富媒体广告等多种广告形式。每个指标的具体定义如下。

（1）广告展示量（Impression）。广告每一次显示，称一次展示。广告展示量的统计是 CPM 付费的基础，通常反映广告所在媒体的访问热度。

（2）广告点击量（Click）指网民点击广告的次数。广告点击量与产生点击的用户数（多以 Cookie 为统计依据）之比，可以初步反映广告是否含有虚假点击。广告点击量与广告展示量之比，称为广告点击率，该值可以反映广告对网民的吸引程度。广告点击量统计是 CPC 付费的基础，通常反映广告的投放量。

（3）广告到达率（Reach Rate）指网民通过点击广告进入被推广网站的比例。广告到达量与广告点击量的比值称为广告到达率，广告到达量是指网民通过点击广告进入推广网站的次数。广告到达率通常反映广告点击量的质量，是判断广告是否存在虚假点击的指标之一，也能反映广告着陆页的加载效率。

（4）广告二跳率（2nd-Click Rate）指通过点击广告进入推广网站的网民在网站上产生的有效点击的比例。广告带来的用户在着陆页面上产生的第一次有效点击称为二跳，二跳的次数即为二跳量。广告二跳量与广告到达量的比值称为二跳率。广告二跳率通常反映广告带来的流量是否有效，是判断广告是否存在虚假点击的指标之一，也能反映着陆页面对广告用户的吸引程度。

（5）广告转化率（Conversion Rate）指通过点击广告进入推广网站的网民形成转化的比例。转化是指网民的身份产生转变的标志，如网民从普通浏览者升级为注册用户或购买用户等。转化标志一般指某些特定页面，如注册成功页、购买成功页、下载成功页等，这些页面的浏览量称为转化量。广告用户的转化量与广告到达量的比值称为广告转化率。广告转化量的统计是进行 CPA、CPS 付费的基础，通常反映广告的直接收益。

2. 网络广告效果评估的原则

进行评估工作必须遵循一定的原则，这些原则是贯穿整个工作过程的指导思想，所以是必须要明确的。同样，网络广告的效果评估工作也要遵循特定的原则。

（1）相关性原则。相关性原则要求网络广告效果测定的内容必须与广告主所追求的目的相关，DAGMAR（Defining Advertising Goals For Measured Advertising Results）方法是这一原则的很好体现。举例说来，倘若广告的目的在于推出新产品或改进原有产品，那么广告评估的内容应针对广告受众对品牌的印象。若广告的目的在于在已有市场上扩大销售，则应将评估的内容重点放在受众的购买行为上。

（2）有效性原则。评估工作要达到测定广告效果的目的，就要以具体的、科学的数据结果来评估广告的效果。所以，将那些掺入了很多水分的高点击率等统计数字用于网络广告的效果评估中是没有任何意义的，是无效的。这就要求采用多种评估方法进行多方面综合考察，使对网络广告效果进行评估得出的结论更加有效。

3. 网络广告效果评估的方法

在广告的效果评估中，使用最多的就是 DAGMAR 方法。该方法在网络广告的效果评估中同样适用，只不过在这里是通过网络广告中的特定指标和方法来体现的。根据使用评估指标的情况可以将评估方法大体分为以下两大类，但是 DAGMAR 方法一直贯穿其中。

（1）单一指标评估法。顾名思义，单一指标评估法是指当广告主明确广告的目标后，应该采取适当的单个指标来对网络广告效果进行评估的方法。当广告主所追求的广告目的是提升和强化品牌形象时，只需要选择那些与此相关的指标，如广告曝光次数、广告点击次数与点击率、网页阅读次数等指标来衡量。当广告主所追求的广告目的是追求实际收入时，只需要选取转化次数与转化率、广告收入、广告支出等相关指标进行评估。

（2）综合指标评估法。所谓综合指标评估法就是在对广告效果进行评估时所使用的不是简单的某个指标，而是利用一定的方法，在考虑几个指标的基础上对网络广告效果进行综合衡量的方法。下面介绍两种综合指标评估方法，其评估结果从不同方面反映了网络广告的效果。

①传播效能评估法。所谓传播效能就是指随着网络广告的刊登，其广告宣传对象的信息也在不断传播，从而产生了对品牌形象和产品销售潜力的影响，这种影响侧重于长期的综合的效果。而传播效能评估法就是在网络广告刊登后的一段时间内，对网络广告所产生的效果的不同层面赋予权重，以判别不同广告所产生

效果之间的差异。这种方法实际上是对不同广告形式、不同投放媒体或者不同刊登周期等情况下的广告效果进行比较,而不仅仅反映某次广告刊登所产生的效果。

②耦合转化贡献率评估法。耦合转化贡献率法是广告主在以往网络广告的经验基础之上,会产生一个购买次数与点击次数之间的经验比例数值,根据这个比例即可估算广告在网站刊登时一定的点击次数可产生的购买转化次数,而该网站上的广告的最终转化次数可能与这个估计值并不完全吻合,由此产生了实际转化次数相对于预期转化次数的变化率,我们称之为该网络广告与该网站的耦合转化贡献率。

最后需要指出的是,上面两种网络广告的效果评估方法所得出的结论好像存在矛盾,其实并非如此。一个网络广告在绝大多数情况下不可能在多种效果上都达到最优,只能在某一个或某几个方面的效果达到最优,所以在进行广告评估时,一方面,不要片面地以某个方面或某些方面的效果来对网络广告的效果下定论,而应该将所有方面的效果综合考虑;另一方面,应该将评估的方面与广告的目的结合起来,只要评估的结果有利于广告目的的达成,就可以说网络广告是有效果的。所以要提醒广告主,在刊登网络广告之前一定要先明确广告的目的,选择适合自己目的的网站来刊登广告,切不可盲目。

4. 网络广告经济效果评估的内容及指标

网络广告的最终目的是促成产品的销售,那么广告主最关注的是由于网络广告的影响而得到的收益。我们知道收益是广告收入与广告成本两者之差,因此,网络广告经济效果评估的内容及指标可以概括如下。

(1) 网络广告收入(Income)。顾名思义,网络广告收入就是指消费者受网络广告刊登的影响产生购买行为而给广告主带来的销售收入。这一指标看似很简单,但是要得到准确的统计数字,还是具有相当大的难度,主要原因有如下几点。

①产品销售因素的复杂性。网络广告只是影响产品销售的一个因素,产品的销售是诸多因素共同作用的结果,其中有产品的质量、价格等,还涉及很多难于统计计算的消费者消费习惯等因素,甚至还要受到其他广告形式的促销作用的影响,因此很难界定多少销售收入的变化是由于网络广告所引起的。

②网络广告效果的长期性。网络广告对产品销售的影响是长期的,有些网络广告的影响要经过一段时间才能体现出来。如果不考虑网络广告的这个特点,只通过产品销售数据来评估网络广告的效果,这种评估就是不科学、不准确的测定。

③电子交易手段的落后性。电子商务在我国的发展比较滞后的现状在很大程度上成为影响网络广告经济效果评估的障碍。网民在网上浏览后决定要购买产品,但由于电子支付手段的限制不得不转到现实购买场所去实现。这样在效果评估时,就很难弄清楚网络广告所产生的购买数量。

(2) 网络广告成本（Cost）。目前有以下几种网络广告的成本计算方式。

①千人印象成本（Cost Per Mille）。是指网络广告所产生1 000个广告印象的成本，通常以广告所在页面的曝光次数为依据。CPM是目前应用最广也是使用起来最简单的指标。计算公式很简单：CPM = 总成本/广告曝光次数 * 1 000。

②每点击成本（Cost Per Click）所谓每点击成本就是点击某网络广告1次，广告主所付出的成本。其计算公式为：CPC = 总成本/广告点击次数。

③每行动成本（Cost Per Action）所谓每行动成本就是广告主为每个行动所付出的成本。其计算公式为：CPA = 总成本/转化次数。

如一定时期内一个广告主投入某产品的网络广告的费用是6 000美元，这则网络广告的曝光次数为600 000次，点击次数为60 000次，转化数为1 200。

网络广告的千人印象成本为：CPM = 6 000/600 000 * 1 000 = 10美元

网络广告的每点击成本为：CPC = 6 000/60 000 = 0.1美元

网络广告的每行动成本为：CPA = 6 000/1 200 = 5美元

广告主投放网络广告的费用是一个明确的数字，而广告曝光次数是由ISP或ICP直接提供的，所以CPM能够很容易地计算出来。然而CPM的真实性要受到质疑，这是因为广告曝光数字是由ISP或ICP提供的，他们为了宣传其网站经营效益必然要夸大曝光数字。这样，网络广告的CPM的客观性要降低，不能真实反映网络广告的成本。CPC也是目前常用的指标，这一数据的产生是基于点击次数计算出来的，而点击次数除了由ISP或ICP提供外，广告主是可以自己来进行统计的。所以CPC在一定程度上限制了网站作弊的可能，在很大程度上提高了评估的准确性。但是如果一个浏览者点击了广告而没有进行下一步的行动就关闭了浏览器，那么广告效果只是停留在曝光上，CPC的数值就比实际情况偏小，这是不科学的。由于CPM和CPC两个指标都存在一定的局限性，所以有人提出了CPA指标。CPA指标对于广告主是最有借鉴意义的，因为网络广告的最终目的就是促进产品的销售，这是通过消费者的行动来实现的。但是由于目前技术的限制，很难将那些在网络广告的影响下产生实际行动的数字准确地统计出来，所以这个指标应用起来受到了很大的限制。

5. 网络广告社会效果的评估内容及指标

网络广告的社会效果主要是对广告活动所引起的社会文化、教育等方面的作用。无论是广告构思、广告语言，还是广告表现都要受到社会伦理道德的约束。评估网络广告的社会效果受到一定的社会意识形态下的政治观点、法律规范、伦理道德及文化艺术标准的约束。意识形态不同，约束的标准也就不同，甚至相反。对网络广告社会效果的评估很难像对网络广告传播效果和经济效果评估那样用几个指标来衡量，因为网络广告的社会影响涉及整个社会的政治、法律、艺术、伦理道德等上层建筑和社会意识形态。所以网络广告社会效果只能用法律规范标准、伦理道德标准和文化艺术标准来衡量。

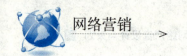

知识拓展

一、今麦郎网络广告案例分析

随着时代的发展,网络的作用已经不再局限于网民简单地浏览信息,即时通话、收发电子邮件等功能使网络成为人们生活中必不可少的重要组成部分。对于企业来讲,网络不但能为企业人员提供更多行业情报信息,同时企业也可以运用网络进行销售和品牌宣传。

2005年8月,方便面行业中的高端品牌——今麦郎投入重金高调试水网络广告宣传。

1. 传统媒体为主体,网络媒体是重要补充

"以传统媒体的广告宣传模式为主体,以新型媒体为重要补充。"这正是今麦郎对于广告媒体选择的理念。电视、报纸、杂志被人们认为是传统媒体,这类媒体的特点在于到达率高、威信度高、目前已经普遍被企业所接受。但是随着越来越多的企业开始注重广告宣传,形形色色的广告在不同媒体进行轰炸,使得传统媒体的广告宣传效果大打折扣。

首先,众多表现形式雷同的广告使消费者对产品、品牌记忆混淆。无论是快速消费品还是耐用品,它们在产品品质上存在同质化趋势的同时,在广告的表现形式上同质化现象也很严重,如诸多的帅哥靓女频频亮相,让人目不暇接却晕头转向。

其次,广告数量渐多使消费者产生反感。广告给消费者施加的是拉力,它能够拉动销售,但是"拉"多了消费者难免会腻烦。对于"填鸭式"的产品理念灌输,有谁会提得起兴趣呢?

再次,遥控的发明成为电视广告的天敌。遥控的发明使观众只需动动手指就切换了频道,绝大部分消费者对不感兴趣的广告会无情切掉。而报纸、杂志的广告版也会伴随着翻页速度的加快被读者从脑海中删除。

那么,什么样的广告能够调动起消费者更多的兴趣呢?这种广告形式一定要新颖有趣,更重要的是它应该让消费者参与进来,用广告来推动销售而不仅仅是单纯地拉动销售。

2. 多样化宣传形式锁定目标群体

今麦郎此次试水网络媒体广告,主要是要通过网络的多元化宣传方式提升今麦郎品牌的美誉度。今麦郎选择网络进行品牌提升的原因在于如下几点。

(1) 网络广告更具互动性,消费者可以轻而易举地参与进来,无需通过发短信、打电话等既繁琐又费钱的方式进行互动。

(2) 网民与今麦郎产品目标消费者基本相符,节约了宣传成本,降低了无用宣传。今麦郎的目标消费者多数是工作繁忙的单身白领、在校生活的大学生、出门在外的打工者,这些人的特点是生活节奏快、缺乏家人照顾,而绝大多数网

民也是如此。

(3) 网络广告更具个性化。网络广告的宣传形式比传统媒体要灵活得多，企业可以根据自己的需要选择通栏广告、悬浮式广告等传统形式，也可以选择赞助冠名、特型式广告、专题发布等非常规模式。

3. 品牌宣传不宜单兵作战

品牌的宣传要结合消费者感兴趣的话题，单纯地说企业如何大、如何好，没有人会认真去听，只有找到消费者感兴趣的话题，再结合良好的宣传途径，才能使广告效果发挥得淋漓尽致。

今麦郎的网络广告与"世界大学生运动会"相结合达到了很好的宣传效果。2005年7月，今麦郎系列产品之一的"今野拉面"被教育部中国大学生体育协会指定为"第23届世界大学生夏季运动会中国代表团专用方便面"。今麦郎选择了门户网站的体育频道开办了"第23届世界大学生夏季运动会"专题，并将作为中国代表团专用方便面的今麦郎系列产品的相关介绍作为花絮在专题中出现，形式活泼易于被网友接受。

此外在宣传形式上，今麦郎选择了"传统广告形式+赞助冠名+特型式广告（流媒体）+网上投票（互动形式）+专题传播"的复合式广告宣传形式，有力地提升了今麦郎品牌的知名度和美誉度，同时也对今麦郎产品之一的"今野拉面"的"青春、健康、活力"的品牌内涵进行了充分的渲染，让消费者在无形之中对品牌产生了好感。

4. 复合型监测发布效果更易评估

利用传统媒体做广告，很难准确地知道有多少人接触到广告信息。以报纸为例，虽然报纸读者可以统计，但是刊登在报纸上的广告有多少人阅读过却只能估计推测而不能精确统计。至于电视、广播和路牌等广告的受众人数就更难估计了。

而在Internet上可通过权威公正的访客流量统计系统精确统计出每个客户的广告被多少个用户看过，以及这些用户查阅的时间分布和地域分布。这些数据可以由网站自身提供，为了使发布监测更为客观，成熟的门户型网站都由第三方提供检测数据，复合型的检测有助于正确评估广告效果，审定广告投放策略。

5. 有的放矢少花钱多办事

总结今麦郎的网络广告投放经验，在开展网络宣传时可以注意以下几点。

(1) 如果进行专题宣传，要在网站首页上的明显处安置入口。入口很重要，否则就像是一个漂亮的房间，即使装修再好，客人找不到门也无法进去参观。

(2) 在网站的选择上要结合企业自身特点。网络媒体和传统媒体一样，每个网站、每个频道的受众各不相同，企业在选择网站时要结合自己品牌、产品的特点。对于快速消费品来说，门户网站的传播效果最好，但是对于那些目标消费群体特点突出的产品来讲，有的放矢的选择一些专业频道、专业网站也不失为一个省钱的好主意。

（3）网络的宣传主题最好能够与传统媒体相结合，因为广告的受众群体相较主流媒体还是具有一定的限制，只有在宣传上线上、线下步调一致，才能获得最好的宣传效果。

二、娃哈哈——网易点卡合作案例

娃哈哈与网易点卡合作广告，如图 5-38 所示。

图 5-38　娃哈哈与网易点卡合作广告

活动背景

娃哈哈非常系列产品的目标消费群是 15~25 岁年轻族群，而这部分人群恰恰是网易点卡的主要用户群；娃哈哈非常系列主推二线城市，网络游戏在二线城市中正逐步形成流行的娱乐模式；网易提供点卡作为娃哈哈的促销奖品，娃哈哈利用产品包装推广网易点卡。基于共同的受众群体，双方结成了双赢的合作模式。

网易解决方案

网易策划"喝非常系列，送网易点数卡"活动，提供 2 000 万点的点数卡作为非常系列产品的促销奖励。并在首页、新闻、体育、娱乐、游戏、网易通行证、手机等频道投放广告，为活动做推广宣传。

活动时间：2005 年 1 月 1 日~2005 年 9 月 30 日

活动内容："喝非常系列，送网易点数卡"

（1）消费者喝非常柠檬、非常甜橙、非常苹果，可通过印在包装上的用户名和密码，登录网易活动网站"feichang.163.com"进行密码验证，有机会获得网易点数卡奖励。

（2）网易提供 2 000 万点的点数卡做促销奖励（以 5 点为一单位，共 400 万个单位)。

(3) 娃哈哈提供5 600万瓶非常系列产品包装。

活动结果：

据2005年3月21日~2005年4月5日，共14天统计，参加活动人数为10 026人、获得点卡的人数为1 027人。

基本训练

一、简答题

(1) 简述网络广告策划的一般流程。

(2) 简述网络广告创意的原则与方法。

(3) 简述网络广告的发布形式有哪些。

二、论述分析题

(1) 常见网络广告投放媒体有哪些？该如何选择合适的广告投放媒体？

(2) 调查分析富媒体广告的应用现状及存在问题。

(3) 用数码相机或手机等拍摄日常生活中的一段视频，在视频网站（如我乐网等）发布并尝试进行广告宣传。

知识应用

(1) 打开新浪首页与汽车频道，分析页面上显示的所有网络广告的形式。

(2) 打开"新浪互动行销"网页，了解新浪网广告的最新报价单与广告制作要求。

(3) 访问新浪、搜狐、网易三大门户网站首页，从广告媒体选择的六个角度来比较在这些网站首页所投放的广告的差异。

(4) 在智联招聘或51job网站发布个人兼职广告。

(5) 请为法国欧莱雅专业UV防护系列产品策划网络广告方案。

(6) 以策划"咸阳中艺博雅艺术培训学校"的招生宣传的网络广告为任务，在已完成任务三的基础上，结合任务四所讲的发布、评估的理论知识，为任务三中策划、设计好的网络广告选择发布平台。尝试与该校联系将广告发布（咸阳中艺博雅艺术培训学校的网站也可以，其他网站也可)。发布后持续监测两个月，并撰写效果评估报告。

项目六 在线客户服务

任务描述

通过对九寨沟旅游电子商务网进行在线客户服务的案例，完成案例后面的相关任务。案例如下。

九寨沟旅游电子商务网是由九寨沟旅游管理局投资成立的中国第一家面向游客和旅行社，全面开展景区门票、餐饮、酒店、旅游线路等在线预定的电子商务网站。97%的旅行社都在网上预定九寨沟的门票和观光车票，网上业务量占总业务量的80%。自2008年5月使用Live800系统以来，九寨沟旅游网的网上交易量提升了30%以上，交易额突破了10亿元人民币。同时Live800使企业的电话传真等通信支出降低了20%，并使企业形象和客户满意度大大提高。

"那些在网络聊天中长大的一代人已经开始参加工作了，他们将是通过聊天购买的客户群，而且是一个正在迅速成长的销售渠道……这是一个全新的商业模式，就像直销"，九寨沟旅游网站某负责人如是说。

Live800是四川吉海科技有限公司研发的在线客服系统。吉海公司是一家新型的电信增值服务及系统集成公司，主要提供基于互联网的应用解决方案和专业增值服务。Live800在线客服系统能为企业轻松实现如下目标。

在线营销：实现网络交易平台的实时沟通和演示——产品销售，网上预定。
在线咨询：实现实时沟通的网络咨询业务——提供咨询业务的重要手段。
在线客服：为客户提供实时在线的网络服务通道——网络售后服务。
Live800的优势在于如下方面。
高效：充分发挥互联网优势，实现与客户直接沟通，提升企业网络销售收入。
节约：降低企业宣传成本、交易成本和通信成本。
质量：提高企业服务质量，提升企业形象。
方便：访客只需点击在线客服图标就能实现与企业的实时沟通。

专业：功能齐全的专业客服系统，是新一代的网上呼叫中心。

通过对以上九寨沟旅游电子商务网进行在线客户服务的案例进行分析，完成以下任务。

(1) 讨论分析九寨沟旅游电子商务网怎样与客户进行沟通？
(2) 在线客服系统具有哪些特点与优势？
(3) 在线客服与传统客服工作有什么区别？

任务分析

通过对本项目任务进行分析，可以看出要想开展在线客户服务必须了解互联网开展客户服务的基本概况；掌握在线客户服务的内容及客户服务工具的使用。通过分析任务，可以得出本项目所需掌握的知识目标和能力目标如下。

知识目标：了解在线客户服务与传统客服方式的区别；理解在线客户服务的概念、内容及步骤；掌握在线客户服务工具 FAQ 的设计方法及互联网在客户关系管理中的应用。

能力目标：学会利用互联网开展顾客服务；具备在线客服的技巧和能力及利用网络与客户沟通的能力；具备总结、归纳、分析、评价能力；具有设计 FAQ 的能力，能够利用在线客户服务工具为企业设计在线客户服务解决方案。

概念点击

在线客户服务：是以网页为载体，运用最新网络技术为网站访客提供与网站客服即时通信的高科技手段。

任务实施

任务一　在线客服概况

一、在线客服的功能

(1) 即时交流。当客户访问企业网站时，可以通过点击页面上的在线客服图标，实现和客服人员的对话及各类信息的传递。当企业销售或服务人员离线时，还可以通过手机随时随地与网站上的客户进行沟通，不放过任何一次销售机会。此外，网页即时通信的方式也越来越先进，过去都是弹出文字对话页面，客户不能同时浏览产品，切换窗口麻烦且可能错过对话消息。边浏览页面边沟通将

…215

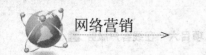

成为未来主流方式,即对话窗口就在被浏览的页面内,窗口可最小化、最大化,快速、易用!

(2) 主动出击。客服人员可以根据访客的来源和进入网站后的浏览轨迹了解客户需求,根据实际情况主动发出邀请并提供相应的服务。

(3) 对话转接。客服人员可以将访客转接给相关的部门或人员,实现客户和工作人员的无障碍直接沟通,也可邀请多个相关部门共同服务顾客,对顾客的问题给出更专业、更权威的答案。

(4) 报表统计。提供强大的报表统计功能以便企业更好把握消费者心理。手机也可收到简单的核心数据短信或 WAP 报表。

(5) 常用预存。常用预存功能针对常见问题、常用网页、常用文件制作预存客服标准答案、网页链接和文件,可以方便、快捷地回复客户,提高企业服务质量。

(6) 实施简便。采用先进的嵌入式代码设计,只需在企业的网站页面上插入一段代码即可实现在线客服的全部功能。

(7) 实时查看。访客端输入的文字内容,在访客提交之前客服端可以通过实时查看功能看到,方便客服提前准备好答案,加快客服的响应速度,提升服务的品质。

(8) 队列选择。当网站的访问量很大的时候可以通过智能排队自动将访客分配给客服,使客服合理分担工作压力,把注意力集中在自己服务的访客上,保证工作的高效。

(9) 访客来源追踪。客服可以通过网站伴侣实时查看网站当前访客数量、来源、所在页面。

(10) 轨迹功能。客服可以看到访客登录网站后先后访问过哪些页面,分别在各个页面停留的时间,帮助客服有针对性地介绍业务,同时也为企业了解客户最关心的信息提供了依据。

(11) 留言功能。当客服人员离线(下班或者走开)时,可以通过留言来收集客户反馈的问题,使服务实现全天候。

(12) 客服管理。包括客服权限的分配、客服分组、客服监控等功能,强大的客服管理功能使在线客服能满足更高要求的高端用户。

(13) 自动分配。可以根据客服的技能自动分配客服的接待量,便于为客户提供更优质周到的服务。

(14) 客户关系管理。包括访客名片的建立、对话记录的管理、熟客识别等,为企业建立良好的客情关系数据库,帮助企业有效维护老客户和挖掘潜在客户。

(15) 网页免费回呼电话。网上访客输入自己的电话号码就可以免费打电话向企业咨询,企业也借此而获得客户的联系方式。

二、目前在线顾客服务主要存在的问题

在线顾客服务中的主要问题表现在以下 8 个方面。
（1）回应顾客询问时间延长甚至不予回复。
（2）不愿意为用户开设新的使用或者访问权限。
（3）缺乏面对面的接触，尽管有些问题很容易当面解决。
（4）承诺的顾客服务难以实现。
（5）顾客通常需要将投诉意见用文字形式表达出来。
（6）网站"临时性关闭"或者下载速度极为缓慢。
（7）顾客服务联系信息不完善，可能只有一个通用的 E-mail 地址。
（8）顾客服务人员不称职或者缺乏责任感。

著名调查公司 Jupiter Media Metrix 最近对网上顾客服务状况进行了研究，被调查的主要对象为那些所谓的"鼠标加水泥"模式的网站，因为这种模式正成为网络行业的主流。Jupiter 的研究发现，只有 18% 的"鼠标加水泥"零售商具备管理网上和网下顾客服务渠道的能力，由于零售商的网上服务不合理，结果使得多达 70% 的顾客在这些网站开设的实体商店中花费很少。Jupiter 的分析人士建议这些零售商集合他们的顾客关系管理能力，以便保持顾客关系，并满足顾客需要。

因此，使用合适的在线客服工具向网络消费者提供更好、更优质的线上服务成为网络营销工作的重要发展方向。

任务二　在线客服工具及应用

使用 FAQ 让蒙娜丽莎"如虎添翼"

蒙娜丽莎婚纱摄影是全国著名的婚纱摄影机构，位列全国十大影楼之一。但是在进入 2006 年之后，随着婚庆市场的日益火爆，陕西西安的婚纱摄影机构也如雨后春笋般迅速多了起来。作为一家有十多年专业经验的知名品牌，在越来越多的竞争对手使出"价格战"的杀手锏时，如何保持自身的领先优势，如何让消费者在选择的时候保持理性，就成了蒙娜丽莎管理决策层亟待解决的问题。为此，他们开始了多方的调研和论证，发现如今的"新新人类"在选择婚纱摄影机构的时候不会只注重店面的装修和项目的价格，而会更多地登录网站查询和了解信息。为此，蒙娜丽莎决定从网站入手，一改过去简单无趣的画面和堆砌的文

字，而用更能代表企业形象的主题和颜色搭配。更重要的是他们使用了在线客服系统（FAQ），利用实时对话平台和呼叫中心随时解答网站访问者的问题（图6－1中红框处），这样既保证了信息传递的快速有效，还满足了年轻人追求新奇的心理需要。在不到一年的时间里，网上在线订购婚纱摄影的消费者增长了五成，蒙娜丽莎在2009年西安婚庆市场中独占鳌头。

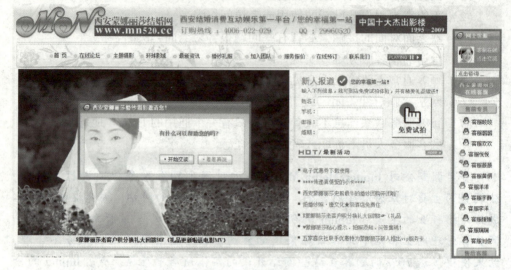

图6－1　蒙娜丽莎婚纱摄影机构的FAQ页面

西安蒙娜丽莎婚纱摄影用了不大的投资却收到了奇效，这是为什么？因为他们抓住了网络消费者的心理需要，使用合适的在线客服工具随时解决客户的疑虑和问题。而在网络营销中，在线客服系统经过这几年的发展已经成为网站客户服务、网站销售不可缺少的工具。

随着互联网的发展及网络营销模式重要性的凸显，在线客服系统成为网络营销的重要工具，也是提升企业网站形象，加强企业与访客互动的必备工具。

一、了解在线客服系统

在线客服系统是一种即时通信软件平台的统称。相比其他即时通信软件（如QQ、MSN等），它实现了和网站的无缝结合，为网站提供和访客对话的平台。网站访客无须安装任何软件即可通过网页进行对话（例如蒙娜丽莎婚纱摄影http：//www.mona－lisa.com.cn/）。在线客服系统共有的一个特点是，网站的所有者想要使用在线客服系统必须先向在线客服系统申请一个账户，然后生成网页标签就，即一段代码，然后把这段代码嵌入到网站网页当中，用申请的账户登录在线客服系统，就可以开始使用了。

（一）在线客服系统有什么功能

在线客服系统经过这几年的发展，已经成为网站客户服务、网站销售不可缺少的工具。在线客服系统除了具备实时的网页聊天功能外，还发展出弹出网页的方式主动邀请访客聊天的功能及文件对传功能，方便网站客服人员主动联系网站的在线访客，"变流量为销量，抓住每一个潜在的客户"。

此外，作为一款实时的网站客服工具，不同的厂家都有针对性的开发出具有各自特点的功能。淘宝旺旺，结合淘宝商店，提供实时管理商品、设置信息等功能；最早发明主动邀请对话功能的Webeye网眼，专注于最大限度地抓住所有潜在客户的销售功能，支持下班时间手机、电脑双向切换、免费回呼电话、边浏览边沟通等先进流量转化功能；5107网站伴侣和5107ICC，作为国内老牌的在线客服软件，其语音视频、智能机器人、CRM、统计数据分析系统、电话回呼、会员接口等功能一应俱全；讯纪客户通，主要就是稳定，功能也齐全；iLiveHelp，提供网站跟踪、流量统计、多席位、IP定位、电子名片等功能；TQ洽谈通，提供短信功能。

无论是哪一家在线客户系统的厂家，提供的系统都是为了更好地为网站服务。因此，未来在线客服系统的发展方向应该是更好地结合网站，结合客户管理系统（CRM），结合在线销售系统，为网站开辟一条发展之路、营销之路。例如，图6-2中淘宝旺旺和"百度HI"的在线客服软件。

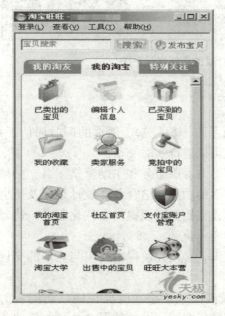 

图6-2 淘宝旺旺（左）和"百度HI"（右）都是著名的在线客服软件

（二） 在线客服系统的分类

目前，已知的在线客服系统很多，但是从产品的速度、功能及稳定性上考虑，只有几家老牌的在线客服系统口碑不错，像 Webeye 网眼、53KF、5107ICC、TQ 洽谈通、918KF、KF99、iLiveHelp 一点通、Live800 客服、讯纪客户通等，提供的在线客服系统和网站结合较好，占用网站资源小，不影响网站访问速度。

常见的在线客服有两类模式，一类是以网站商务通、5107、Live800 为主的，一般以坐席收费，价格偏高，需要安装客服系统，客服端运用 C/S 模式；一类是以 51 客服、53 客服、赢客服为主的免安装绿色客服系统，一般为无限坐席收费，客服端为 B/S 模式，访客端所有客服均为 B/S 模式。图 6-3 所示为康辉国际旅行社的在线客服系统。

图 6-3　康辉国际旅行社的在线客服系统

（三） 什么是网站在线客服系统

第一，通常我们所说的网站在线客服系统一般是基于网页的即时通信工具，它不需要安装任何软件，在浏览器窗口就可以进行实时交谈。

第二，网站在线客服系统作为企业网站的客服服务和主动营销工具，必须具有主动营销、客服支持及客户关系管理方面的功能，结合各类统计数据及历史资料可以让企业针对每一位网站页面的访客建立档案以便提供个性化服务，达到变访客为客户的营销目的，使公司形象更为专业化。

第三，为了避免客户因员工离开而流失，必须完整保留员工与客户的交谈内容，以便能保持与客户的联系。

第四，功能完善的网站在线客服系统还必须能够实时监控网站访问者的一切，包括：访问者通过哪种途径来到网站？正在访问网站的哪个页面？停留了多久？这些对于网络营销来说都是必不可少的。

第五，在线客服系统还必须具有员工绩效管理的功能，只有这样才能更好地对员工进行系统的管理。

（四） 网站在线客服系统的功能

（1）增加营销渠道。改变传统电话、邮件、QQ等客户营销方式，为企业打造主动式营销方式。

（2）增加销售机会。通过在线为顾客分析和解决复杂的问题来增强顾客的忠诚度，进一步提高销售机会和销售量。

（3）降低运营成本。每个在线客服人员可通过无限的增加即时在线服务人数，降低传统客户服务中通过电话交流所产生的成本。

（4）巩固客户关系。通过与网民在线人性化的交流并且根据顾客的地址来判断，可以发现回头客逐渐增多。

（5）无缝沟通。不用安装任何软件或插件，客户只需轻轻一点就能够与客服人员进行即时交流，大大降低了沟通门槛，提高成交机会。

（6）数据分析。提供了访客来访时间和地理位置的统计信息，企业可以根据这些数据调整销售人力安排、销售区域策略等，为进行市场决策提供有力的依据。

（7）知识储备。客服可以轻松地通过知识库进行学习；当面对访客的提问时也可以通过知识库调阅相关资料快速解答访客问题。

（8）精准营销。客服人员可以从系统中清楚地知道客户正在访问什么，感兴趣的是什么，并做好充足的准备。

（9）快捷回复。将常用的对话内容和网站地址进行分类整理，便于客服人员能够轻松地应答不同访客的问题，体现专业，提高效率。

（10）实时监管。管理人员能够实时对客服人员的工作进行监控，并查看访客对客服的满意度评价。

二、在线客服软件的使用及 FAQ 的设计

（一） 为什么要使用在线客服软件

企业网站拥有一套实用的在线客服软件正如找到了一位得心应手的商务秘书。然而，纵观当前市场，同质化的在线客服软件比比皆是，而能够让企业真正根据自身需要来按需定制、个性化开发的即时通信系统却少之又少。

目前，大多数的软件提供商还在用传统的开发理念开发企业即时通信软件。他们往往是从自身利益角度去开发产品，这就造成了一对难以解决的技术与需求的矛盾。一方面他们企图用一个软件来满足所有企业的需要，另一方面这种传统

理念下开发出来的产品又必然成为一个根本不可能完全适合于所有企业的低效产品。

也许有人认为,我有 QQ 客服就足够了,为何还要投资在线客服软件呢?原因就在这里,正是由于 QQ 客服具有很多的局限性,虽然给造成网站带来了大量的访问量,但成交量却很低。因为 QQ 客服很多时候是不能发起临时会话的(这个是公认的),必须加 QQ 才可以沟通,而且有的版本连 QQ 号码都不能查看。如果是你,你会不会觉得很麻烦呢?但在线客服软件就不同,它不要求客户安装任何程序。下面几个功能是 QQ 客服所没有的。

(1) 无限坐席功能,可以登录多个客服。

(2) 主动发起功能,主动邀请客户,由原来的被动变为主动。

(3) 咨询量分析功能,能时时查看当前网站访问的客户是通过搜索什么关键词过来的,浏览了哪个页面,已经停留的时间等。

(4) 自定义 Logo、旗帜广告,都是宣传公司的方式。

(5) 预置常用语促销语功能,预置常用语,可自定义随时修改,方便交流。

(二) FAQ 的设计和使用

FAQ 是英文 Frequently Asked Questions 的缩写,中文意思就是"经常问到的问题"或者更通俗地叫做"常见问题解答"。在很多网站上都可以看到 FAQ 列出了一些用户常见的问题,是一种在线帮助形式。在利用一些网站的功能或者服务时往往会遇到一些看似很简单,但不经过说明可能很难搞清楚的问题,有时甚至会因为这些细节问题的影响而失去用户,其实在很多情况下只要经过简单的解释就可以解决这些问题,这就是 FAQ 的价值。

在网络营销中,FAQ 被认为是一种常用的在线顾客服务手段。一个好的 FAQ 系统应该至少可以回答用户 81% 的一般问题,这样不仅方便了用户,也大大减轻了网站工作人员的压力,节省了大量的顾客服务成本,并且增加了顾客的满意度。因此,一个优秀的网站应该重视 FAQ 的设计(具体设计方法等技术问题详见项目七网站建设与推广)。FAQ 的页面设计应注意如下方面。

(1) 确保 FAQ 的效用。设计 FAQ 时必须保证有一定的信息量、一定的广度与深度,问题的回答也应尽可能地提供足够的信息,以做到至少对 80% 的顾客有实质性的帮助。

(2) FAQ 的设计应易于导航。这样的设计让顾客能方便地寻找到所提问题的答案。

应注意,不要将主题的所有问题流水账似的列在同一页上,而应在其顶部设置一个高亮度的问题分类表,把这个分类表链接到每一类主题的常见问题及答案中。顾客根据自己的需要寻找到所属的主题分类,点击这个分类,到相关页面上寻找问题及其答案。图 6-4、6-5 分别为"世纪天成"和"诺基亚"的在线客服系统页面。

项目六 在线客户服务

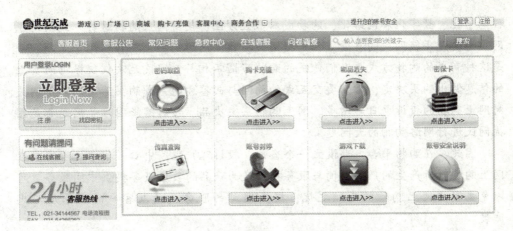

图 6-4 著名网络游戏公司世纪天成的 FAQ 界面

图 6-5 诺基亚（中国）的在线客服系统页面

知识拓展

网络购物行业呼叫中心（在线客服系统）解决方案

电子商务发展到今天，许多网民已经习惯足不出户从网上购物。整个买卖过

··· 223

程电子化、数字化和网络化，购物成本低且方便，使得网上购物这种方式获得了网民尤其是年轻网民的喜爱。但是据网民反映，网络购物主要存在两个问题。一是这种新兴的购物方式与人们传统的购物习惯不相符，网民无法仅仅根据网页上的信息做出购买决定，常需要交互式的询问与回答才能完成购买活动。二是网民对网上购物的投诉也日趋增多。网上购物买来次品、售后维修困难等问题都是困扰网民进行网络购物的大问题。

因此，在购物平台内部设立一个咨询、投诉客户服务中心，集中处理客户在网上购物时所产生的产品咨询与服务投诉及为产品的售后服务提供中间服务，可以免去客户网上购物的后顾之忧，提高网站的服务质量及客户的满意度与忠诚度。

购物网站后台呼叫中心客服系统的建立，为网站与网民之间架起一座良好的沟通桥梁；为顾客的购买过程提供实时咨询、购买指导等服务；为顾客提供了强大的支持，在很大程度上缓解了不少网民对网上产品"看得见，摸不着"的顾虑。同时客服人员通过呼叫中心进行的回访调查、投诉、售后服务等能够消除客户对售后服务的后顾之忧，从而提高网上成交率，促进整个购物平台的营业额的上升，同时也将提高网站后台客服人员的工作效率，优化后台资源，降低管理成本与人力成本。

购物网站建设呼叫中心系统的现实意义如下。
(1) 提升购物网站形象，彰显购物网站实力。
(2) 有利于购物网站的宣传，拓展客户群体和广告客户群体。
(3) 加强与客户的联系，提升客户忠诚度。
(4) 提高购物网站内部管理效率及员工满意度。
(5) 每周7天、每天24小时的服务，保证客户与广告客户服务的连续性。
(6) 增强与客户的互动联系，是购物网站争夺客户的有效武器。
(7) 多方面降低购物网站的管理和运营成本。
(8) 良好的售后服务与沟通机制让顾客免去后顾之忧，提高网上成交率。

在线客服系统将语音查询、自助服务、人工服务紧密结合，把购物网站进销存、配送资源、供应链资源、客户资源等通过网络进行整合，建立起网络购物的快速反应机制，增强客户群体与购物网站的互动，实现资源的统一分配与利用。系统为一个开放的对话平台，购物网站客服人员与客户进行互动和协作完成客户服务与客户关怀；同时客服人员能够随时了解到网站内部的进销存状况，方便对商品和供应商的各项信息进行掌握。

在线客服系统功能

1. 自助服务

客户致电购物网站呼叫中心时首先进入语音查询系统，在语音导航的指引下，选择自己想要的信息。在自助服务中，客户可以得到如下服务。

(1) 产品查询。
(2) 促销产品信息查询。
(3) 购物网站介绍。
(4) 会员积分查询。
(5) 订单状态查询。
(6) 电话挑选商品并下订单。
(7) 自助查询并选择付款方式及配送方式。
(8) 自助订阅购物网站新品信息。
(9) 客户与购物网站间的互动，例如投票、竞选等活动。
(10) 自助传真。
(11) 相关政策法规查询。
(12) 广告商信息查询。
(13) 投诉、建议等语音留言。

2. 自动通告

自动通告为语音导航的一部分，客户致电后可首先听到这部分内容。自动通告可发布的内容有如下几点。

(1) 购物网站介绍及最新动态。
(2) 重要信息公布。
(3) 购物网站优惠活动发布。
(4) 合作信息。
(5) 最新政策法规等。

3. 客户咨询

客户在网页选择商品时可随时通过电话、自助语音服务、电子邮件、传真、即时聊天工具等方式与客服人员取得联系，咨询商品性能、类别、使用方法等细节信息，客服人员根据客户的需求提供购物指导，方便客户进行购买判断。

购物网站的客户咨询主要包括挑选产品实时咨询、支付方式咨询、配送方式咨询、售后服务咨询、合作项目咨询等。系统对于老客户可建立一对一的亲情关系，将老客户的来话直接转接到以前曾与之通过话的客服人员处，有助于客户的维系和服务的延续。

4. 业务受理

客户除在网页上点选商品、生成订单并提交之外，还可以通过呼叫中心的自助语音服务自助下单成通过转人工服务来下单。客服人员受理客户所下订单，生成派单并转发给相应部门进行配送。待处理结果通过网络返回到购物网站呼叫中心后，工作人员以电话、传真、短信息、电子邮件等方式回复客户。客户也可随时通过本系统了解所提交订单现处于哪一环节及被哪一部门所处理。主要受理业务内容除了下单之外，还有选择付款方式、选择配送方式、产品报修等。

5. 主动服务/客户关怀

购物网站客服人员通过本系统的外拨功能可以实现对客户的主动服务。外拨方式分为四种：外拨语音架构、外拨语音文件、群发短信和传真。客户关怀的具体内容如下。

(1) 对意向客户群体的关怀与跟踪。

(2) 对潜在客户的信息告知。

(3) 最近购物网站活动通告。

(4) 网上调查、投票、征集等活动。

(5) 客户满意度调查、客户消费习惯与需求调查。

(6) 购物网站促销活动告知。

(7) 老客户回访调查。

(8) 付款、配送等信息的提醒与确认。

(9) 客户购买产品的确认、提醒与祝福等。

6. 客户投诉与建议

通过人工服务、语音信箱、传真、电子邮件等方式，客户可将投诉或建议反馈给购物网站客服人员。客服人员接到反馈信息后，可将电话转接给相关部门处理，有助于投诉或纠纷的圆满解决。

7. 购物网站调查

在电子商务逐渐成为企业营销趋势的今天，购物网站需要建立一个能够直接了解市场和客户需求变化的窗口。系统通过外拨方式可进行市场调查、客户满意度调查、客户消费习惯与需求调查等活动，制定针对性的改善方案，调整购物网站的经营管理策略，提高管理决策的科学性，提高购物网站整体品牌形象，从而提高效益和效率，降低管理和经营成本。

8. 统计报表

系统可根据来去电的详细情况进行有效统计，包括客户在线等待时间、来电记录、自助查询记录、收发短信息记录等，并且生成各种统计图形。购物网站客服人员可以灵活地自定义统计内容为购物网站决策提供权威有效的数据。统计报表主要包括以下数据。

(1) 客户在语音查询中各项产品的查询统计。

(2) 每一位购物网站客服人员的接入、拨出电话的数量、时间统计。

(3) 每一通来电的客户在线等待时间的记录与统计。

(4) 购物网站客服人员的状态记录：示闲、示忙、话务处理。

(5) 收发短信的记录与统计等。

通过统计报表中的各项统计分析数据，购物网站可以清楚地获知哪类产品或服务最畅销，哪一类产品或服务客户投诉最多，等等。统计报表可为网站及时捕捉和改善服务质量提供科学依据。

9. 扩展服务

本系统具有开放性，可与网络购物企业自有的会员管理、进销存系统、办公系统等实现无缝结合，还可根据企业的具体要求定制开发某些功能。

基本训练

（1）在线客服的概念和功能是什么？

（2）什么是在线服务系统？在线服务工具有哪些？

（3）课后分组登录中国移动通信陕西分公司的网站（http：//www. sn. chinamobile. com/），进入在线客服系统，如图6-6所示。提出问题，并记录响应时间和操作流程，讨论使用后的感受。

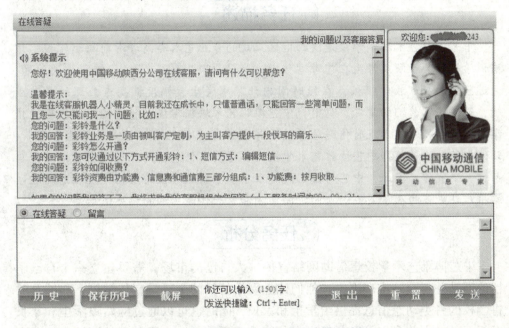

图6-6 陕西移动分公司的在线客服系统界面

知识应用

（1）讨论中艺博雅艺术培训学校有无必要建立在线客服系统，如果有必要，你将从哪些方面入手？

（2）根据访问及小组讨论结果为"咸阳中艺博雅艺术培训学校"的官方网站设计一份FAQ方案。

项目七 网站建设与推广

任务描述

中艺博雅艺术培训学校是陕西地区正规的专业艺术类高考考前培训学校。该培训学校致力于解决考生在艺考过程中"考什么""怎么考""如何学"的问题。通过独创的应试教学模板，在短时间内让艺术考生大幅度提高专业课的考试成绩，获得了家长们的肯定。目前，中艺博雅艺术培训学校也想通过网络渠道宣传学校，将学校的信息及时传递给学生和家长及想了解艺术的更多的学生和家长，让他们随时能够获得中艺博雅艺术学校的各种动态信息，同时也是中艺博雅为自身作一个宣传。因此，中艺博雅已经建立了一个自己学校的网站，现在想通过网站推广让更多的人了解他们，同时向学生和家长传递艺术的相关信息。

任务分析

中艺博雅艺术学校想借助网络宣传扩大自己的市场，需要建立一个自己学校的网站并将网站推广出去。他们建立网站的目的主要是宣传学校，能够及时将学校的各类动态信息提供给学生和家长，同时也可以通过网站跟学生和家长进行互动。由此我们可以分析出中艺博雅需要建立一个服务型的网站，而且主要是广告型，目的是发布企业或产品信息。通过完成任务，学生需要达到的目标如下。

知识目标：通过上面任务的分析与实施，使学生能够了解网站建设的步骤及相应流程、网站规划的内容及作用及网站的类型等相关知识；熟悉域名申请注册的程序和策略及其商业价值。从营销角度了解设计网站的步骤和流程，能够根据企业的实际情况分析确定网站的类型及网站应有的功能，能够利用各种营销手段对网站进行推广。

技能目标：通过任务实施，使学生能够熟悉各种不同类型网站，能够根据企业的实际情况及建立网站的目的确定企业网站的类型，了解企业网站建设的流程、步骤及首页设计相关内容，熟练掌握域名申请的步骤及企业网站推广的各种方式。

概念点击

网站（Website）：是指在因特网上，根据一定的规则，使用 Html 等工具制作的用于展示特定内容的相关网页的集合。简单地说，网站是一种通信工具，就像布告栏一样，人们可以通过网站来发布自己想要公开的资讯或者利用网站来提供相关的网络服务。

网站建设：是网站策划师、网络程序员、网页设计师等应用各种网络程序开发技术和网页设计技术，为企事业单位、公司或个人在全球互联网（Internet）上建设站点并包含域名注册和主机托管等服务的总称。

网站规划：是指在网站建设前对市场进行分析、确定网站目标和功能，并根据需要对网站建设中的技术、内容、费用、测试等做出计划。网站规划对网站建设起到计划和指导的作用，对网站的内容和维护起到了定位的作用。

任务实施

任务一 网站建设流程

不管企业建立一个什么类型的网站、目的如何，随着电子商务的深入应用，一个企业网站的建立通常要经历三个阶段：网站规划、网站开发、网站发布。其中是否能够合理安排电子商务站点的内容对企业建立网站至关重要，因此在建立网站之前首先需要有一个规划工作，即网站规划。在建立电子商务网站时，网站的规划工作在网站建设的全过程得以体现，是网站建设的最重要环节，也是最容易被忽视的环节。

网站规划既有战略性的内容也包含战术性的内容，网站规划应站在企业战略的高度来考虑，战术是为战略服务的。网站规划是网站建设的基础和指导纲领，决定了一个网站的发展方向，同时对网站推广也具有指导意义。

一、以营销思想为导向的网站规划

（一）网站定位

网站规划中最基本、最主要的工作就是网站定位，关系到网站内容规划、网站建设解决方案的选择及网站运行过程中能否实现企业营销目标等一系列问题。

1. 网站目标定位

企业建立网站的根本目的就是为了适应电子商务的发展、抢占网络商机、提

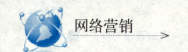

升企业形象、加强客户服务、降低营销成本、提高企业效益、获得竞争优势。当然,不同企业由于产品、规模、技术、服务及企业资源上的差异,网站建设的目标各有侧重。网站目标可从以下几个方面来确定。

(1) 信息发布。将企业网站作为企业与外部进行沟通的媒体平台,宣传产品或服务项目、提升公司形象、拓展市场。比如,企业新产品信息、促销让利活动、企业新闻、客户服务等互动式介绍,可以帮助客户了解企业、提升企业形象、拓展企业的目标市场。

(2) 交易受理。通过企业网站交易平台,可以进行在线直销或者成为与分销商联系的平台进行网络分销,拓宽企业的销售渠道,减少交易环节,降低交易成本。

(3) 商务管理。通过网站,不仅可以进行信息发布、商品交易,还可把企业网站作为商务管理的平台,实施整合营销、数据库营销、网络直复式营销及网络渠道管理。通过网站宣传公司整体形象、推广产品与服务、实现网上客户服务与产品的在线销售、为公司直接创造利润、提高竞争力,这些较适于各类有条件的大中型企业。

中艺博雅是一家艺术类培训学校,该网站的目标是成为学校与外部进行沟通的媒体平台,通过宣传学校的服务项目及动态信息提升学校形象,拓展市场。

2. 网站的类型及核心业务定位

根据网站目标确定网站的类型及网站所承担的核心业务,以此来确定网站应具有的主要栏目、功能及网站的规模。如表 7 - 1 所示。

表 7 - 1 网站的类型及核心业务

划分依据	类别	内涵	核心业务
服务内容	广告型	发布企业及产品信息	信息发布
	交易型	前端交易系统与后台库存系统及认证中心、物流、网络银行系统连接	商品介绍、在线交易、电子支付
	信息服务型	提供信息服务	信息中介、交易中介
服务领域	垂直型	为特定行业供应链用户提供专业化服务	信息咨询、交易平台
	水平型	综合性网站,跨不同行业、领域	多样化
服务对象	B2B	面向上游企业或下游企业进行商品采购、销售	交易管理
	B2C	面向最终消费者	促销

3. 网站服务对象的定位

当确定了网站的类型与业务领域后就要开始考虑网站所要面对的用户，因为即使是同一类网站也可以有不同的服务对象。确定网站的服务对象一般可以从以下几方面入手：用户的年龄与性别结构、用户的文化层次、用户的职业与职业分布、用户的地域分布、用户的个性偏好。

中艺博雅主要服务于考艺校的学生，因此它的服务对象主要是青少年，但是这一用户群体有一个特征，即需要家长协助作一些决策，因此网站必须能够跟家长进行互动，让更多的家长了解中艺博雅。

4. 网站功能定位

（1）产品介绍。通过网站图片、文字资料、多媒体文件，向用户介绍企业产品或服务信息。

（2）信息发布。发布企业新闻、新产品信息、促销信息、合作信息、采购信息、人员招聘信息等。

（3）客户服务。通过网站为客户提供服务帮助，例如常见问题解答、售后服务指南及通过即时通信软件实时为客户提供咨询帮助。

（4）网上销售。通过交易平台完成商务谈判、签订合同、电子支付等功能。

（5）网上调查。通过网上调查工具（在线调查、E-mail 等）与客户产生互动，收集信息、了解消费者行为习惯、企业品牌形象、产品使用等市场资料。

（6）网络传播。通过网络社区等方式，发挥网络"推""拉"互动的特点，广泛建立网上联盟，推动企业的网上品牌建设、吸引客户，强化与客户的关系。

（7）业务管理。通过网站可以实现网络营销管理，比如网络广告的发布与统计、销售业务信息管理等。

5. 网站的经营模式定位

从组织管理的角度来分析，网站可分为盈利性的和非盈利性的。盈利性的网站要想运行好，必须有经营的理念。而经营的基础是要有一个合理的经营模式，它包括网站内容、栏目的安排、业务的处理方式及相互之间的关系等。

中艺博雅是一个信息发布型的网站，从网站的定位可以看出其属于非盈利性的网站，该网站主要是以发布信息为主要业务的。网站功能如图 7-1 所示。

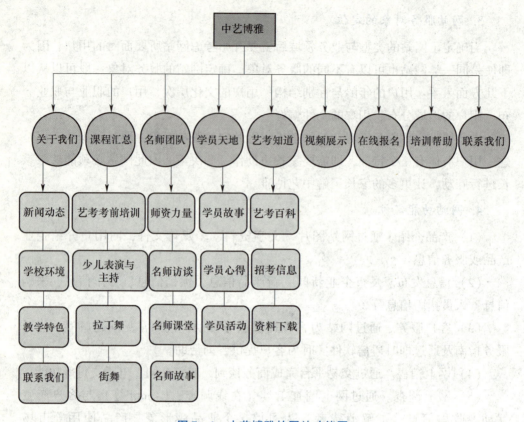

图 7-1 中艺博雅的网站功能图

（二）网站规划的内容

若要使企业网站与企业的营销目标相一致，工作要从网站规划阶段开始。网站规划对网站建设起到计划和指导作用，对网站的内容和维护起到良好的定位作用，对网站的营销效果也有一定的促进作用。以营销思想为指导的网站规划的内容主要包括以下7个方面。

1. 环境规划

（1）相关行业的市场分析，以确定是否有利于企业在互联网上开展业务。

（2）市场主要竞争者分析，即竞争对手上网情况及其网站规划、功能。

（3）企业自身资源分析，即公司概况、资源优势，通过网站可以强化哪些竞争力，建设网站的能力（费用、技术、人力等）如何。尤其是企业信息化程度的分析，比如企业内部网（Intranet）的建设情况和网站的可扩展性。

2. 网站技术规划

根据网站的功能和规模可以确定网站技术解决方案。一般以信息发布为主要功能的网站，可以选择 IDC 等服务商提供的虚拟主机服务，如果要求功能更灵活、安全、稳定、快捷,则可选择主机托管(服务器托管)服务,并且可以使用服务商提供的相应服务。大型企业站点可选用独立建站方案,独立建站需要考虑以下问题。

(1) 硬件。一般包括路由器、交换机、服务器、不间断电源、空调、除湿机等。

(2) 系统平台。系统平台可从投入成本、伸缩性、易用性、稳定性和安全性等方面去选择。目前系统平台主要有 Windows NT、Unix、Netware、Linux。

(3) 数据库管理系统。数据库管理系统是网络应用的核心,它主要负责数据管理中数据的获取、编码、组织、存储、访问和处理等问题。

(4) 电子商务解决方案。企业网站不是一个孤立的对外窗口,真正的电子商务是利用 Internet 为核心的信息技术进行商务活动和企业资源的管理。企业网站与企业内部信息系统按照企业商业活动流程实现有效整合才能高效率地管理企业的所有信息,实现企业的信息化战略。电子商务解决方案就是各厂商为客户有针对性地提供完整的应用集成方案。目前,提供电子商务解决方案的厂商主要有:IBM、Intel、Lotus、Oracle、Informix 和源代码开放组织。

(5) 网站安全技术。可采用虚拟专用网、防火墙等技术,制定防黑客、防病毒方案,确保网站的安全。

(6) 网站程序开发技术。如网页程序 APS、JSP、CGI、数据库程序等。

(7) Internet 接入方式选择。网站响应速度是测评网站优劣的一个重要指标。它主要取决于网络带宽即通信线路中允许的最大数据传输速度。选择带宽时,在经济条件允许的情况下应尽可能地选择带宽高的通信线路,比如 DDN 接入、DSL 接入、ATM 接入等。

根据中艺博雅艺术学校的任务需求及网站的功能,在网站技术方面可以选择 IDC 等服务商提供的虚拟主机服务。

3. 内容规划

网站内容是网站吸引浏览者最重要的因素,不实用、不经常更新的信息内容不能吸引匆匆浏览的访客。可根据网站的目标和功能规划网站内容,包括栏目名称、框架设计、链接方式、导航条等。网站内容的设计主要表现在网页的版块和栏目设计上。一是围绕主题广泛收集和组织各种相关资料;二是配合所收集的资料设计网站将要提供服务的具体内容,尤其是提供有特色的服务。在进行网站栏目规划和业务内容设计时,应注意以下问题。

(1) 内容要紧扣主题。主题定位要放在栏目设计之前,栏目是为主题服务的,需将主题按一定方法分类。不围绕主题所规划的内容设计栏目只会使主题定位形同虚设。

(2) 要把最直接表现主题且最吸引人的内容放在最突出的位置,这样才能使用户直奔主题,使网站的价值在最短的时间内被用户所了解。

（3）应设立一个最新更新栏目和网站指南栏目。这样做的目的是为了照顾常来的访客，让主页更人性化。通过提供信息定制服务让用户在网上定制自己感兴趣的内容，并为之提供类似"我的公文包"的栏目，使用户在登录后可以直接看到所关心内容的最新资料，从而大大提高网站的亲和力。当网站内容丰富时，应提供站内的搜索引擎并设置导航栏目，帮助初访者快速找到他们想要的内容。

（4）应该包含可双向交流的栏目。良好的双向交流机制可以使用户充分参与到网站的建设中来，使用户和网站双方均能获益，有助于用户从网站上获得真正想要的东西。调查表明，提供双向交流的站点比简单地留一个 E-mail 地址更具有亲和力，但这种栏目不宜过多，而且栏目的设置要紧扣主题。

（5）可以设立一个下载或常见问题回答栏目。如果网站经常收到某方面的问题，最好设立一个常见问题回答栏目，这样既方便用户又节约了网站维护时间。另外，在网站上设立一个资料下载栏目更会受到用户的欢迎。

4. 网页美术设计规划

网页美术设计一般要符合企业的整体形象，要符合 CI 规范。注意网页色彩、图片的应用及版面规划，保持网页整体一致性。

5. 测试与维护规划

网站建成后，要进行各方面的测试及制定测试标准，以避免网站上传之后，出现问题影响企业形象。网站维护包括机房维护、服务器及相关软硬件的维护、数据库维护及内容的更新调整等。

对网站和数据的后期维护往往是大家容易忽视的地方。现在的许多网站长时间不更新、页面打不开、响应速度慢，不仅不能吸引新客户还会失去老客户。所以必须在网站建设之初就制定相关的维护规定，确保实现企业的目标。

6. 财务规划

根据以上规划，确定建站的费用预算。企业网站的费用主要由以下几部分组成：租用网络线路、购置硬件设备、软件投资、应用系统开发、网站设计开发、软硬件培训、网站管理人员配置、系统的后期维护费用等。

7. 建设规划

制定网站建设项目管理规划书，制定严格的日程计划表，聘用项目负责人监控整个实施过程，确保网站按规划的目标、财务预算保质保量按期完成建设。

建立商务网站是每一家企业开展网络营销的关键，但企业必须客观地分析自身实力和市场现状，做好调查分析，最好咨询有关专家以确定投资额度和实施方案，保证投资的社会效益和经济回报。切忌赶时髦、追时尚，在没有客观分析和缺乏全局统筹的情况下盲目投入资金。

二、网站开发阶段

前期的分析及网站的规划使网站的建设进入了一个初步的建设进程。根据网站的规划，第二步我们将按照网站规划的相关要求进入网站的开发阶段。

（一）网站开发前期的准备工作

1. 申请网站的域名

互联网上的计算机就像我们生活中的企业或学校一样都有自己的地址，只有知道计算机的地址，我们才能找到和访问互联网上的站点。这个地址我们称其是 IP 地址，是由 32 位二进制代码组成，分网络号和主机号两部分。网络号用来标识一个网络，而主机号则用来标识该网络上的某个计算机。32 位的 IP 地址又可分为 4 个 8 位组。组与组之间用"."分开。例如浙江省高校招生办公室的 WWW 服务器 IP 地址是"210.33.110.3"。这样的数字代码地址不好记忆，人们更容易和愿意记忆有一定含义的名字。为了便于记忆，按照一定的规则给互联网上的计算机起的名字就叫做域名。从技术上来讲，域名只是一个互联网中用于解决数字 IP 地址不易记忆的方法，它好比是一个别名，代表一个 IP 地址，如域名"mail.zjzs.edu.cn"是浙江省高校招生办公室的 WWW 服务器，它代表了其相应的 IP 地址"210.33.110.3"。域名和它的 IP 地址是一一对应的，在互联网上没有重复的域名。

域名的形式是一串有意义的字符，由若干个标号组成，它们之间用"."分开，每个标号又由若干个符号组成，标号的长度和域名的长度都受到一定的限制，从右到左依次为顶级域、二级域、三级域等。标号应以字母开头，以字母或数字结束，中间只能由字母、数字或"-"组成（注意：域名中的英文字符是不区分大小写的）。例如中央电视台的域名为"www.cctv.com"。

按照 Internet 的组织模式，域名主要分为这样几种：".com"（商业组织）、".net"（网络中心）、".edu"（教育机构）、".gov"（政府部门）、".mil"（军事机构）、".org"（国际组织）等。大部分国家和地区都拥有自己独立的域名，例如"cn"（中国）、"us"（美国）、"uk"（英国）、"hk"（中国香港）等。

（1）域名的商业价值。

Internet 域名是 Internet 网络上的一个服务器或一个网络系统的名字，网络使用者通过域名就能到达某一个网站。企业建立自己的网站，就会得到一个具有商业价值的网址（域名），其中可以包含企业的名称、行业和所属国家等信息。域名的直接作用相当于电话号码，但间接意义更大，可以印到宣传品或媒体广告上吸引人们访问企业网站。

域名注册是一项非常有限的资源开发工作，Internet 上的每个域名都是独一无二的。国际域名遵循先申请先注册的原则，域名必须尽快注册，企业才有可能获得所需的域名。要防止他人抢注，避免自己千辛万苦培育的品牌落入他从之手。就技术而言，域名不过是一种 IP 地址的助记符号，但由于域名在 Internet 网络上是唯一的，域名一旦被注册其他任何机构就不能再注册相同的域名。这就使得域名实际上与商标、企业标识物有了相类似的意义，因此有人也把域名地址称为"网络标识"。比如，如果希望到网上查询 IBM 公司产品信息却不知道网址，我们会很自然地在浏览器的地址栏键入"www.ibm.com"去试一试。域名在商业竞争中不只是一个网络地址，而且还牵涉到至关重要的商业新机会。以产品名称作为域名的企业一般是这一行业的佼佼者，因此直接以产品名称命名的域名是企业做商业广告最理想的方式。

对于从事商业活动的公司来说，域名已经是公司形象的一部分。就像国外的"域名交易所"所宣传的那样，"域名是一个有限的资源"。于是网络上时常有域名被抢注、重金购买域名的事情发生。比如麦当劳不惜花费 800 万美元买回被别人抢注的域名；太阳微电子和苹果电子公司利用法律手段极力保护自己的商标权和域名权，这些都说明域名的重要商业价值。

（2）域名的选择。

域名不仅仅是企业的网络标识，也是人们在网上查找企业的依据之一。可以说拥有一个好的域名也就意味着有了成功的开端。例如我们俗知的珠穆朗玛网上超市，它的域名是"8848"（珠穆朗玛峰是世界上最高的山峰，海拔 8 848.13 米）谐音是"发发誓发"，中国人理解是"一定成功"的意思。而且珠穆朗玛在国外也具有极高的知名度，因此 8848 网站的成功是不难理解的。

既然域名被视为企业的网上商标，注册一个好的域名就显得至关重要了。那么如何命名和选择一个好的域名呢？经验告诉我们，企业的域名最好与单位的名称、单位的商标及单位平时所做的宣传相一致。如果企业的域名与企业的名称或商标保持一致，那么人们就很容易在因特网上找到该企业的网址并检索所需信息，使名称、商标这一无形资产在网络空间得到了延伸，成为企业网络上的广告，这样既宣传了企业的形象，同时也保护了企业的利益。选择域名时应注意以下几项原则。

①简短、切题、易记。选择一个切题易记的域名是网站成功的重要因素。域名就是网络商标，是用户访问网站的第一通道。一个简短易记反映站点性质的响亮域名往往会给用户留下深刻的印象，如中华网注册的域名为"www.china.com"，在这里"china"的英文含义是中国，记忆起来很容易。域名不宜过长，否则不易记忆，谁都不会愿意去输入一个长而难记的地址来访问某一个网站。

②域名应与公司密切相关。一个好的域名应该与企业的性质、企业的名称、企业的商标及平时的企业宣传一致，如用单位名称的中英文缩写、企业的产品注册商标、企业商品或服务类别名称或与企业广告语一致的中英文内容，但注意不能超过 20 个字符。

如果用户是提供服务的网络就更需要有创意、有特色。域名的字母组成要便于记忆,以便给人留下较深的印象。如果你有多个很有价值的商标,最好都进行注册保护,以免这些域名被竞争对手注册。

(3)域名注册。

域名注册遵循"先申请、先注册"原则,没有预留服务。因此,我们在选择了一个比较满意的域名之后就应该马上注册。那么域名注册具体怎样操作呢?以下是注册域名的一般程序。

①域名查询。因特网上域名的命名是唯一的,因此在注册域名之前,必须先检索一下自己要注册的域名是否已被注册,最简单快捷的检索方式是通过网络查询。如果要检索国际顶级域名可以到国际互联网中心"INTERNIC/www.internic.net"或"www.checkdomain.com"去查询。查询国内顶级域名可以到中国互联网信息中心进行查询"CNNIC/www.cnnic.net.cn"。下面以注册一个国内域名为例进行说明。

首先进入中国互联网信息中心,进入首页后选择"域名信息查询",进入"http://www.cnnic.net"界面,在域名查询框内输入想要查询的域名,单击"提交"按钮。如果已被人注册了,将会出现注册信息,包括域名、域名注册单位、管理联系人、技术联系人等,例如查询"hao123.com"域名是否被注册,步骤如下。

第一步,在WHOIS查询下输入"hao123.com",界面如图7-2所示。

图7-2 查询界面首页

第二步，单击"查询"按钮，进入如图7-3所示界面。

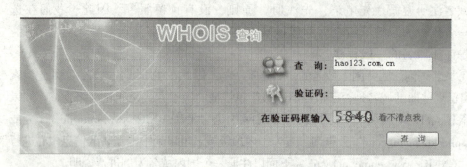

图7-3　WHOIS查询界面

第三步，输入要查询的内容及验证码，单击"查询"按钮，进入如图7-4所示界面，可看见该域名注册的相关信息。

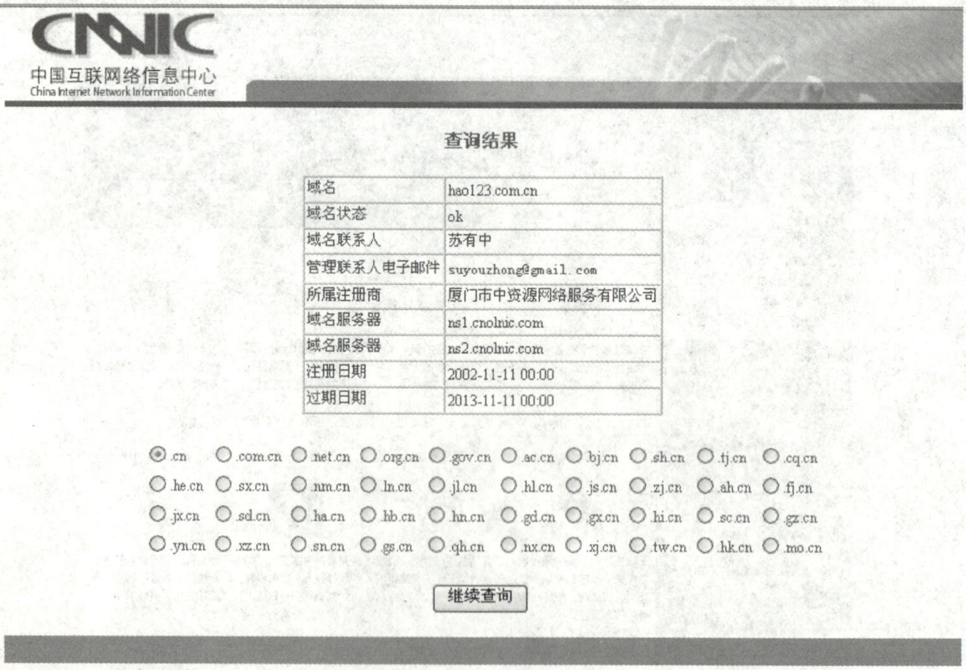

图7-4　查询结果

如果用户要注册的域名没有被注册，则会出现如图7-5所示界面的信息，这时我们就可以进行注册了。

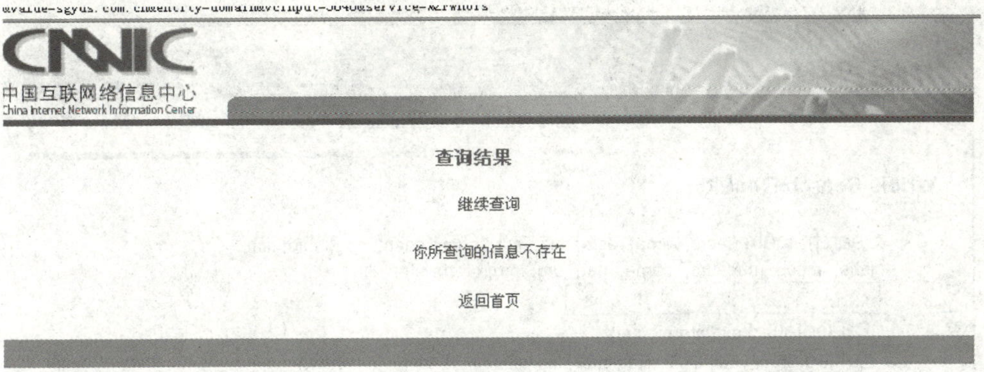

项目七 网站建设与推广

查询结果

继续查询

你所查询的信息不存在

返回首页

图7-5 显示域名没有被注册

如果要查询国际域名可以到国际互联网中心去查询，首先进入首页后选择"whois"，进入"http：//www.internic.net/whois.html"的界面，如图7-6所示。

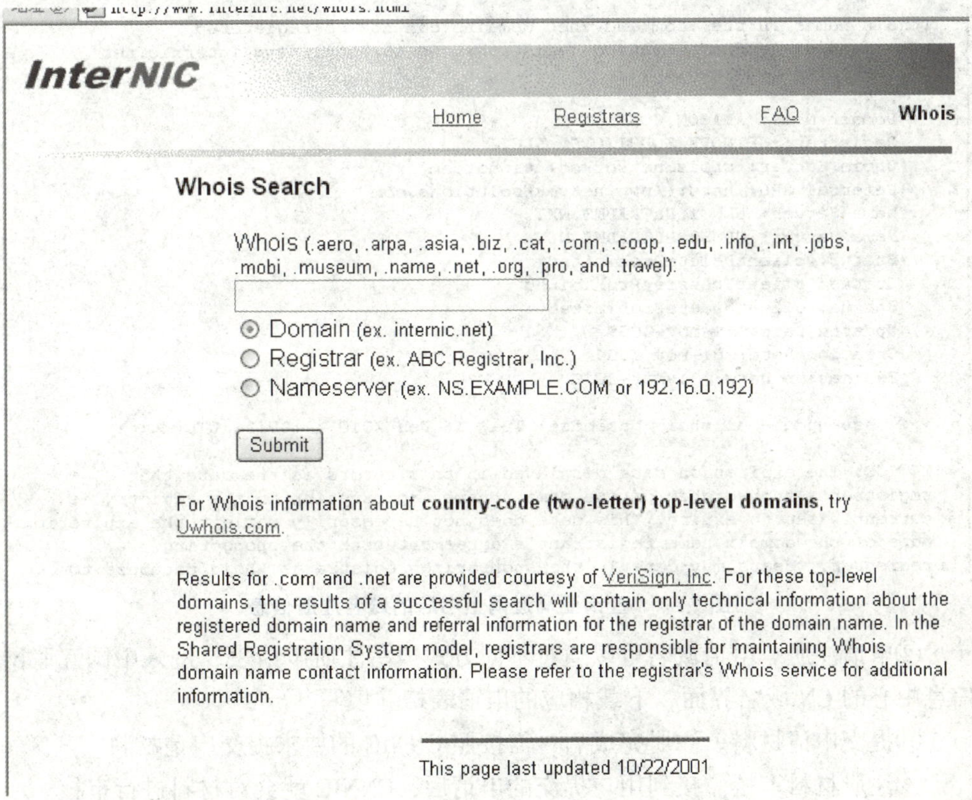

图7-6 查询国际域名

在"whois seach"查询框内输入想要查询的域名，单击"submit"按钮，如果已被人注册将会出现注册信息。

例如查询亚马逊网上书店的域名"amazon.com"是否已注册，反馈信息如图7-7所示。

··· 239

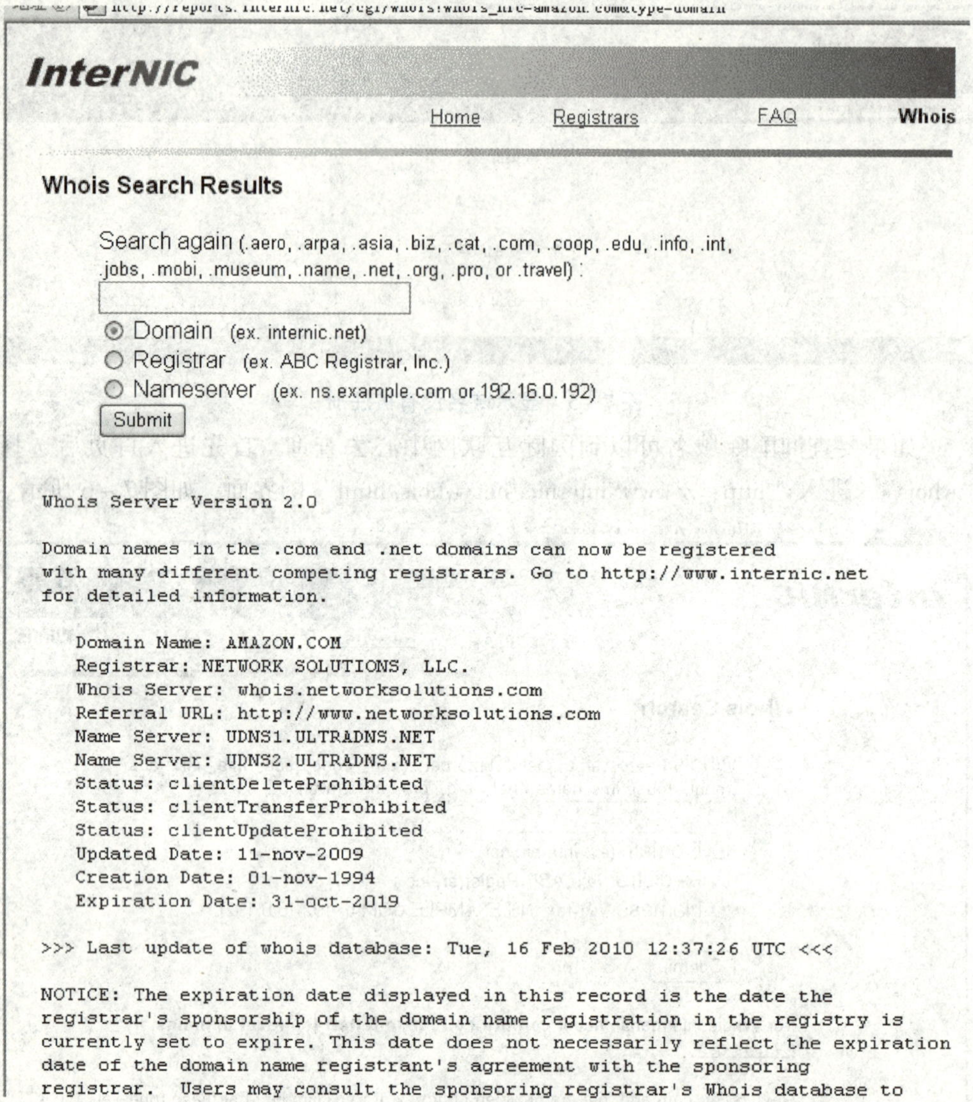

InterNIC

Home Registrars FAQ **Whois**

Whois Search Results

Search again (.aero, .arpa, .asia, .biz, .cat, .com, .coop, .edu, .info, .int, .jobs, .mobi, .museum, .name, .net, .org, .pro, or .travel) :

Domain (ex. internic.net)
Registrar (ex. ABC Registrar, Inc.)
Nameserver (ex. ns.example.com or 192.16.0.192)
Submit

```
Whois Server Version 2.0

Domain names in the .com and .net domains can now be registered
with many different competing registrars. Go to http://www.internic.net
for detailed information.

   Domain Name: AMAZON.COM
   Registrar: NETWORK SOLUTIONS, LLC.
   Whois Server: whois.networksolutions.com
   Referral URL: http://www.networksolutions.com
   Name Server: UDNS1.ULTRADNS.NET
   Name Server: UDNS2.ULTRADNS.NET
   Status: clientDeleteProhibited
   Status: clientTransferProhibited
   Status: clientUpdateProhibited
   Updated Date: 11-nov-2009
   Creation Date: 01-nov-1994
   Expiration Date: 31-oct-2019

>>> Last update of whois database: Tue, 16 Feb 2010 12:37:26 UTC <<<

NOTICE: The expiration date displayed in this record is the date the
registrar's sponsorship of the domain name registration in the registry is
currently set to expire. This date does not necessarily reflect the expiration
date of the domain name registrant's agreement with the sponsoring
registrar.  Users may consult the sponsoring registrar's Whois database to
```

图 7－7 查询亚马逊网上书店的域名注册信息

②申请注册。申请域名可以通过不同方式填写注册申请表。进入中国互联网信息中心的 CN 域名界面，下载相应的申请表格并填写。

③提交申请材料。注册完成后，需按照 CNNIC 的要求提交申请材料。

④注册材料审核。接到用户提交的申请后，CNNIC 就会对材料进行审核。

⑤缴费。在收到已通过审核的电子邮件后，用户应在 20 日内通过邮政汇款、银行电汇或直接上门缴纳域名注册费用。

（4）域名限制及完成后的注意事项。

①域名一般要以企业的身份注册，不能以个人的身份注册。

②域名在取名上的限制。

③未经国家有关部门的批准，不得使用含有"china" "Chinese" "cn" "national"等字样的域名。

④不得使用公众知晓的其他国家或者地区名称、外国地名、国家组织名称。

⑤未经各级地方政府批准，不得使用县级以上（含县级）行政区域名称的全称或缩写。

⑥不得使用行业名称或者商品的通用名称。

⑦不得使用对国家、社会或者公益有损害的名称。

⑧域名注册成功后要充分发挥域名作用。利用网站宣传产品，建立自己的电子邮件系统，在广告上打上自己的主页地址等。

⑨域名到期时要及时缴费，以免被他人注册而失去所有权。

⑩域名注册信息如有变动要及时修改。

2. 组建局域网

根据企业的实际情况确定企业局域网的拓扑结构及局域网所需的软硬件设施。

3. 安装软件平台及开发工具

安装所需要的各种软件及平台，如客户端技术、服务器端技术平台、数据库平台等。

（二）网站页面内容编排

1. 确定每页具体内容，尤其是首页的功能模块、版面等

网站中的网页设计作为一种视觉语言，要讲究编排和布局。虽然主页的设计不等同于平面设计，但它们有许多相近之处，应加以充分利用和借鉴。版式设计运用文字图形的空间组合，表达出和谐与美。一个优秀的网页设计者也应该知道一段文字图形该落于何处才能使整个网页生辉。多页面站点的页面编排设计要求把页面之间的有机联系反映出来，特别要处理好页面之间和页面内的秩序与内容的关系。为了达到最佳的视觉表现效果，应讲究整体布局的合理性，使浏览者有流畅的视觉体验。

2. 各页面内容的排版

（1）文字与图片。文字与图片是任何一个网站最基本的要素。浏览器会根据网页文件中的 Html 代码，将文字与图片正确表现出来。在网页页面中，文字与图片的比例要适当，文字太多会降低网站的吸引力；图片太多又会使页面浏览器速度大大下降。浏览者可能还没等到网页内容全部出现就已经选择浏览别的网页甚至把浏览器关掉。

（2）动画。假如网页上只有静止的文字和图片，不免显得过于沉闷。假如有一些动画的点缀必定会增色不少。通常看到的网页动画都是动态的 GIF 格式图片。动态 GIF 图片的原理十分简单，就是高速显示多幅静态的 GIF 图片，就像播

动画片一样。而且动态 GIF 的制作也是相当简单的。

(3) 音乐。在多媒体技术盛行的今天,网页不仅仅可以有色还可以有声。适当在网页上加点音乐效果会使网页更具有吸引力。网上流行的声音格式有 MIDI、WAV、MP3 及 Realplay Audio。

(4) 视频影像。众所周知,视频影像是一种非常直观而有效的表现方式,但受网速所限,下载一个视频文件要花费很多的时间。而现在借助一边下载一边播放的串流技术可以解决这个问题。视频串流技术常见的格式有 Real Video、Microsoft Midia 及 Apple Quick Time,它们各有所长,其中 Real Video 的使用者最多。

(5) 搜索功能。搜索功能可使浏览者在一段时间内,快速地从大量的资料中找到符合要求的资料。要建立一个搜索功能需要有相应的 CGI 程序及完善的数据库(Database)支持,而建立数据库需要耗费相当的人力物力,这是决策者不可不知的一件事。

(6) 留言板、论坛及聊天室。留言板、论坛及聊天室为浏览者提供了一个信息交换的地方。浏览者可以就个别的产品、服务话题展开讨论,顾客也可以就一些问题提出咨询或者借此得到售后的支持服务。

(7) 提交表单。提交表单的用途很多,收集顾客的意见、资料登记、服务申请、网上购物等,都需要使用提交表单功能。提交表单的功能看似很简单,其实也需要一些专门的网页程序将收集到的资料进行处理才能用作其他用途,如 CGI。

(三) 网站程序设计

开发网站的程序有很多,目前常用到的有 Html、ASP、Java 等,其中网页设计常用的工具有 Dreamweaver、Fireworks、Flash 等。

(四) 网页美工设计

网页美工最主要的是色彩搭配,色彩是艺术表现的要素之一。在网页设计中,根据和谐、均衡和重点突出的原则,将不同的色彩进行组合、搭配,构成美丽的页面。按照色彩的记忆性原则,一般暖色较冷色的记忆性强。色彩还具有联想与象征的特色,如红色象征血、太阳,蓝色象征大海、天空和水面等。所以设计出售冷食的虚拟店面应使用淡雅而沉静的颜色,使人心理上感觉凉爽一些。网页的颜色应用并没有数量的限制,但不能毫无节制地运用多种颜色,一般情况下,应先根据总体风格的要求定出 1、2 种主色调,有 CIS(企业形象识别系统)的企业更应该按照其中的 VI 进行色彩运用。

（五） 站点测试与修改

首先进行本地站点测试，其次是发布站点测试，然后是网站安全性测试。企业电子商务网站建立后，在正式运营之前必须要经过多次细致的试运行测试，测试的内容包括兼容性测试、检测页面链接、下载时间和容量、应用程序测试、评价网页的人机工程等指标，确定没问题后才能正式运营。此外，在运营过程中还要不断地维护和管理，以保证网站安全正常的运转。

三、网站发布阶段

（1）站点发布可采取虚拟主机方案、服务器托管方案或 DDN 专线接入方案。

（2）站点更新包括原有栏目的内容更新、栏目重组与创新、网站软硬件升级等。

任务二 网站推广

通过前面网站的规划和建设并且申请好了一个相当不错的域名，网站的内部也已经设计得相当精彩，然而网络营销工作却远没有结束，相反才刚刚开始。如果把 Internet 比做整个夜空，那么你的网站只是这夜空中众多繁星中的一颗。所以对企业而言，即使是创意新颖、设计精美的网站也不能坐等客户上门，还需要不断凭借宣传、广告、链接和促销活动来推广自己的网站。网站推广就是为了让更多的网民知道网站的存在，从而争夺有限的注意力资源，尽量提高网站的访问量，吸引和创造商业机会。

企业网站的推广策略可以分为两大类，即离线的传统媒体推广策略和在线的网络媒体推广策略。

一、传统媒体推广策略

一般而言，新兴媒体的发展总是基于传统媒体的宣传和发展，网络媒体也不例外。传统媒体仍然可以用来宣传企业网站（网址），利用各种传统媒体做"网络营销"的营销。在我国现阶段，电子商务并不发达，互联网的普及程度也较低，所以传统媒体的受众远比网络媒体的受众多。这是传统媒体在网络经济时代还能如此受重视的主要原因。

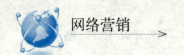

1. 广播、电视

在传统媒体方面，电视和广播具有很多优势，电视拥有最多的受众，是网站广告宣传的最好选择。中央电视台制作的很多节目在播出时都在屏幕上显示网址名称，很多专题节目，如经济半小时、财经报导、股市行情等还经常介绍企业的网址及网页，这些节目都有很高的收视率，具有极佳的广告宣传效果。

2. 报纸、杂志

翻开国内主要报刊，几乎都会找到有关电子商务及网站的报道、介绍和大量广告，特别是一些专业报刊，如《计算机世界》报、《互联网络周刊》杂志等全国著名的 IT 报刊，这些是企业宣传网站和网址的首选载体。报纸、杂志也是目前使用传统方式宣传网站和网址的最主要途径之一。

3. 户外广告

几年前矗立于中关村零公里处的广告"中国人离信息高速公路还有多远？向北 15 米"被看做是瀛海威乃至整个中国信息产业的宣言，使瀛海威在很多人心目中树立起难以磨灭的印象。许多中国百姓是伴随着瀛海威的创立第一次走进互联网的世界。瀛海威的网址一时成了国内知名度最高的网址。如今，这样的广告在我国发达地区已随处可见。这也说明各大网络公司都不愿放弃这种传统的户外广告宣传方式。

4. 公司印刷品

公司在与外界交流沟通时要消耗大量信封、信笺、名片、礼品包装，如在其上印上网址名称，让客户在记住你的名字、职位的同时也看到企业的网址和电子邮件地址。这是一种不需要额外增加广告费的宣传方式。

二、利用搜索引擎推广网站

截至 2006 年 6 月 30 日，在网民利用的各种网络服务中，有 66.3% 的网民利用搜索引擎来查找相关信息资源，搜索引擎在所有的互联网服务中利用率位居第一位。从网民的角度来看，搜索引擎已经成为了网民网上冲浪的利器；从企业的角度来讲，搜索引擎也给企业网站推广带来了希望。

（一）了解搜索引擎

1. 搜索引擎的分类

（1）按照信息收集方法分类。

①目录式搜索引擎。这类搜索引擎又称被动式搜索引擎，是以人工方式或半自动方式收集信息，由编辑人员查看信息之后，人工形成信息摘要，并将信息置

于事先确定的分类框架中。信息大多面向网站提供目录浏览器服务和直接检索服务。该类搜索引擎因为加入了人工智能,所以信息准确、导航质量高。缺点是需要人工介入(维护工作量大)、信息量少、信息更新不及时。这类搜索引擎的代表是国内的雅虎中国,国外的 LookSmart、Ask Jeeves、Open Directory 等。

②机器人搜索引擎。这类搜索引擎又称为主动式搜索引擎,是由一个称为蜘蛛的机器人程序以某种策略自动地在 Internet 中收集和发现信息,用索引器为收集到的信息建立索引,并根据用户的查询输入检索索引库,将查询结果返回给用户。服务方式是面向网页的全文检索服务。该类搜索引擎的优点是信息量大、更新及时、无需人工干预;缺点是返回信息过多,有很多无关信息,用户必须从结果中筛选。这类搜索引擎的代表是国内的中文 Google,国外的 AltaVista、Excite、Infoseek、Lycos、Inktomi 等。

③元搜索引擎。这类搜索引擎没有自己的数据,而是将用户的查询请求同时向多个搜索引擎递交,将返回的结果进行重复排除、重新排序等处理后作为自己的结果返回给用户。服务方式为面向网页的全文检索。这类搜索引擎的优点是返回结果的信息量大;缺点是不能够充分使用搜索引擎的功能,用户需要做更多的筛选。这类搜索引擎的代表是 WebCrawler、InfoMarket 等。

(2) 按照服务提供的方式分类。

①全文数据库检索引擎。网站正常运作的前提是拥有大量的信息,因此必须以强大的数据库作为后盾。这种检索引擎能够提供完整的文献和信息检索,查全率很高。但由于信息量非常大,检索起来比较困难,对检索技术的要求很高。这类检索引擎的代表是 AltaVista 和 Excite。

②非全文数据库检索引擎。具有速度快、使用简便、索引量大的特点,但仅提供部分全文检索,有时需要二次检索,使用不太方便。这类检索引擎的代表是 Lycos。

③主题指南类检索引擎。此类引擎是目前网络检索中最常用的检索软件。这种软件查准率高、速度快、使用方便,现在大部分网站都具有主题指南类检索功能。这类检索引擎的代表是 Infoseek 和雅虎。

(3) 按照检索语言分类。

目前,因特网几乎使用了全世界所有语言。每一种语言都形成了自己独特的检索体系。比较常见的语言有英文、法文、德文、日文、俄文、中文等。

现阶段,我国网民利用率较高的搜索引擎主要是雅虎、百度和 Google 三大搜索引擎。我国也有一些较为优秀的搜索引擎经常被人们使用,如 Chinabite Cseek (www.cseek.com)、网易搜索引擎 (seach.163.com)、天网中英文搜索引擎 (www.pku.edu.cn)、悠游中文搜索引擎 (www.goyoyo.com.cn)、搜狐搜索引擎 (www.sohu.com.cn) 等。

2. 主动式搜索引擎与被动式搜索引擎的区别

了解每种搜索引擎的特点，有助于企业制定选择和注册搜索引擎的策略。两种搜索引擎的区别主要体现在以下几个方面。

（1）获取注册站点资料的手段和方式不同。

主动式搜索引擎是一种利用相应的代理软件进行自动搜索、自动识别和自动分类的自动化系统。这些代理软件，如"蜘蛛"程序和"机器人"程序等能自动识别和分析网页上的链接，首先抽出网页上的关键词，然后生成一种摘要将这种分析的结果分门别类地存放在搜索引擎站点的数据库中。当浏览者利用该搜索引擎进行查询时，是查询后台的数据库而不是对当时 Internet 上的所有页面进行即时查询，所以它的查询速度还是相当快的。这类搜索引擎的典型代表有 Google、百度、AltaVista 等。

被动式搜索引擎通常不依赖于那些自动化的代理软件，而是雇用一批人整天浏览互联网上的站点，发现新增的站点并从中提取有价值的信息。他们对这些信息进行人工整理和分类，并且将结果存入搜索引擎的后台数据库中。现在也有一些被动式搜索引擎的工作人员利用相应的自动化代理软件来搜索 Internet 上的新增站点，但工作人员对软件搜索到的站点信息仍然通过人工方式进行分类和处理。这类搜索引擎的典型代表是雅虎。

（2）信息组织的方式不同。

主动式搜索引擎站点由于是用机器、程序自动生成的系统，即由机器、程序对采集到的页面自动进行内容分析、抽词、生成页面描述、放入数据库等一系列的处理，只是抽取关键词，而不进行分类处理。在内容的组织上主动式搜索引擎一般按关键词进行，而不像被动式搜索引擎那样对信息进行分类处理，浏览者可以依据所查信息的类别进行逐级查询。对浏览者而言，被动式搜索引擎有更好的连贯性。例如，雅虎从来不会将 40 000 个页面组织到一个目录中，而这种现象在 AltaVista 网站的查询中则是极其平常的事。

（3）显示结果的方法不同。

被动式搜索引擎站点典型的使用方法是根据站点提供的目录逐级进行浏览查阅，其用户界面基本上都是分级结构，首页提供了最基本的几个大类的入口，用户可以一级一级地向下访问直至找到自己感兴趣的类别。它虽然提供关键词查询途径，但被动式查询站点的结果清单是分两部分提供给用户的。前半部分是相关的目录，后半部分是命中的页面或站点。而主动式搜索引擎站点则不一样，其典型的结果页是命中的页面清单。

（4）搜索信息的准确度不同。

被动式搜索站点组织时采用的是一种结构性很强的目录结构。例如要查询"中国钢铁工业"，被动式搜索引擎会在自己的数据库中首先收集有"中国钢铁工业"的目录内容，而主动式搜索引擎则将收集所有含有"中国""钢铁""工业"这三个单词的页面,而且也不能保证含有"中国钢铁工业"字样的页面将被放置在结果列表的顶端。

反之,当查询一个不常用的特殊短语、新概念或者不很清晰明确的概念时,如查询"吉林梅花瓶"方面的相关信息,用主动式搜索引擎就比较好。那是因为这类信息不常见,不一定在被动式搜索引擎上注册,而主动式搜索引擎的信息较为全面,这种不常见的信息也不容易漏掉。

(5) 注册站点时网站推广人员自我控制的程度不同。

之所以研究搜索引擎的注册问题,主要是因为企业可以利用它推广自己的站点。而在这两种搜索引擎的注册中,企业网站推广人员对自己站点能否被搜索到及在搜索结果列表中所处位置的控制程度是不同的。主动式搜索引擎站点采用的是一种由机器、程序自动搜索处理新增页面和新增站点的方法,因此便于站点推广人员自己控制自家站点在搜索引擎查询结果中显示条目的状况。相反被动式搜索引擎是由人工进行标引和描述并按照标引人员认为最恰当方式进行分类。所以企业的网站推广人员对其站点在结果列表中的排名次序的影响力较小。

(二) 网站注册搜索引擎的价值

对大多数网民来说,这是获取不熟悉的网站或内容最常用的方法。有了搜索引擎,用户不必记住每个网站的全址,只需在搜索引擎中进行模糊查询即可找到相应的网站或网页,搜索引擎给予每个企业的机会是均等的。从营销的角度来看,企业在搜索引擎上注册网站的价值主要体现在以下几个方面。

1. 提高被访问的机会

企业的网站在各种搜索引擎上注册后,浏览者可以通过搜索引擎在寻找信息的过程中知道该网站并有可能直接通过超级链接进入网站。企业注册的搜索引擎越多,被浏览者发现的可能性就越大,被访问的机会也就越多。

2. 扩大企业网站的影响力

通过在搜索引擎上注册可以让更多的人了解企业网站,迅速增加网站访问量,扩大网站的影响力并可拓展企业业务覆盖范围,为树立网站品牌做准备。

3. 注册搜索引擎是企业重要的营销技巧

网络营销不同于传统营销,企业的营销人员要研究、分析、评价和利用各种不同的搜索引擎并在选择搜索引擎和注册过程中应用相关的网络技术,使自己的网站在结果列表中的排名较为靠前,从而提高网站的知名度和访问量。

(三) 搜索引擎注册技巧

搜索引擎靠一系列 Html 标签来控制。决定网站搜索引擎搜索结果的是关键词和以关键词为核心的一系列技术参数。如果网站本身很出色,再把握住搜索引

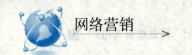

擎的运行规律就会如虎添翼，使网上营销工作事半功倍。当然，如果网站经营本身毛病很多、网站拙劣，搜索引擎做得再好也是舍本逐末，只是会增加一些访问量，于终极目标——盈利，无多大助益。

我们先初步了解一下搜索引擎的工作机制。大多数的搜索引擎靠一种"位址/频次"的技术来确定网站是否与网友查询的关键词关联，关联程度有多高，从而决定网站在搜索结果页面的排位。也有部分搜索引擎不需注册，它会自动到整个网上去抓取页面，但机会甚微。纯粹从提高搜索引擎命中率的目标出发，我们将集中讨论三个方面的技巧——标题、Meta 标签、关键词，其他的技巧和细节，我们也会一并涉及。

1. 标题

搜索引擎首先要判断的是你的标题与人家键入的关键词有无关联。我们这里所说的"标题"不是网站的名称，而是各网页的名称。它出现在浏览器上方蓝条里的文字中（居左），通常被大家忽略，人家忽略看，做网页的人忽略把它做好，有的根本就空着。就是这么个不起眼的"标题"，却是搜索引擎抓取网页的"路标"或者"招牌"。这个"路标"指示得当，就会大大有利于网站排位靠前。

标题的基本措辞手法就是尽量使用关键词。举个例子来说明。

你的主页名为某某公司，你的主营业务是农机销售。如果你用你的公司名作为网页标题，搜索引擎会把你作为"公司"考虑，但在"农机"中不会有你的位置。所以你的标题可以做成"小型农业机械设备供应商：某某公司"，在 Html 源码中就是：<Title>小型农业机械设备供应商：某某公司</Title>，这样你的标题中就有了 6 个常用的关键词：小型、农业、机械、设备、供应商、公司。

那么你会说，如此看来，公司名称在标题里就没有用了？其实它是有用的，至少它带着个"公司"，虽然很少有人敲"公司"这么宽泛的关键词来查，但很多人会带着界定性关键词一起查，比如"营销公司""电影公司"等，标题中含有"公司"就有可能跳出来。而且更重要的是，如果有人把你的网站做了书签，下次人家在查询时一看公司名就能知道这是你的网站。

如果网站主要面向海外市场，网站语言用的是英文。在英文搜索引擎上注册还可以考虑在前面加上一个"A"，即"A small agriculture farming equipment provider: XYZ company"。因为英文搜索引擎的结果排位按字母顺序，加"A"会使网站的排名位置靠前。

为增加网站的曝光率，你可以将每个网页的标题做得互不相同，然后把每个页面都提交给搜索引擎。这样，如果你有 30 个页面，就可以有 30 次被检索到的机会。

2. Meta 标签

什么是"Meta 标签"呢？它位于网页源码开始部分，在 < Head > 和 </Head > 之间（也是 < Title > 标题定义所在的位置），是一组定义网页属性的 Html 标签。Meta 标签是获得搜索引擎良好排位的另一个关键。这个标签因是写在网页 Html 源码里，浏览网页时看不见。对于大部分的搜索引擎来说，它就像网页的一张无形身份证，是它们检索网页的基本依据。

Meta 标签由关键词和网页简述构成，是一个迷你索引，纯粹从取得最佳搜索结果的目标出发，这也是我们最感兴趣的两个因素。关键词和网页简述的组合，在相当程度上影响着网站和特定关键词查询的关联性，所以花点时间做好关键词和网页简述对于优化搜索结果排位有着深远的意义。

3. 关键词

搜索者是通过键入关键词来查找网站的，这是搜索引擎的基本工作原理。所以关键词选得合不合适，直接影响着网站获得搜索者注意的机会。

一般来说，应该放进至少 20 个关键词。那么，如何来确定哪些关键词"合适"，哪些不"合适"呢？可以自己从网友角度进行测试，也可以请一些朋友帮忙做小范围的统计测试，还可以借鉴竞争对手的用词，总之根据你的个人爱好、实际情况，灵活运用。法宝只有一个：设身处地把自己当做一个搜索的网友。如果你能较准确把握搜索网友的心理、习惯，采用概率最高的词组，而不仅仅是单个的关键字，就会改进搜索结果的排位。认真排出所有关键词之后最好按重要程度或概率估计排出个座次来。关键词是不是越多越好呢？不是，一般都有限制，只截取最前面的若干字。在不知道各搜索引擎具体控制多少字数的情况下，可以设定二三十个关键词之后接着进行一轮一轮的重复。

如果网站针对海外市场，网站语言用的是英文，还得注意关键词别用大写字母而都用小写字母，因为有的英文搜索引擎不识别大写字母。还有关键词中的名字最好用复数形式，这样人家无论键入单数还是复数形式，都能找到你的网站。记着给网站的每个页面都列上关键词，各页不要完全重复，应根据该页的具体内容进行些微的调整，使每个页面的关键词都不尽相同，因为有的搜索引擎不理睬那些重复的页面。

三、在线推广网站的方法

（一）网站链接

从其本意讲，Web 鼓励相关站点互相进行链接。实际上大多数站点都提供对相关站点的推荐导航服务。在某种程度上，网站链接相对于搜索引擎注册能够更迅速、更有效地吸引访问者，扩大影响力；相对于用旗帜广告做网站推广能够获得更稳定、更长久的影响力。网站链接有多种模式可供选择使用。另外，网上有多种形式的网站分类排行榜，选用突出醒目的网站名字参加这些排行榜，并选择合适的分类，对网站的推广亦会有所帮助。它们具有不同的优缺点，应用时也要注意以下问题。

1. 交换链接图片与自身网站风格统一问题

交换链接有图片链接和文字链接两种主要方式，如果采用图片链接（通常为网站的Logo），由于各网站的标志千差万别，即使规格可以统一（多为88×31像素），但是图片的格式、色彩等与网站的风格很难协调，会影响网站的整体视觉效果。另外，首页放置过多的图片会影响下载速度，尤其当这些图片分别来自于不同的网站服务器时。因此建议不要在网站首页设置过多的图片链接，具体数量与网站的布局有关。5幅以下应该不算太多，但无论什么情形，10幅以上不同风格的图片摆在一起一定会让浏览者的眼睛感觉不舒服。

2. 定期回访友情链接伙伴的网站

同搜索引擎注册一样，交换链接一旦完成也具有一定的稳定性。但是还是需要做不定期检查，也就是回访友情链接伙伴的网站。看对方的网站是否正常运行，网站是否被取消或出现错误链接或者因为对方网页改版、URL指向转移等原因使网址链接出现错误。因为交换链接通常出现在网站的首页上，错误的或者无效的链接对自己网站的质量会有较大的负面影响。

如果发现对方遗漏链接或出现其他情况应该及时与对方联系，如果某些网站因为关闭等原因无法打开，在一段时间内仍然不能恢复时应考虑暂时取消那些失效的链接。不过可以备份相关资料，以备对方的问题解决后，要求恢复友情链接。同理，为了合作伙伴的利益着想，当自己的网站有什么重大改变或者认为不再适合作为交换链接时，也应该及时通知对方。

3. 不要链接无关网站

网站会收到一些不相干的网站要求交换链接的信件，不要以为链接的网站数量越多越好，无关的链接对自己的网站没有什么正面效果；相反，大量无关的或者低水平网站的链接将降低那些高质量网站的信任度。同时访问者也会将你的网站视为素质低下或者不够专业，严重影响网站的声誉。

4. 避免无效链接

即使网站内部链接时没有问题也不能保证链接到外部时同样没有问题，因为链接网站也许经过改版、关闭，原来的路径已经不再有效。而对于访问者来说，所有的问题都是网站的问题，他们并不去分析对方的网站是否已经关闭或者发生了其他问题。因此每隔一定时间对网站链接进行系统性的检查是很有必要的。

（二） 网络广告

网络广告是常用的网络营销策略之一，在网络品牌、产品促销、网站推广等方面均有明显作用。网络广告本身并不能独立存在，需要与各种网络工具相结合才能实现信息传递的功能，因此也可以认为网络广告存在于各种网络营销工具中，只是具体的表现形式不同。将网络广告用于网站推广具有可选择网络媒体范围广、形式多样、使用性强、投放及时等优点，适合于网站发布初期及运营期的任何阶段。具体内容见项目五。

（三） 新闻组

新闻组是非常有效的网站推广工具之一。企业可以在相关行业与产品的新闻组中设立与本企业产品和服务相关的主题，而后依此主题讨论本企业的产品和服务以引起其他浏览者的注意，进而再找机会宣传本企业的网址等信息，但一定要注意网络礼仪。

（四） 电子邮件推广方法

电子邮件推广是以电子邮件为主要的网站推广手段，常用的方法包括电子刊物、会员通信、专业服务商的电子邮件广告等。基于用户许可的 E-mail 营销与滥发邮件（Spam）不同，许可营销比传统的推广方式或未经许可的 E-mail 营销具有明显的优势，比如可以减少广告对用户的滋扰、增加潜在客户定位的准确度、增强与客户的关系、提高客户品牌忠诚度等。

（五） 资源合作推广方法

通过网站交换链接、交换广告、内容合作、用户资源合作等方式，在具有类似目标的网站之间实现互相推广的目的，其中最常用的资源合作方式为网站链接策略，即利用合作伙伴之间网站访问量资源互相推广。每个企业网站均拥有自己的资源，这种资源表现为一定的访问量、注册用户信息、有价值的内容和功能、网络广告空间等，利用网站的资源与合作伙伴开展合作可以达到资源共享、共同扩大收益的目的。

（六） 信息发布推广方法

此方法是指将有关的网站推广公告信息发布在其他潜在用户可能访问的网站上，利用用户在这些网站获取信息的机会实现网站推广的目的。适用于这些信息发布的网站包括论坛、博客网站、供求信息平台、行业门户网站等。信息发布是免费网站推广的常用方法之一。

（七）快捷网址推广方法

快捷网址推广方法即合理利用网络实名、通用网址及其他类似的关键词等网站快捷访问方式来实现网站推广的方法。快捷网址用自然语言与网站 URL 建立对应关系，这为习惯于使用中文的用户提供了极大的方便，用户只需输入比英文网址更加容易记忆的快捷网址就可以访问网站。用自己的母语或者其他简单的词汇为网站"更换"一个更好记忆、更容易体现品牌形象的网址，例如选择企业名称或者商标、主要产品名称等作为中文网址，这样可以大大弥补英文网址不便于宣传的缺陷，因而在网址推广方面有一定的价值。

知识拓展

网民经常使用的网络服务/功能有如下几项。

项目	比例
浏览新闻	66.3%
搜索引擎	66.3%
收发邮件	64.2%
论坛/BBS/讨论组等	43.2%
即时通信	42.7%
获取信息	39.5%
在线影视收看及下载（在线电视）	37.3%
在线音乐收听及下载（在线广播）	35.1%
文件上传下载（不包含音乐、影视下载）	33.9%
网上游戏	31.8%

基本训练

一、简答题

（1）企业站点有哪几种类型？由哪几部分组成？

（2）简述企业网站规划与设计的一般原则。

（3）简述网站建立的一般步骤。

（4）企业网站建设应该考虑哪些因素？

二、论述题

（1）制定一个销售鲜花的商业网站的企划方案。

（2）除搜索引擎外还有哪些方法可以推广企业网站？

（3）在线推广方式是否可与离线推广方式相结合使用？请举例说明。

知识应用

一、网上作业

（1）登录以下网站了解信息型网站、广告型网站、信息订阅型网站和在线销售型网站的区别和其代表性企业，分析它们成功的经验，将它们成功的经验详细进行分析和总结，写出分析报告来。

（2）尝试构建一个网上商店，在网上销售计算机软件（可使用 FrontPage 或 Dreamweaver），包括给该网站起一个好的域名、设计企业的徽标，要具备基本的信息咨询和网上购买的内容。其中要有表格和图像、产品页面及新产品发布页面、市场调研页面、企业信息页面、设计业务处理流程、网站经营成本估算、开店成本等内容。

二、案例分析

韩国首饰网推广方法

以下是一家成都的商贸公司，主营韩国首饰。该公司刚刚建成一个网站，在网站上有公司经营的所有种类的首饰介绍。由于网站刚刚成立，所以访问量不高，为此公司采用了以下网站推广策略并取得了不错的效果。

1. 流量宣传方式

（1）用"超级女声"在线视频。去"超级女声"相关的社区论坛做宣传，比如百度超级女声吧、新浪超级女声版区等。

针对人群：喜欢"超级女声"的年轻女孩子。

实行难度：比较容易，但同类广告比较多、竞争大。

效果：能给网站带来一部分流量，因为访问者主要是女孩子，喜欢首饰的人可能还是有一些，但针对性不强。

（2）用韩剧韩星精彩视频。去韩剧韩星 Fans 聚集的相关社区论坛做宣传，比如百度贴吧、韩剧社区等。

针对人群：喜欢韩剧韩星的哈韩一族。

实行难度：普通难度。关键是素材要好，要去很多相关的论坛才能出效果，工作量比较大。

效果：因为针对的是哈韩一族，这些人当中部分人对韩国的花花草草都感兴趣，针对性强。

流量宣传方式的实际操作过程：想要好的流量效果，要先下载好的素材，剪辑后上传至公司论坛，再去相关论坛发帖宣传，最后还要经常去顶帖，工作量比较大。

2. 针对性宣传方式

（1）用首饰图片。去淘宝、易趣、阿里巴巴等大型的网购社区论坛宣传。

针对人群：喜欢网上购物的年轻一族和一些网上店铺站长。

实行难度：普通难度，因为这些论坛人气不旺。以前没去宣传过，也不知道是否会收到预想的效果。

效果：因为针对的是网购一族，这些人都有在网上购物的经历，容易接受网上购物的方式。这些论坛上还有一些是网店站长，这种做法实现向网店店长和消费者的同时宣传，针对性强。

（2）用首饰图片。去专业和大型门户论坛的首饰、女性、生活、时尚等相关版区进行宣传。

针对人群：喜欢首饰，时尚的年轻女性。

实行难度：难度高。发帖的实际操作中有很多技巧。工作量大，要去很多相关论坛才能出效果。

效果：因为针对的是喜欢首饰的时尚的年轻女性，这部分人对漂亮美好的东西都会感兴趣，只是大多数人都没有网购的经历，针对性一般。

（3）用加盟广告。去淘宝、易趣、阿里巴巴等网上店铺进行留言宣传。

针对人群：网上商店的店长。

实行难度：普通。要去很多网上商店进行留言宣传，工作量比较大。

效果：因为直接针对的是网上商店的站长。这些人都有做网上销售的经验，容易接受加盟的方式，针对性强。

针对性宣传方式的实际操作过程如下：先找到大量相关的论坛，发大量的宣传帖子；然后经常在一些比较热门的宣传点技巧性地顶帖，工作量很大。

3. 人海宣传方式

（1）网上朋友。利用自己的网络资源，让网上的朋友去他们常去的论坛，顺便发布首饰图片、网络连续剧、加盟广告等帖子。

针对人群：各种人群。

实行难度：特难，现在上网的人都比较懒，想让别人免费帮你发布广告很难。除非有特殊的方法或跟你关系特别好的朋友，否则，能够坚持长期发布的人很难找。

效果：因为涉及各种论坛，普及面很广，宣传效果要差些。

（2）公司同事：网站推广人员发帖后，其他同事在不太忙的时候，一起帮忙去顶一下发布的广告贴，制造气氛。

实行难度：难，想要找网上的人帮你顶帖基本上是不可能的。就算让网上的朋友去看了你发布的帖子，别人一般不会愿意帮你顶帖。因为很多时候顶帖都需要注册账号，而注册账号在一些大论坛是非常麻烦的，所以只有靠公司领导和同事的配合来完成此事。

效果：给很多网友制造一种"这产品很好"的印象，能促使这些网友有想买的冲动，效果很好。

人海宣传方式的实际操作过程一般为：发了一个首饰图片的宣传帖子以后，让几个同事去当马甲，都说这些首饰很漂亮，其中一个问哪里可以买到，网络推广人员就会出来说购买的地方，这样会比较有效果。

4. 其他宣传方式

（1）邮件群发。普及面广，但是针对性不强。

（2）首饰网购相关QQ群。实行困难，针对性比较强。

（3）相关网站友情链接。网站才开始做，没人气，没排名，需要一段时间才好做链接。

（4）QQ好友。QQ好友口头宣传，一传十、十传百。

（资料来源 http：//www.wangqi.com/n6910c138.aspx）

案例思考题

根据本章所学，分析该网站的宣传推广方式中有哪些方面做得比较好，哪些方面还存在问题。如果你是公司网站的推广策划人，请写出该公司详细的网站推广策划报告。

项目八 网络营销策划与效果评价

任务描述

本次任务主要是针对咸阳中艺博雅文化培训学校网络营销工作的开展面进行的,并对其网络营销的效果进行评价。那么,网络营销策划的实施步骤有哪些?如何进行网络营销策划?网络营销策划书该如何撰写?网络营销的效果评价指标有哪些?

任务分析

通过对上述任务进行分析,可以得出本项目的任务就是认识、掌握如何进行网络营销策划与效果评价,并完成本项目的学习。所需掌握的知识目标和能力目标如下。

知识目标:了解网络营销策划与传统营销策划的区别,理解网络营销策划的概念、内容及步骤,掌握网络营销策划书的内容及撰写方法,深刻理解一个企业从零开始运作网络营销所需的全部策划过程及对网络营销效果进行评价的主要指标。

能力目标:能够掌握网络营销策划的主要内容和基本步骤并能撰写一份简单的网络营销策划书,能够熟悉网络营销效果评价的指标。

概念点击

网络营销策划:又叫互联网整合营销策划,是指企业以电子信息技术为基础,以计算机网络为媒介和手段,对将来要发生的营销活动及行为进行超前决策(包括网络营销调研、网络产品开发、网络分销、网络促销、网络服务等),是企业在特定的网络营销环境和条件下为达到一定的营销目标而制定的综合性的、具体的网络营销策略和活动计划。

任务实施

任务一　网络营销策划

目前全球经济的形势是传统商业活动向互联网转移，不管愿不愿意，不管是积极投入还是不予理会，结果都将是进入互联网商务时代。互联网商务发展速度快，它的发展不会等待任何国家、任何公司或任何人，只要跟不上，很快就会被同行超过。因此，及早开发网络营销渠道进行网络营销策划是每个企业的当务之急，不容忽视。

网络营销策划是一项复杂的系统工程，它是谋略、计策、计划等理性形式表现出来的思维运动，是直接用于指导企业的网络营销实践的。它包括对网站页面设计的修改和完善及搜索引擎优化、付费排名、与客户的互动等诸多方面的整合，是网络技术和市场营销经验协调作用的结果。它也是一个相对长期的工程，期待网站的营销在一夜之间有巨大的转变是不现实的。一个成功的网络营销方案的实施需要通过细致的规划设计。

由于网络营销活动及要解决的问题的不同，营销方案也会有很大区别。我们应根据目前国际流行的电子商务和网络营销观念制定行之有效的且符合企业自身的网络营销方案。但从网络营销策划活动的一般规律来看，有些基本内容和编制格式具有共同性或相似性。

一、网络营销策划的原则与内容

（一）　网络营销策划的基本原则

一份优秀的网络营销策划方案必须满足以下四个基本原则。

（1）系统性原则。网络营销是以网络为媒介整合互联网资源和技术工具的系统性的企业经营活动，同时也是在网络环境下对市场营销的信息流、商流、制造流、物流、资金流和服务流进行管理的。因此，网络营销方案的策划是一项复杂的系统工程。网络营销策划人员必须以系统论为指导，对企业网络营销活动的各种要素进行整合和优化，使"六流"皆备，相得益彰。

（2）创新性原则。网络为顾客在不同企业的产品和服务所带来的效用和价值之间进行比较带来了极大的便利和自由。在个性化消费需求日益强烈的网络营销环境下，通过创新创造与顾客的个性化需求相适应的产品特色和服务特色是提高效用和价值的关键。创新带来特色，特色不仅意味着与众不同，还意味着额外

的价值。在网络营销方案的策划过程中,必须在深入了解网络营销环境尤其是顾客需求和竞争者动向的基础上,努力营造旨在增加顾客价值和效用、为顾客所欢迎的产品特色和服务特色。

(3) 操作性原则。网络营销策划的第一个结果是形成网络营销方案。网络营销方案必须具有可操作性,否则毫无价值可言。这种可操作性表现为在网络营销方案中,策划者根据企业网络营销的目标和环境条件就企业在未来的网络营销活动中做什么、何时做、何地做、何人做、如何做的问题进行了周密的部署、详细的阐述和具体的安排。也就是说,网络营销方案是一系列具体的、明确的、直接的、相互联系的行动计划指令,一旦付诸实施,企业的每一个部门、每一个员工都要明确自己的目标、任务、责任及完成任务的途径和方法,并懂得如何与其他部门或员工相互协作。

(4) 经济性原则。网络营销策划必须以经济效益为核心。网络营销策划不仅本身消耗一定的资源,而且通过网络营销方案的实施,会改变企业经营资源的配置状态和利用效率。网络营销策划的经济效益是策划所带来的经济收益与策划和方案实施成本之间的比率。成功的网络营销策划应当是在策划和方案实施成本既定的情况下,取得最大的经济收益或花费最小的策划和方案实施成本,取得目标经济收益。

(二) 网络营销策划主要内容

(1) 网站诊断分析。网站不能赚钱就是病态的网站,肯定有其原因。通过科学的、系统的网站诊断手段可以分析出原因所在。

(2) 网站定位策划。网站定位不准确是阻碍网站快速发展的最重要的原因之一,最好将创意与你的资源相结合,重新准确定位。

(3) 网站优化完善。人病了要治疗,网站病了同样需要优化完善,让它能够真正地发挥出作用,帮你赚钱。

(4) 网站推广策划。花钱做出一个网站而不去推广的话等于白做,如何推广?如何推广的合理、到位、有效?这正是本章所讲的内容。

(5) 网站运营咨询。运营网站是一个过程,这中间会不断的出现各种问题,网站运营咨询将随时为你提供咨询服务。

二、网络营销策划的基本步骤

网络营销策划,首先是明确策划的出发点和依据,即明确企业网络营销目标以及在特定的网络营销环境下企业所面临的优势、劣势、机会和威胁(即SWOT分析)。然后在确定策划的出发点和依据的基础上,对网络市场进行细分,选择网络营销的目标市场,进行网络营销定位。最后对各种具体的网络营销策略进行设计和集成,并最终形成一份书面策划书或策划方案。

1. 明确组织任务和远景

要设计网络营销方案,首先就要明确或界定企业的任务和远景。任务和远景对企业的决策行为和经营活动起着鼓舞和指导作用。企业的任务是企业所特有的,包括了公司的总体目标、经营范围及关于未来管理行动的总的指导方针。它区别于其他公司的基本目的,通常以任务报告书的形式确定下来。

2. 确定组织的网络营销目标

任务和远景界定了企业的基本目标,而网络营销目标和计划的制订将以这些基本目标为指导。事实上,大部分的网络营销策划旨在完成如下多个目标。增加市场占有率;增加销售收入(如增加销售收入和销售量);增加品牌知名度;降低成本(如分销成本或促销成本);完成品牌目标(如增加品牌知名度);完善数据库;完成客户关系管理目标(如提高客户满意度,提高购买频率或维系老客户的比例);改进供应链管理(如增加合作伙伴数量、优化存货水平)。表述合理的网络营销目标应当对具体的营销目的进行陈述,如"利润比上年增长12%""品牌知名度达到50%",等等。网络营销目标还应详细说明达到这些目标的时间期限。

3. SWOT 分析

除了企业的任务、远景和目标之外,企业的资源和网络营销环境是影响网络营销策划的两大因素。作为一种战略策划工具,SWOT 分析有助于公司以批评的眼光审时度势,正确评估公司完成其基本任务的可能性和现实性,而且有助于正确地设置网络营销目标并制定旨在充分利用网络营销机会实现这些目标的网络营销计划。

当初亚马逊公司抓住在线销售的机遇时,市场的竞争还不是很激烈。亚马逊公司面临的最大风险是一家大型连锁书店(巴诺书店)声称要全面进入在线市场。亚马逊公司最大的劣势是没有销售书籍的经验,甚至没有利用信用卡交易的经验。此外,亚马逊公司也不了解如何把图书装箱托运。而该公司最大的优势是具有一个精明的团队,他们肯钻研、善学习。对于亚马逊公司来说,幸运的是那些大书店动作较为迟缓,正是他们的延迟给了亚马逊一个创建网上品牌的机会。此外,一家企业在网络市场的优势或劣势与不等于其在实体市场中的优势或劣势,巴诺书店在实体市场中具有强大的优势,但是它并不能将其转化为网络市场上的优势。该公司很快发现自己处在渠道冲突的不利位置上,它不得不向销售渠道的合作伙伴解释为什么客户在线购物比在商店购物少;而亚马逊公司仅在网上销售,所以就不存在潜在的渠道冲突。

4. 网络营销定位

为了更好地满足网上消费者的需求,增加企业在网上市场的竞争优势和获利机会,从事网络营销的企业必须做好网络营销定位。网络营销定位是网络营销策划的战略制高点,营销定位失误必然全盘皆输。只有抓准定位才有利于网络营销总体战略的制定。企业如果通过网络渠道进入一个新市场就应该使用传统的细分市场的方法。然而,如果计划为目前的市场进行在线服务,就应该对现有的客户需求进行更深入的研究。例如企业的哪些客户会使用互联网?使用企业网站的客户的需求又有怎样的区别(如网络用户往往希望自己的邮件能够在24小时内得到回复)。另外,企业往往会因为客户发现了网站而开拓出一片新的市场。营销人员可以通过网络跟踪器、数据分析及其他各种技术手段来判断如何更好地为这些新市场提供服务。

5. 网络营销平台的设计

所说的平台,是指由人、设备、程序和活动规则的相互作用形成的具有一定功能的系统。完整的网络营销活动需要5种基本的平台:信息平台、制造平台、交易平台、物流平台和服务平台。此外,网络企业格外关注信息收集的策略,因为信息技术对自动化信息收集有很大帮助。企业可以运用网络表格、电子邮件反馈、在线市场调研等形式来搜集关于现有客户、潜在客户及其他利益相关者的信息。网站日志分析软件帮助企业了解用户在网上的行为,以便更好地满足客户需求。商业智能利用互联网进行二手调查,帮助企业了解竞争对手及其他市场力量的信息。

6. 网络营销组合策略

这是网络营销策划中的主题部分,营销人员按照4P的内容和关系制定营销策略以实现既定的目标,即关于产品、定价、分销及促销的计划目标。此外,营销人员还要设计客户关系管理及伙伴关系管理战略。

(1)产品策略。企业可以在网上销售商品、服务或广告,可以采用某种电子商务模式(如网上拍卖)来获取收入。企业可以在在线市场创建新的品牌,也可以依然销售离线市场正在销售的某些产品或者对现有的产品进行一些改进。很多精明的企业利用信息技术来改变他们在网上提供产品的方式。例如戴尔公司可以在瞬间按照客户的要求定制个性化产品。客户只要在网上配置自己所希望的电脑,数据库就会提供一张反馈表,上面有最新的电脑配置信息和价格信息。

(2)定价策略。企业应该判断网络产品价格与离线产品价格的差异。要做到这一点,企业需了解通过在线渠道进行产品分拣和配送会有哪些成本,还要考虑竞争性因素和市场因素。在线定价主要有两种趋势:一是差别定价,主要是针对不同的客户或不同的情况应用不同的价格水平。在网络环境中,企业可以对商品进行自动定价或者在销售淡季降价或者对网络用户实行浮动定价。二是在线定价，这种方式为优化企业库存提供了一种方法。例如西雅图的一些旅馆在淡季时允许旅客对旅馆房间进行竞价。他们指示承接房间预订的代理人根据当天的房间占有率来接受不同的最低竞价水平。"Priceline.com""eBay.com"以及许多B2B市场交易操作都使用这种策略。

（3）分销策略。很多企业利用互联网传递产品或者利用互联网提高供应成员的工作效率。例如直复营销——公司跳过传统销售渠道中的中间商直接把一些产品销售给顾客。在B2B市场中有很多公司使用互联网开展营销活动，使成本大幅降低。例如电子商务代理模式——企业（如eBay公司）把买卖双方撮合在一起展开交易，从中收取中介费。

（4）营销沟通策略。互联网产生了许多新的营销沟通方式，企业既可以把客户吸引到网站里来，也可以加强与传统企业客户的交流。一些公司利用互联网网页和电子邮件与目标市场及业务伙伴进行沟通。通过这样的途径还可以创建品牌形象，提高新产品的知晓度，对产品进行定位。企业利用数据库营销的形式来储存客户需求、消费者偏好和消费行为等信息。依据这些信息，他们可以在有利的时机发送相关的个性化信息，展开有针对性的沟通。

7. 网络营销策划书

当上面几个步骤全部完成后，就可以将最终的结果形成书面的网络营销策划书，为相关部门进行决策、管理提供依据。

三、撰写网络营销策划书

网络营销取得成功需要撰写一份详尽完备的网络营销策划书，既可以帮助创业者进行更深一步的思考，发现一些以前没有考虑到的问题，也将在以后的项目进展过程中避免很多错误。

（一）明确网络营销策划书的主要内容

网络营销策划书作为策划书的一种，是网络营销策划成果的文字形式，是未来企业网络营销操作的全部依据。有了一流的策划还要形成一流的策划书，用它去指导企业的行动，否则会影响策划实施的效果。虽然网络营销策划书并没有固定的模式及格式，但一份完整的网络营销策划书的内容一般应包括如下方面：策划的目的、市场调研、网络营销环境分析、设定营销目标、进行营销定位、营销策略的选择、网站设计、技术支持、制定网站推广策略、经费预算。

1. 网络营销策划的目的

要明确本营销策划的目标、宗旨，将其作为执行本策划的动力或强调其执行的意义所在，以求全员统一思想、协调行动、共同努力保证策划高质量地完成。网络营销策划的目的主要就是为了解决企业网络营销方面存在的一些问题。企业营销上存在的问题纷繁多样，但概而言之，也无非以下 7 个方面。

企业开张伊始，尚无一套系统网络营销方略，因而需要根据市场特点策划出一套网络营销计划；企业发展壮大，原有的网络营销方案已不适应新的形势，因而需要重新设计新的网络营销方案；企业改革经营方向，需要相应地调整网络营销策略；企业原网络营销方案严重失误，不能再作为企业的网络营销计划；市场行情发生变化，原网络营销方案已不适应变化后的市场；企业在总的网络营销方案下，需在不同的时段，根据市场的特征和行情变化设计新的阶段性方案；推出新产品时，针对该产品设计专属的网络营销策划方案。

2. 市场调研

市场调研的内容包括产品特性、行业竞争状况、财务状况和企业人力资源的调研。

（1）产品特性。是否需要在网上开展营销活动在很大程度上取决于行业的特点和产品的特性，网络营销是顺应营销手段的发展而不是为了赶时髦，如果一个行业的特点决定了利用传统方法更加有效，那么可以暂时不必考虑网络营销。如果网络营销不能在短期内带来切实的收益，还是应该量力而行，根据本企业的特点慎重决定。

（2）行业竞争状况。互联网的发展为行业竞争状况分析提供了方便，同行业的企业由于生产类似的产品或服务，往往被收录在搜索引擎或分类目录的相同类别，要了解竞争者或其他同行是否上网，只需到一些相关网站查询一下并对竞争者的网站进行一番分析，对行业的竞争状况就会有大致的了解。如果竞争者，尤其是实力比较接近的竞争者已经开始了网络营销，甚至已经取得了明显收益，这时你的企业就需要认真考虑自己的网络营销战略了。

（3）财务状况。用于网络营销的支出不仅仅是成本，而是一项投资，一项长期的战略投资，有时还需要不断地投入资金，网络营销不一定能取得立竿见影的成效。决策人员应该根据企业的财务状况制定适合自身条件的网络营销战略，如网站的功能和构建方式、网络营销组织结构、推广力度等。

（4）人力资源。网络营销与传统营销相比有其自身的特殊性。如互联网本身的互动性，信息发布的即时性及网络营销的基本手段——网站建设和推广等，这就要求网络营销人员既有营销方面的知识，又有一定的互联网技术基础，这种复合型人才目前比较短缺。企业是否拥有高水平的网络营销人才，对网络营销的效果有直接影响。

3. 网络营销环境分析

开展网络营销需要注意影响因素和支持条件，即企业的外部和内部的基本环境是否具备。广义地讲，网络营销的外部环境包括宏观环境、行业环境和竞争环境，具体内容有网络营销基础平台以及相关的经济环境、文化环境、法律环境、政治环境、技术环境、一定数量的上网企业和上网人口、行业物理分析、必要的互联网信息资源等。网络营销的内部环境则一般包括公司的人力资源、财务资源、组织性资源及核心竞争力等。

4. 设定网络营销目标

在完成市场调研和环境分析后，接下来就是设定网络营销的战略，确定网络营销要达到的目标。只有有了明确的目标，才能对网络营销活动做出及时的评价。因为网络营销的实质是服务营销，加上网民的规模及消费者的接受心理等因素的影响，使得现在许多企业设立自己的网站常常不是为了直接的网上销售量，而是着眼于网络营销的其他效应。一般有如下几种：通过网络营销向潜在顾客提供有用信息使之成为购买者；提高品牌知名度；建立顾客的忠诚度，从而留住顾客；支持其他营销活动；减少营销费用和时间；提供一对一的个性化服务。企业可以根据自身不同特点和条件，设定不同目标。网络营销目标还可以是在前面目标基础上的公司所要实现的具体目标，即网络营销策划方案执行期间，经济效益目标达到：总销售量为×××万件，预计毛利×××万元，市场占有率实现××。

5. 进行营销定位

定位就是根据自身网站和企业的情况找到自身产品和同类产品的差异化的过程，通常包括市场定位、网站模式定位、策略定位、内容定位。

市场定位是通过市场细分确定该网站目标顾客群。网络营销的模式定位需要根据企业情况选择适合自己的网站模式。网站模式主要有四种：B2C、B2B、C2B、C2C，应根据前面的分析和目标的制定选择合乎自身企业发展的电子商务模式。策略定位就是网络营销的7P组合策略（产品、定价、渠道、促销、人员、过程和有形展示），重点突出其中的哪项策略对网络营销总体操作有着重要的指导作用。网站的吸引力很大一部分来自于其给消费者提供的资讯和娱乐，消费者得到的信息越多，对网站的忠诚度和信任度越高。内容定位是对网站能提供给消费者的资讯和相关服务进行的概括性描述。

6. 营销策略的选择

网络营销策略主要分为7个方面：产品策略；价格策略；分销策略；促销策略；关系营销策略；体验营销；服务营销。

7. 具体行动方案

根据策划期内各时间段特点，推出各项具体行动方案。行动方案要细致周密，操作性强又不乏灵活性。还要考虑费用支出，一切量力而行，尽量以较低费用取得良好效果。尤其应该注意季节性产品淡、旺季营销侧重点，抓住旺季营销优势。

附：关键点——5W2H

What：方案要解决的问题是什么？执行方案后要实现什么样的目标？能为企业创造多大的价值？

Who：谁负责创意和编制？总执行者是谁？各个实施部分由谁负责？

Where：针对产品推广的问题所在？执行营销方案的时候要涉及什么地方？

Why：为什么要提出这样的策划方案？为什么要这样执行？

When：时间是怎么样安排的？营销方案执行过程具体花费多长时间？

2个H（How）：各系列活动如何操作？在操作过程中遇到的新问题如何及时解决处理。

8. 网站设计

在目标策略确定之后，就需要为具体网站进行构思和创意了。这一部分将对网站的整体风格和特色做出定位，规划网站的组织结构。要求网站主题鲜明突出、要点明确，以简单而鲜明的语言和画面体现站点的主题。这一部分主要分为以下内容：①网站内容；②网站形式；③网站功能；④确定域名；⑤版式设计；⑥色彩搭配；⑦网站导航；⑧功能定位。

9. 技术支持

根据网站的功能和企业自身的技术力量、财力等方面来确定操作系统、服务器选择、服务器管理、网站技术解决方案和实现手段。

10. 网站推广

等网站建成了，我们就要推广企业的网站。网站推广与传统的产品推广一样需要进行系统安排和计划。

11. 经费预算

企业开展网络营销活动需要一定的资金投入，所以必须要对所需经费进行预算，否则企业将会面临很多问题从而导致营销策划的失败。

（二）确定网络营销策划书的撰写格式

1. 策划书封面

封面的构成要素主要包括网络营销策划名称及副标题、策划者姓名及成员、制作日期及编号等。

(1) 策划书的名称：将策划主题体现出来，尽量简洁明了让使用者一目了然，但必须具体全面。如果标题不足以说明问题可以加上副标题。

(2) 策划者姓名：策划小组名称及成员姓名。

(3) 策划书制作时间：年、月、日。

(4) 策划书的编号。

2. 目录

3. 前言及摘要

前言及摘要包括策划目的及对策划内容的简要说明，还包括策划经过的说明。

4. 网络营销策划书正文

这一部分是策划内容的详细说明，是策划书的关键环节。这部分内容，不仅仅局限于文字表述，也可以适当地加入照片、图片、统计图表等。策划书的正文可以概括为"5W1H1E"，即执行什么策划案、谁执行策划方案、为什么执行、在何处执行、何时执行、如何执行及效果如何。具体包括以下几个方面。

(1) 企业现状及网络营销环境状况分析。包括企业现状分析、消费者分析、网上竞争对手分析及宏观环境分析。

(2) 网络营销市场机会与问题分析。

(3) 网络营销目标。

(4) 网络营销战略。

(5) 具体行动方案。策划实施步骤及各项具体分工包括时间、人员、费用、操作等。

(6) 策划方案费用预算。

(7) 策划的期望效果与预测效果。

5. 策划书的附录

(1) 供参考的文献与案例。

(2) 如有第二、第三备选方案，列出其概要。

(3) 其他与策划内容相关的注意事宜。

（三） 实施撰写网络营销策划书

当以上两步工作完成后，网络营销策划人员就可以着手按照先前的安排和规划具体实施撰写工作了。

当企业的基本条件具备之后就可以开展网络营销活动了。按照是否拥有自己的网站来划分，网络营销可以分为两类：无站点网络营销和基于企业网站的网络营销。也就是说在建立自己的企业网站之前，也可以利用互联网上的资源开展初步的网络营销活动。很多企业可能都会经历这种游击战性质的网络营销初级形

式,但由于每个企业的情况不同,这一阶段的持续时间可能会有很大差别。

任务二 网络营销效果评价

网络营销是一个长期的过程,其中既有连续的、长期的推广活动,如网站上的信息发布、在线服务、搜索引擎、邮件列表等,也有临时的短期的手段,如网络广告、网上调查、在线优惠券等。每一种网络营销方法都有具体的评价方法,如网络广告的效果评价方法、E-mail营销的效果评价方法等,网络营销整体效果是通过各种方法综合作用所产生的,整体效果如何,是否实现了网络营销计划的目标,除了对各种具体方法所进行的评估之外,还需要通过对网络营销效果进行综合评价。网络营销效果综合评价是对一个时期网络营销活动的总结,也是制定下一阶段网络营销策略的依据,同时,通过对网站访问统计数据的分析也可以提供很多有助于增强网络营销效果的信息。

一、网络营销效果评价方式

一个企业建立了自己的网站并且进行了一定的推广之后,怎么知道网络营销是否有效果呢?网络营销必不可少的一项工作是对其效果进行评价。根据网络营销目标,网络营销效果的评估方式分为两种。

(1)网络营销效益评价。网络营销目标如果是定量指标,如销售指标、市场覆盖面、市场占有率或经济效益等,对应的评价方式也应该是定量指标。通过网络营销实施的结果与营销目标对比,给出评价结论。

(2)网络营销有效性评价。在网络营销中,许多企业的营销目标不是具体的数字指标,而是有效性指标,如提高企业品牌知名度、树立企业形象、产品展示、客户沟通等,对这些营销目标的评价一般较为困难。

二、网络营销效果评价的步骤

网络营销效果评价的步骤大致如下。

(一)确立网络营销总体目标

为了评价公司网站的工作情况,必须确定具体网络营销要达到的总体目标。否则无法评判网络营销是否成功。比如,让世界知晓你的公司(提高品牌知名度)、服务顾客、在线销售商品等。这有赖于在网络营销计划书中清晰界定建设商业站点的目的是什么？希望吸引的浏览者是什么人？利用网络想完成什么工作？一般的维护费用是多少？等等。如果目标不明确，营销人员工作起来就会感到不知所措。另外需要注意的是，不同的公司有不同的网络营销目标。

（1）销售型网络营销目标。销售型网络营销目标是指企业为拓宽网络销售，借助网上的交互性、直接性、实时性和全球性为顾客提供方便快捷的网上销售点。目前许多传统的零售店都在网上设立销售点，如北京图书大厦的网上销售站点。

（2）服务型网络营销目标。服务型网络营销目标主要为顾客提供网上联机服务，顾客通过网上服务可以远距离得到咨询和售后服务。目前大部分信息技术型公司都建立了此类站点。

（3）品牌型网络营销目标。品牌型网络营销目标主要是在网上建立自己的品牌形象，加强与顾客的直接联系和沟通，建立顾客的品牌忠诚度，为企业的后续发展打下基础，并配合企业现行营销目标的实现。目前大部分站点属于此类型。

（4）提升型网络营销目标。提升型网络营销目标主要通过网络营销替代传统营销手段，从而全面降低营销费用，改进营销效率，改善营销管理和提高企业竞争力。目前的戴尔、Amazon、Haier等站点属于此类型。

另外，混合型网络营销目标可能同时包括上面几种目标，如"Amazon.com"公司通过设立网上书店作为其主要销售业务站点，同时创立世界著名的网站名牌，并利用新型的营销方式提升企业竞争力，既是销售型又是品牌型，同时还属于提升型。

（二） 确定评价标准

对于已定的网络营销目标，怎样才算是执行成功呢？这就是说要确定评价网络营销是否成功的标准，也就是用哪些指标来评价网络营销活动才能说明它是否达到了预期的目标，即是否成功。

在网络营销工具和传统营销媒体结合使用时，与传统营销相比，网络对建立顾客忠诚度、品牌意识、提高美誉度等已经起了巨大的作用，但是因为存在致命的弱点（即没有人对网络销售、品牌意识或知名度进行追踪），这些作用的效果却无人知晓，例如网络营销对于取得最后交易的贡献率是多少等。

针对不同的目标，一些评价标准是比较通用的，如站点知名度的提高等。尽管目前还不能说明某些指标与网络营销效果之间必然的联系，但开展网络营销的企业在评价自己的站点是否成功时，还是有必要根据自己的特点选择合适的评价标准或结合每个标准综合评价自己的网络营销是否成功。这些指标应该包括网站设计、网站推广、网站流量等方面。

（三） 选择评价网络营销工作的基准点

评价网络营销计划执行的过程实际上是一个相对比较的过程，这就需要选择一个比较的基点。比如说网络营销管理人员只告诉自己的上司一天有 3 000 人进入企业的网站，其上司并不能从"3 000"这个绝对数值上判断网络营销是成功还是失败。只有在知道竞争对手同期的点击数或去年同期的点击数时才能做出正确判断。基准点的选择可有多种形式，如比较自己与竞争对手、比较现在与过去、比较网络与其他的媒体等。

（四） 比较网络营销效果与目标

有了评价的标准和基准点后，网络营销人员就可以将网络营销的执行结果和设定的网络营销目标进行比较，以判断网络营销计划与实施是否成功，还有哪些目标与执行效果存在差距。

（五） 得出可付诸行动的结论

企业决策者想要的最终结果是隐藏在数字后面的信息而不是数字。网络营销管理人员要通过数字的量化分析评价已做的网络营销努力是否成功，提出营销资源配置是否需要优化及怎样优化、哪些地方需要改进等可付诸行动的结论。这样才能使营销工作更富有效率，更节约成本。

三、网络营销效果的评价指标

根据网络营销的目标选择，建立相应的评价指标体系是有效评价网络营销效果的重要依据。

（一） 经济指标

同传统市场营销一样，网络营销评价的经济指标也主要包括以下几个。

（1）网上销售收入：通过网上销售实现的产品销售总额。

（2）网上销售费用：进行网上销售所花费的代价，包括营销人员的工资和福利、网络运行费、网站建设费用分摊等，有些还包括物流费用。

（3）销售利润率：销售收入与销售成本和费用的对比。

（二） 市场业绩指标

（1）市场覆盖率（变动）：企业产品的市场覆盖指标。

（2）市场占有率（变动）：企业产品在市场中占有的比率。

（3）新市场拓展：通过网络营销活动，拓展新的销售市场。

(4) 网上销售比率：网络营销在全部产品销售中的比率。

(5) 顾客回头率：老顾客网上订购产品的情况。

（三） 技术评价指标

主要针对网络营销平台——网站和网页的建设进行评价，一般包括以下几个方面。

(1) 网站和网页设计评价。网站是网络营销的基本工具，所以营销功能是企业网站的第一要素。一个企业网站的功能和基本内容是否完善、设计风格是否符合目标市场审美观点、视觉效果如何、是否有吸引力等，是评价网站设计的最重要指标。除了功能、风格和视觉设计等取决于网站本身的特定要求之外，在网站的设计方面有一些通用的指标，主要包括主页下载时间（在不同接入情形下）、网站链接是否有效、不同浏览器的适应性、网站服务有效性、网站权威性与可信度、对搜索引擎的友好程度（Meta 标签合理与否）等。

(2) 网站推广评价。网站推广是提高网络营销效果的重要手段，评价网站推广主要要考察三个方面情况。一是搜索引擎的登录情况，包括门户引擎、专业搜索引擎和地方搜索引擎的登录数量及名次。一般来说，登录的搜索引擎越多，对增加访问量越有帮助。另外搜索引擎的排名也很重要，排名越靠前效果越好。二是在其他网站链接的情况，包括行业内其他网站的链接和友情链接等。在其他网站链接的数量越多，对搜索结果排名越有利，而且访问者还可以直接从链接的网页进入企业网站，对企业网站推广起到非常重要的作用。三是用户数量，包括会员登录和非会员登录。用户数量是一个网站价值的重要体现，在一定程度上反映了网站的内容对用户的价值，而且用户数量也就是潜在的客户数量，因此，用户数量直接反映了一个网站的潜在价值。

(3) 网站流量评价。包括独立访问者数量——访问者越多，说明网站推广越有成效，也意味着网络营销的效果越好，虽然访问量与最终收益之间并没有固定的比例关系。页面浏览情况、页面浏览数量说明了网站受到关注的程度，是评价一个网站受欢迎程度的主要指标之一。每个访问者的平均页面浏览数表明了访问者对网站内容或者产品信息感兴趣的程度，如果大多数访问者的页面浏览数仅为一个网页，表明用户对网站内容或者产品显然没有多大兴趣。用户在页面停留时间和每个用户在网站的平均停留时间说明了网站内容对访问者的有效性。一般来讲，网站访问者数量越多，页面浏览频率越高，访问者停留时间越长，网站对访问者的吸引力就越强，网站建设和推广效果就越好。

（四） 综合效果评价指标

由于网络营销还处于初级阶段，理论和方法体系都在不断的发展之中，建立一种完善的网络营销评价机制并非易事。尽管可以监测到网站的流量、反应率等指标，但这些本身并不直接代表网站成功或者失败，也不能表明其与收益之间有什么直接关系。这些指标只能作为相对指标，比如与同一行业的平均指标或者全部上网者的指标相比较，而且这些指标本身也很难做到十分精确。因此，我们提出了综合评价网络营销效果的思想。具体的综合评价指标主要包括以下三个方面：

（1）企业的品牌价值提升。网络营销突破了时空限制，使企业的品牌得到无限制的延伸，企业的品牌价值在低成本下得到迅速提高。因此，企业品牌价值的增加也就成为评价网络营销效果的重要指标。

（2）客户满意度。网络营销借助互动式网络沟通，使企业充分了解顾客需求，为顾客进行一对一定制服务。通过建立FAQ等方法及时解答顾客疑问，提高服务效率，从而提高顾客满意度。

（3）企业管理水平。网络营销的实施改变了传统的企业组织结构和管理模式，影响企业的管理水平和工作效率，企业的管理水平也就成为了网络营销效果的表现之一。

网络营销的基本职能构成了网络营销体系的基本框架，对网络营销效果的评价问题实际上也就是对网络营销各种职能的综合评价，网络营销的总体效果应该是各种效果的总和，即网络营销的根本目的在于企业整体效益的最大化，如企业品牌提升、顾客关系和顾客服务、对销售的促进等方面，因此，需要用全面的观点看待网络营销的效果，而不仅仅局限于销售额等某些个别指标。

知识拓展

网站策划是网络营销中的必备内容，很多网站因为前期没有做网站策划，结果网站做好后还需要返工。下面是一个网站策划书的大纲，仅供参考。

**** 网站策划书

前言：

目录：

关键词：

第一部分 市场分析及网站的定位

一、建设网站前的市场分析

（1）相关行业的市场是怎样的，市场有什么样的特点，是否能够在互联网上开展公司业务。

（2）市场主要竞争者分析，竞争对手上网情况及其网站规划、功能作用。

（3）公司自身条件分析、公司概况、市场优势，可以利用网站提升哪些竞争力，建设网站的能力（费用、技术、人力等）。

二、建设网站的目的及功能定位

（1）为什么要建立网站？是为了宣传产品进行电子商务，还是建立行业性网站？是企业的需要，还是市场开拓的延伸？

（2）整合公司资源，确定网站功能。根据公司的需要和计划确定网站的功能：产品宣传型、网上营销型、客户服务型、电子商务型等。

（3）根据网站功能确定网站应达到的目的。

（4）企业内部网（Intranet）的建设情况和网站的可扩展性。

第二部分　网站的内容建设

三、网站技术解决方案

根据网站的功能确定网站技术解决方案。

（1）采用自建服务器或租用虚拟主机。

（2）选择操作系统，如 Unix、Linux 或 Window2000/NT。分析投入成本、功能、开发、稳定性和安全性等。

（3）选择系统性的解决方案，如 IBM、HP 等公司提供的企业上网方案，或者电子商务解决方案，或者自己开发的解解决方案。

（4）网站安全性措施。防黑客、防病毒方案。

（5）相关程序开发。如网页程序 ASP、JSP、CGI、数据库程序等。

四、网站内容规划

（1）根据网站的目的和功能规划网站内容，一般企业网站应包括：公司简介、产品介绍、服务内容、价格信息、联系方式、网上订单等基本内容。

（2）电子商务类网站要提供会员注册、详细的商品服务信息、信息搜索查询、订单确认、付款、个人信息保密措施、相关帮助等功能。

（3）如果网站栏目比较多，则考虑采用专人负责相关内容。注意：网站内容是网站吸引浏览者最重要的因素，无内容或不实用的信息不会吸引匆匆浏览的访客。网站管理者可事先对人们希望阅读的信息进行调查并在网站发布后调查人们对网站内容的满意度再及时调整网站内容。

五、网页设计

（1）网页设计的美术设计要求。网页美术设计一般要与企业整体形象一致，要符合 CI 规范。要注意网页色彩、图片的应用及版面规划，保持网页的整体一致性。

（2）在新技术的采用上要考虑主要目标访问群体的地域分布、年龄阶层、网络速度、阅读习惯等。

（3）制定网页改版计划，如在半年到一年时间内进行较大规模改版等。

六、网站测试

网站发布前要进行细致周密的测试，以保证正常浏览和使用。主要测试内容如下。

(1) 服务器稳定性、安全性。
(2) 程序及数据库测试。
(3) 网页兼容性测试，如浏览器、显示器的测试。
(4) 根据需要进行其他测试。

七、网站建设日程表

各项规划任务的开始、完成时间，负责人等。

第三部分　网站维护与推广

八、网站维护

(1) 服务器及相关软硬件的维护。对可能出现的问题进行评估，制定响应时间。
(2) 数据库维护。有效地利用数据库是网站维护的重要内容，因此数据库的维护要受到重视。
(3) 内容的更新、调整等。
(4) 制定相关网站维护的规定，将网站维护做到制度化、规范化。

九、网站发布与推广

(1) 网站测试后发布的公关、广告活动。
(2) 搜索引擎登记等。

第四部分　网站的运营

十、网站的运营管理

十一、人员需求与工作分配

第五部分　网站的投资与风险分析

十二、费用明细

各项事宜所需费用清单。

十三、投资与风险分析

以上为网站规划书中应该体现的主要内容，根据不同的需求和建站目的，内容也会相应增加或减少。在建设网站之初一定要进行细致的规划，才能达到预期建站目的。

（资料来源：河南易恒科技－专业网站建站商城 http：//www.8899988.cn）

基本训练

(1) 简述网络营销策划的基本步骤。
(2) 简述网络营销策划书的撰写步骤。
(3) 网络营销效果评价指标有哪些？

知识应用

键入"http：//www.zeboya.com/index.asp"，进入咸阳中艺博雅艺术培训学校浏览其网站内容。如果需要对该网站做出调整，请为其重新制定一份网络营销策划书。

参考文献

[1] 彭纯宪. 网络营销 [M]. 北京：高等教育出版社，2005.
[2] 张劲珊，邓文安. 网络营销操作实务 [M]. 北京：电子工业出版社，2006.
[3] 凌守兴，王利锋. 网络营销实务 [M]. 北京：北京大学出版社，2009.
[4] 邓平. 网络营销实训 [M]. 上海：上海交通大学出版社，2009.
[5] 刘向晖. 网络营销导论 [M]. 2版. 北京：清华大学出版社，2009.
[6] 甄小虎，秦琴. 网络营销与实训 [M]. 北京：经济科学出版社，2009.
[7] 胡启亮. 电子商务与网络营销 [M]. 北京：机械工业出版社，2009.
[8] 梅清豪，王承，曹丽. 营销调研：网络调研的应用 [M]. 北京：中国人民大学出版社，2007.
[9] 阴双喜. 网络营销基础：网站策划与网上营销 [M]. 上海：复旦大学出版社，2006.
[10] 吕英斌，储节旺. 网络营销案例评析 [M]. 北京：清华大学出版社，北方交通大学出版社，2006.
[11] 李磊. 网络营销 [M]. 北京：对外经济贸易大学出版社，2009.
[12] 刘喜敏，马朝阳. 网络营销. [M]. 3版. 大连：大连理工大学出版社，2009.
[13] 朱志强等. 网络营销 [M]. 北京：东北财经大学，2008.
[14] 张永红. 网络营销实务 [M]. 北京：北京理工大学出版社，2008.
[15] 李玉清. 网络营销 [M]. 北京：清华大学出版社，2007.
[16] 冯英健. 网络营销基础与实践. [M]. 3版. 北京：清华大学出版社，2007.
[17] 朱祥贤. 网络营销 [M]. 北京：科学出版社，2007.
[18] 宋文官. 电子商务与网络营销 [M]. 大连：东北财经大学出版社，2006.
[19] 冯英健. 网络营销基础与实践 [M]. 北京：清华大学出版社，2004.
[20] 张卫东. 网络营销理论与实务 [M]. 北京：电子工业出版社，2005.
[21] 沈凤池. 网络营销 [M]. 北京：清华大学出版社，2005.
[22] 瞿彭志. 网络营销 [M]. 2版. 北京：高等教育出版社，2004.
[23] 曲学军. 网络营销 [M]. 大连：大连理工大学出版社，2003.
[24] 王宏伟. 网络营销 [M]. 北京：北京大学出版社，2010.
[25] 宋文官. 网络营销 [M]. 北京：清华大学出版社，2008.
[26] 田英伟. 网络营销 [M]. 北京：高等教育出版社，2009.

推荐学习网站

[1] http://www.yidaba.com/.
[2] http://www.tinlu.com/.
[3] http://page.china.alibaba.com/ac/seo.html.
[4] http://www.wm23.com.
[5] http://www.adsage.cn/.
[6] http://www.google.com/webmasters/.
[7] http://www.marketingman.net/.
[8] http://adwords.google.com/select/KeywordToolExternal.
[9] http://www.sinoeol.com.
[10] http://www.commerce.sh.cn.
[11] http://www.datachina.com.cn.
[12] http://page.china.alibaba.com/ac/seo.html.
[13] http://www.yxad.com/Article/HTML/1736.shtml.
[14] http://www.hotsales.net/index.aspx.
[15] http://baike.baidu.com/view/9184.html.
[16] http://www.em-cn.com/network_marketing/200703/145949_2.shtml.
[17] http://www.fjh1.cn/post/webadd.html.
[18] http://www.yxad.com/Article/HTML/802.shtml.
[19] http://www.yxad.com/Article/HTML/1737.shtml.
[20] http://www.topwom.com/.
[21] http://www.imakecollege.com/.
[22] http://www.webjx.com/.